T0254051

Mathematik Primarstufe und Sekundarstufe I + II

Herausgegeben von
Friedhelm Padberg, Universität Bielefeld, Bielefeld
Andreas Büchter, Universität Duisburg-Essen, Essen

Die Reihe „Mathematik Primarstufe und Sekundarstufe I + II" (MPS I+II) ist die führende Reihe im Bereich „Mathematik und Didaktik der Mathematik". Sie ist schon lange auf dem Markt und mit aktuell rund 60 bislang erschienenen oder in konkreter Planung befindlichen Bänden breit aufgestellt. Zielgruppen sind Lehrende und Studierende an Universitäten und Pädagogischen Hochschulen sowie Lehrkräfte, die nach neuen Ideen für ihren täglichen Unterricht suchen.

Die Reihe MPS I+II enthält eine größere Anzahl weit verbreiteter und bekannter Klassiker sowohl bei den speziell für die Lehrerausbildung konzipierten Mathematikwerken für Studierende aller Schulstufen als auch bei den Werken zur Didaktik der Mathematik für die Primarstufe (einschließlich der frühen mathematischen Bildung), der Sekundarstufe I und der Sekundarstufe II.

Die schon langjährige Position als Marktführer wird durch in regelmäßigen Abständen erscheinende, gründlich überarbeitete Neuauflagen ständig neu erarbeitet und ausgebaut. Ferner wird durch die Einbindung jüngerer Koautorinnen und Koautoren bei schon lange laufenden Titeln gleichermaßen für Kontinuität und Aktualität der Reihe gesorgt. Die Reihe wächst seit Jahren dynamisch und behält dabei die sich ständig verändernden Anforderungen an den Mathematikunterricht und die Lehrerausbildung im Auge.

Konkrete Hinweise auf weitere Bände dieser Reihe finden Sie am Ende dieses Buches und unter http://www.springer.com/series/8296

Andreas Pallack

Digitale Medien im Mathematikunterricht der Sekundarstufen I + II

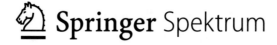
Springer Spektrum

Andreas Pallack
Soest, Deutschland

Mathematik Primarstufe und Sekundarstufe I + II
ISBN 978-3-662-47300-9   ISBN 978-3-662-47301-6 (eBook)
DOI 10.1007/978-3-662-47301-6

Die Deutsche Nationalbibliothek verzeichnet diese Publikation in der Deutschen Nationalbibliografie; detaillierte bibliografische Daten sind im Internet über http://dnb.d-nb.de abrufbar.

Springer Spektrum
© Springer-Verlag GmbH Deutschland, ein Teil von Springer Nature 2018
Das Werk einschließlich aller seiner Teile ist urheberrechtlich geschützt. Jede Verwertung, die nicht ausdrücklich vom Urheberrechtsgesetz zugelassen ist, bedarf der vorherigen Zustimmung des Verlags. Das gilt insbesondere für Vervielfältigungen, Bearbeitungen, Übersetzungen, Mikroverfilmungen und die Einspeicherung und Verarbeitung in elektronischen Systemen.
Die Wiedergabe von Gebrauchsnamen, Handelsnamen, Warenbezeichnungen usw. in diesem Werk berechtigt auch ohne besondere Kennzeichnung nicht zu der Annahme, dass solche Namen im Sinne der Warenzeichen- und Markenschutz-Gesetzgebung als frei zu betrachten wären und daher von jedermann benutzt werden dürften. Der Verlag, die Autoren und die Herausgeber gehen davon aus, dass die Angaben und Informationen in diesem Werk zum Zeitpunkt der Veröffentlichung vollständig und korrekt sind. Weder der Verlag noch die Autoren oder die Herausgeber übernehmen, ausdrücklich oder implizit, Gewähr für den Inhalt des Werkes, etwaige Fehler oder Äußerungen. Der Verlag bleibt im Hinblick auf geografische Zuordnungen und Gebietsbezeichnungen in veröffentlichten Karten und Institutionsadressen neutral.

Planung: Ulrike Schmickler-Hirzebruch

Gedruckt auf säurefreiem und chlorfrei gebleichtem Papier

Springer Spektrum ist ein Imprint der eingetragenen Gesellschaft Springer-Verlag GmbH, DE und ist ein Teil von Springer Nature.
Die Anschrift der Gesellschaft ist: Heidelberger Platz 3, 14197 Berlin, Germany

Abkürzungen

AOH	Assigned Online Help
BMBF	Bundesministerium für Bildung und Forschung
BO	Browser im Online-Betrieb
CAD	Computer-aided Design
CAI	Computer-aided Innovation
CALiMERO	Projekt „Computer-**A**lgebra **i**m **M**athematikunterricht – **E**ntdecken, **R**echnen, **O**rganisieren"
CAS	Computer-Algebra-System
CAYEN	Projekt „**C**omputer **A**lgebra systems in elementary algebra – **Ye**s or **N**o?"
CMS	Content-Management-System
CW	Computer (stationär oder mobil, PC oder Mac), ggf. in Kombination mit einem Whiteboard
DGS	Dynamische Geometrie-Software
DLM	Digital Learning Material
DMS	Dynamische Mathematik-Systeme
FATIH	Türkisches Projekt „**F**ırsatları **A**rtırma ve **T**eknolojiyi **İ**yileştirme **H**areketi"
GC	Graphic Calculator
GDM	Gesellschaft für Didaktik der Mathematik
GTR	Grafischer Taschenrechner
HTML	Hypertext Markup Language
ICT	Information and Communication Technology
IMBP	Integrative Model of Behavior Prediction
IT	Informationstechnologie
KOMMA	Projekt „**KOM**pendium **MA**thematik"
MK	Medienkompetenz
KMK	Kultusministerkonferenz
MNU	Deutscher Verein zur Förderung des mathematischen und naturwissenschaftlichen Unterrichts e. V.
MRS	Multirepräsentationssysteme
MUED	Mathematik-Unterrichts-Einheiten-Datei e. V.

NCTM	National Council of Teachers of Mathematics
PISA	Programme for International Student Assessment
SEfU	Schüler als Experten für Unterricht
SINUS	Projekt „Steigerung der Effizienz des mathematisch-naturwissenschaftlichen Unterrichts"
SITES M2	Studie „Second Information Technology in Education Study Module 2"
SOH	Sponteaneous Online Help
TC	Tablet-Computer
TR	Taschenrechner

Inhaltsverzeichnis

Zu diesem Buch

Inhaltsverzeichnis

2013: Die Sommerferien waren größtenteils von gutem Wetter geprägt – Zeit und Muße, die Erfahrungen der letzten Monate zu reflektieren, viel zu lesen und sich auf Neues einzustellen. Wie wird er wohl sein – der Mathematikunterricht in 10, 15 oder 20 Jahren? Precht (2013) behauptet in seinem Werk *Anna, die Schule und der liebe Gott*, dass man Mathematik doch am besten alleine lernt – unter Verwendung von Computer-Lernprogrammen – Thesen, die bei vielen Pädagogen zumindest für einen Aufreger gesorgt haben. Wie werden diese Lernprogramme wohl aussehen? Auf der Seite von bettermarks, einem Anbieter von Lernprogrammen (de.bettermarks.com), fand ich folgende Meldung[1]: „Am 5. Mai 2013 diskutierte Günther Jauch mit seinen Gästen unter dem Titel ‚Notendruck, Sitzenbleiben – weg mit der alten Schule?‘ über das deutsche Schulsystem. Der Philosoph Richard David Precht präsentierte viele Reform-Vorschläge. Für den Mathe-Unterricht schlägt er vor, die Klassen aufzulösen und Schüler[2] mit einem digitalen Lernprogramm arbeiten zu lassen. So könne jeder Schüler flexibel in seinem eigenen Tempo lernen. ‚Es gibt großartige Lern-Software für Mathematik‘, so Precht. Ob er dabei an bettermarks gedacht hat?“ Ist das also die Zukunft des Mathematiklernens?

   In der Wochenzeitung DIE ZEIT vom 25.07.2013 stellt Psychologieprofessor Arvid Kappas in einem Interview mit Birk Grühling (2013) seine Vision des Lernens vor: „Aus

---

[1] http://wck.me/6Iu, (großes I, kleines u) – Stand 31.12.2014.
[2] Aus Gründen der Lesbarkeit und besseren Verständlichkeit bei der Verwendung des Plurals (z. B. Schüler) wird häufig das generische Maskulinum verwendet. Gemeint sind gleichermaßen weibliche und männliche Personen.

© Springer-Verlag GmbH Deutschland, ein Teil von Springer Nature 2018
A. Pallack, *Digitale Medien im Mathematikunterricht der Sekundarstufen I + II*,
Mathematik Primarstufe und Sekundarstufe I + II, DOI 10.1007/978-3-662-47301-6_1

meiner Sicht ist es interessant, zu überlegen, inwieweit Technologie eine Unterstützung
für einen Lehrer bieten kann. Stellen wir uns einen Mathematikunterricht vor, in dem
Fehler sofort nachvollziehbar kommentiert und korrigiert werden. Man könnte in kürzerer
Zeit wesentlich weiter kommen." Er arbeitet an Robotern, die Stimmungen und Gefühle
erfassen und verarbeiten. „Man muss den Roboter als Weiterentwicklung sehen. Vor 40
Jahren ging man in Sprachlabore, vor zehn Jahren in Computerräume, und in zehn Jahren
gibt es Übungsstunden mit Robotern."

Vor kurzer Zeit – in den Jahren 2011 bis 2016 – waren Tablet-Computer in Schulen
der Renner. Ich habe selbst einen Tablet-Kurs im Rahmen eines Projektes bis zum Abitur geführt. Sie werden in diesem Buch einiges über meine Erfahrungen lesen. Doch wie
nützlich sind solche Erfahrungen in zwei oder drei Jahren? Denn: Vor gut fünfzehn Jahren waren Pocket-Computer der große Hit. Ausgestattet mit einem Betriebssystem konnte
man darauf Taschenrechneremulationen nutzen – mehr Technik braucht man wirklich
nicht[3]. Einige Jahre später kam die Blütezeit der Notebook-Klassen. Einige Städte setzten
alles auf diese Technikkarte. Kurze Zeit später waren es die Netbooks: Für 100 Euro erhielt man einen vollwertigen Computer, den man in allen Fächern einsetzen konnte (siehe
auch Weiss 2010). Wer benötigt da noch grafische Taschenrechner? 2010 hatte gefühlt
jeder Studierende so ein Gerät – heute sind es bereits wieder Exoten. Zurzeit sind Tablet-
Computer die Geräte der Wahl, morgen vielleicht *Papertabs* oder *Glasses* – oder eben
auch Roboter. Die Debatte um die richtige Technik führt in Schulen vor allem zu einem:
zu Stillstand. Eigentlich lohnt es doch immer die nächste Technikgeneration abzuwarten
… oder?

1.1   Auf die Inhalte kommt es an

Über das Lernen mit Computern wird viel gesprochen – aber wie kann das konkret aussehen? Dazu ein Beispiel: *Die meisten Schülerinnen und Schüler des Mathematikkurses 7
der Einführungsphase sitzen bereits im Kursraum – eine Schülerin meldet sich via Messen-
ger ab. Der Bildschirm des Tablet-Computers wird drahtlos an den Beamer übertragen.
Gezeigt wird ein fiktiver Dialog: „$2^2 = 4$, $2^3 = 8$ und $2^4 = 16$" O. K. – ist dann x^3
auch immer größer als x^2 und x^4 immer größer als x^3? Die Diskussion wird von einer
Schülerin moderiert, die zentrale Argumente direkt in einer App des Tablets vermerkt.
Im Kern steht die Suche nach Unterschieden und Gemeinsamkeiten von quadratischen
und kubischen Funktionen. Die Datei wird den Lernenden sofort über die schuleigene
Cloud zur Verfügung gestellt. In Kleingruppen werden einfache Potenzfunktionen untersucht. Dazu nutzen einige Wertetabellen – andere lassen Graphen zeichnen. Dabei kommt
der grafikfähige Taschenrechner, den alle Schülerinnen und Schüler haben, zum Einsatz.
Nach wenigen Minuten werden erste Ideen präsentiert; die Lernenden projizieren dabei*

---

[3] In meinem Keller habe ich jüngst zwei alte Palm- und ein Windows CE-Gerät gefunden – mittlerweile wertloser Elektronikschrott.

den Bildschirminhalt ihres Taschenrechners via Beamer oder ihre Aufzeichnungen mit Hilfe der fest installierten Dokumentenkamera. Erste Argumente werden zusammengetragen. Die Lehrkraft gibt arbeitsteilige Aufträge: Jeweils paarweise werden bestimmte Intervalle untersucht und argumentativ geklärt, warum die Funktionen in diesem Bereich ein bestimmtes Verhalten zeigen. Dazu verlassen die Lernenden zeitweise den Kursraum und zeichnen eine Ein-Minuten-Präsentation mittels des eigenen Smartphones auf. Die Videos werden, im Plenum vorgespielt und analysiert. Wegen des Zeitlimits haben sich die Lernenden viele Gedanken gemacht, um sich kurz und exakt zu fassen – alle Videos können gewürdigt werden. Im Kern geht es nun um rationale sowie reelle Zahlen und deren seltsames Verhalten beim Potenzieren. Zentrale Erkenntnisse zu quadratischen und kubischen Funktionen werden auf einem Plakat gesichert, das im Kursraum verbleibt. Die Eigenschaften der Funktionen werden nun auch noch mit den Armen nachgestellt, so dass man mit Hilfe von Funktionsvorschriften Choreographien erstellen kann. Diese werden in der nächsten Einzelstunde einstudiert und präsentiert. Abschließend werden die Inhalte noch im digitalen Lehrbuch verortet und eine vertiefende Übung für die heimische Arbeit angeboten. Parallel weist die Lehrkraft auf die anstehende Kursevaluation mit SEfU (Schüler als Experten für Unterricht) sowie auf die frisch eingerichtete Terminabfrage für das Kurstreffen hin. Die Lernenden machen in ihrem Smartphone letzte Notizen, bevor sie das Gerät ausschalten und in die Pause gehen – schließlich gilt auf dem Schulhof Handyverbot.

Zugegeben: Die Dichte und Breite der hier verwendeten digitalen Medien erschlägt – jedoch wundert man sich, wie wenig die Medien selbst im Unterricht auffallen, wenn sie etabliert sind. Tatsächlich handelt es sich um ein Beispiel aus dem Projekt SINUS.NRW, angereichert um die Voraussetzung, dass im Kursraum die Nutzung eines WLAN-fähigen Beamers, einer Dokumentenkamera und eines WLANs für Schüler möglich ist. Das ist an meiner Schule der Fall und wir arbeiten daran, dass dies in den nächsten Monaten zur Standardausstattung für Kurs- und Klassenräume wird. Smartphones sowie grafische Taschenrechner haben die Lernenden ohnehin ... es spricht also nichts dagegen, diese Unterrichtsidee selbst auszuprobieren.

Häufig wird bei der Erprobung von neuen Ideen und dem damit verbundenen Aufbrechen von Routinen vergessen, dass die Qualität in der Regel erst einmal sinkt. Wer bis dato noch keine Erfahrungen mit dem Einsatz des Smartphones im Unterricht gesammelt hat, wird, wenn der Einsatz nicht gründlich vorbereitet wird, enttäuscht sein, da die Lernenden natürlich in ihre Routinen fallen und das Gerät dafür nutzen werden, wofür sie es in der Regel verwenden: zum Kommunizieren. Wer glaubt, einen Grafikrechner „nebenbei" einführen zu können, während das gute alte Kurvendiskussionsprogramm einschließlich Polynomdivision durchgezogen wird, merkt schnell, dass sich die Konzepte beißen. Deswegen lässt man den Rechner auch erst einmal weg, um die lieb gewonnenen Routinen nicht aufgeben zu müssen. Und – ruck, zuck! – befindet man sich in einer Debatte um den Sinn und Unsinn von digitalen Medien statt bei der produktiven Entwicklung von Unterricht.

Dabei steckt der Teufel häufig im Detail. Wer sich konkret mit einer Technik auseinandersetzt, merkt schnell, dass die Technik nur so gut sein kann wie die Inhalte, also
die Programme, die implementiert sind. Im Juli 2013 fand man im App-Store von Apple
unter dem Stichwort *Mathematik* 500 Treffer – unter dem Stichwort *math* 7500. Mehr
als 90 % dieser Angebote sind für das Lernen in der Schule definitiv uninteressant bzw.
ungeeignet. Geeignete Software zu finden, ist eine echte Herausforderung. Hat man dann
praxistaugliche Produkte entdeckt, muss man hoffen, dass diese längerfristig nutzbar sind.
Ein einfaches Update des Betriebssystems kann das Ende für Software bedeuten – viele Programme aus dem letzten Jahrtausend können auf modernen Systemen nicht mehr
oder nur noch eingeschränkt genutzt werden. Zusätzlich zu der Technik-Debatte gibt es
also noch eine Software-Debatte. Wer mit medienaffinen Mathematiklehrkräften zusam-
mengearbeitet hat, weiß, dass es Typen wie den TeX-Fanatiker, den Open Office-Guru,
den Tipp-Ex-Typ oder den Word-Künstler gibt. Hinzu kommen noch die Apple-Gegner,
die Apple-Jünger, die Windows-Hasser, die Linux-Beschwörer, die Ubuntu-Fans oder die
Microsoft-Liebhaber. Als wäre das nicht genug, braucht es noch die GeoGebra-Gemeinde,
den Derive-Fanblock, die Mathematica-Verwöhnten oder die MuPAD-Anhänger und viele, viele Gruppierungen mehr. Kurz: Die Breite der eingesetzten Techniken sowie der mit
ihnen verbundenen digitalen Medien ist riesig.

Seit mehr als 15 Jahren bin ich im oder für das System Schule tätig und seit 15 Jahren führe ich solche Diskussionen. Dabei bleibt dann meist zu wenig Zeit, um über das
nachzudenken und zu diskutieren, was wirklich wichtig ist: das Lernen der Schülerinnen
und Schüler – speziell das Lernen von Mathematik. Das sollte bei aller Aufregung um
digitale Agenden oder den Untergang des Abendlandes nicht vergessen werden. Und da
ein Plakat im Dickicht digitaler Medien zwar antiquiert erscheint, aber ungemein nützlich
und unschlagbar praktisch ist, wurde es im Eingangsbeispiel (provokativ?) erwähnt.

Dörr und Strittmatter (2002) schrieben:

> Wie die Studie [...] zeigt, lässt sich durchaus ein didaktischer Mehrwert durch Medien er-
> reichen, aber nur dann, wenn die Medien sinnvoll in einen didaktischen Kontext eingebettet
> sind. Dazu ist es allerdings notwendig, dass Lehrer und Dozenten flächendeckend medien-
> kompetent werden und die didaktischen Möglichkeiten der neuen Medien auch ausschöpfen
> können. Hier ist mit Medienkompetenz nicht in erster Linie die technische Bedienkompetenz
> gemeint, sondern vor allem die didaktische Kompetenz, die neuen vielfältigen Angebote in
> ein sinnvolles didaktisches Konzept einzubinden. [...] Ohne diese Kompetenz wird es nicht
> gelingen, die neuen Medien so in den Unterricht zu integrieren, dass ein didaktischer Mehr-
> wert entsteht, d. h. dass der didaktische Ertrag beim Einsatz neuer Medien größer ist als ohne
> Medieneinsatz.
>
> Wenn dieser didaktische Mehrwert mittelfristig nicht erzielt werden kann, werden die
> neuen Medien auch zukünftig nur ein Schattendasein in öffentlichen Bildungseinrichtungen
> führen (vergleichbar mit den Sprachlaboren, die in den 70er Jahren eingerichtet wurden).
> Stattdessen werden private Schulen oder außerschulische Anbieter dieses Feld einer stärker
> technologiegestützten Ausbildung besetzen. (Dörr und Strittmatter 2002, S. 35)

Dieser Text entstand zu der Zeit, als ich meine Arbeit im Bereich Schule begann. Seit dem hat sich mit Blick auf das Mathematiklernen mit digitalen Medien in der Breite wenig getan. Die Einschätzung, dass digitale Medien eine zunehmend wichtige Rolle beim Lernen von Mathematik spielen (Haug 2012, S. 163) teile ich deswegen nur bedingt. Heute haben digitale Medien den Alltag erobert. Faktisch jeder Lernende hat mittlerweile einen leistungsfähigen Computer in der Hosentasche. Umso mehr erschüttert der Status quo zum Einsatz digitaler Medien im Unterricht, wie er sich in vielen populär diskutierten Studien spiegelt.

Natürlich gibt es jene Lehrer, die begeistert die Möglichkeiten digitaler Medien nutzen und es schaffen, ihre Schüler zu unglaublichen Lernerfolgen zu führen. Und natürlich muss nicht jeder begeisterter Nutzer digitaler Medien sein. Lehrer sind Menschen und Menschen sind verschieden – und das ist auch gut so. In diesem Buch werde ich an einigen Stellen die schulische Trägheit loben – nicht nachzuvollziehen ist jedoch für mich, wie sich erfahrene Pädagogen an einigen Schulen damit brüsten, von digitalen Medien keine Ahnung zu haben. Was glauben Sie, wie es auf junge, motivierte Kollegen wirkt, wenn Sätze wie *„Nutzt du PowerPoint oder hast du was zu sagen?"* oder *„Computer sind in der Uni eh verboten, damit tut man Schülern nichts Gutes"* in Lehrerkonferenzen durch Akklamation und höhnische Laute belohnt werden? Was glauben Sie, wie Eltern über eine Schule denken, die es den Mitarbeitern erlaubt oder es sogar befördert, 20 Jahre hinter der Zeit zu leben?

Einer meiner ehemaligen Vorgesetzten, ein Pionier im Bereich der Informatik in der Schule, betonte in Gesprächen über fachliche Entwicklung, dass sich eine Innovation wie der Computer nur nachhaltig integrieren ließe, wenn man das Personal vollständig austauscht. Sehr ungern würde ich diesem Kollegen in 25 Jahren Recht geben müssen, weswegen ich mich auch mehr als ein Jahrzehnt in der Fortbildung und Ausbildung von Lehrern engagierte. Natürlich mit dem Schwerpunkt digitale Medien im Mathematikunterricht.

Sie sollten wissen: Ich bin ein Digital-Native-Teacher. Noch nie habe ich einen Mathematikkurs in der Oberstufe ohne Computer-Algebra-System unterrichtet – und noch keine Unterrichtsreihe lief bei mir ohne digitale Medien ab. Denn digitale Medien können für das Lernen von Mathematik einen immensen Mehrwert darstellen und für mich wäre es künstlich, auf diese Möglichkeiten zu verzichten. Allerdings bewirken digitale Medien alleine nichts: Auf den Lehrer kommt es an[4].

Doch wie bereitet man die Mathematiklehrer von morgen auf den zeitgemäßen und adäquaten Umgang mit digitalen Medien in den nächsten Dekaden vor? Wenig nachhaltig ist es sicher, von konkreten Techniken auszugehen. Niemand weiß, welche Technik in

---

[4] Dieses bekannte Hattie-Zitat ist mittlerweile zwar ein wenig abgegriffen, es trifft jedoch nach meiner Einschätzung nach wie vor den Kern: Schul- und Unterrichtsentwicklung können nur mit den Lehrkräften gemeinsam gelingen – sie sind besonders wichtig.

zehn Jahren den Markt dominiert – man führe sich nur vor Augen, wie Tablet-Computer seit 2011 den Markt erobert und umgekrempelt haben. Ebenso unsinnig ist die Fixierung auf bestimmte Produkte. Selbst ein so ausgefeiltes Produkt wie Derive wurde irgendwann nicht mehr weiterentwickelt. Produkte wie GeoGebra haben wahrscheinlich bessere Chancen, die nächsten zehn Jahre zu überleben – aber sicher ist das nicht. Was über all die Zeit geblieben ist, sind bestimmte Funktionalitäten, wie das Erstellen von 2D-Graphen oder die Nutzung von Lernprogrammen. Dieses Buch versucht einen Spagat: Auf der einen Seite wurde es so konkret geschrieben, dass es zahlreiche Anregungen zum Ausprobieren bietet. Dazu mussten bestimmte Produkte genutzt werden. Auf der anderen Seite wurde darauf geachtet, dass (hoffentlich) 70 % bis 90 % der Inhalte auch in zehn Jahren noch aktuell und lesbar sind, und zwar durch die Einbettung in eine nachhaltige Struktur.

1.2   Domänen: Vorschlag für ein Rahmenkonzept

2014 durfte ich bei der Deutschen Parlamentarischen Gesellschaft in Berlin Ausschnitte aus dem Medienkonzept unserer Schule vorstellen. In der Diskussion entwickelte sich eine neue Wortschöpfung, was so nicht beabsichtigt war. Es handelt sich um die „pädagogischen Konstanten". Gemeint war damit, dass neue Techniken auch neue Möglichkeiten schaffen – aber der Englischlehrer nach wie vor darauf angewiesen ist, Hörbeispiele zu bringen. Das hat er vor 30 Jahren mit dem Kassettenrekorder gemacht – heute nutzt er dazu sein Smartphone, das via Bluetooth auf Lautsprecher zugreift. Im Fach Mathematik findet man ebenfalls seit gut 30 Jahren den Funktionenplotter. Die Software MatheAss lief seit 1983 auf PCs und spätestens 1988 habe ich sie erstmals für die Schule genutzt; leider nicht in den Schulräumlichkeiten selbst, da im Computerraum WANG-Rechner mit dem Betriebssystem EUMEL und der Programmiersprache ELAN eingesetzt wurden. Auch meine Lehrer nutzten die neuen Möglichkeiten früh zum Erstellen von Arbeitsblättern. Das automatisierte Erstellen von 2D-Graphen hat also schon eine gewisse Vergangenheit, und ja – es ist sicher eine mathematikpädagogische Konstante im oben diskutierten Sinne. Die Wortschöpfung ist jedoch unschön, da Konstante ein Nichtbewegen beinhaltet, was natürlich so nicht gemeint ist.

In diesem Buch wird ein Vorschlag zur Beschreibung pädagogischer Konstanten beim Einsatz digitaler Medien beim Lernen von Mathematik vorgestellt. Dafür wird einerseits auf der Praxis und andererseits auch auf Ergebnissen aus der Forschung aufgebaut. Hierbei steht man vor der Herausforderung, dass viele Forschungsergebnisse für Lehrer nicht unmittelbar nutzbar sind: Wenn es konkret wird, also empirisch gearbeitet wird, müssen auch Forscher sich für eine Technik und für Software entscheiden. Mit Erscheinen der Dissertation gibt es manchmal die verwendete Software schon nicht mehr. Und gibt es die Software noch, stellt sich die Frage, inwiefern die Ergebnisse auf andere Produkte, die man mittlerweile an der Schule einsetzt, übertragbar sind.

Forschungsergebnisse sollen aufeinander aufbauen. Wir nutzen Quellen, um Thesen zu generieren und Standpunkte zu untermauern. Bei der Forschung zu digitalen Medien ist es nicht so einfach wie in der Mathematik oder der Physik: Vollständig widersprüchliche Standpunkte dürfen (und sollten) koexistieren. Deswegen reicht das Spektrum der Aussagen von der unbedingten Notwendigkeit, Computer in der Schule zu verbieten, bis hin dem Ausruf der Revolution des Lernens mit Hilfe von Technik. Zahlreiche Forschungsergebnisse sind nur schwer miteinander vergleichbar – ein Umstand, der es Lehrerausbildern an Schulen und Universitäten schwer macht, Ergebnisse aus der Forschung auf die eigene Praxis zu übertragen. Trotzdem sind in wissenschaftlichen Arbeiten formulierten Theorien und empirischen Erfahrungen nützlich für die Praxis.

Das vorliegende Buch verbindet Theorie und Praxis mit Hilfe eines Rahmenkonzeptes. Ich unterstelle dabei, dass es pädagogisch nutzbare Funktionalitäten digitaler Medien gibt, die unabhängig von der verwendeten Technik und einem konkreten Produkt existieren. Zentrale Funktionalitäten werden zusammengefasst zu *Domänen*, das sind gut abgrenzbare Bereiche digitaler Medien. Das Wort *Domäne* wird in diesem Kontext durchaus verwendet[5] und ist meiner Einschätzung nach treffend. Jede Domäne für sich ist ein eigener Gegenstand – und Forschung, die solche technik- und produktübergreifenden Gegenstände beschreibt, hätte gute Chancen, auch in zehn Jahren noch aktuell zu sein.

Krauthausen merkt zu solchem Vorgehen an:

> In der Literatur finden sich an vielen Stellen Vorschläge zur Kategorisierung unterschiedlicher Software-Arten. Diese sind in gewisser Weise akademisch und z. T. auch dem Erkenntnisinteresse des jeweiligen Kontextes geschuldet. Hier soll daher auch kein weiteres oder gar *das* Kategoriensystem angeboten, sondern dafür sensibilisiert werden, ‚Software' oder ‚Computereinsatz' im Mathematikunterricht der Grundschule nicht zu eingegrenzt zu verstehen und stattdessen den Blick zu öffnen für die potenzielle Artenvielfalt der Produktformen, Einsatzvarianten oder Szenarien. (Krauthausen 2012, S. 116)

Das Konzept der Domänen digitaler Medien ist ein Vorschlag, der sich wissenschaftlich notwendig einem Diskurs unterziehen muss. Denn Domänen existieren nicht real: Es sind konstruierte Teilmengen digitaler Medien – wie bei jedem Modell ist die Gültigkeit notwendig beschränkt.

Dieses Buch ist ein ausgearbeiteter Vorschlag zur Ordnung des Gebiets *Digitale Medien beim Lernen von Mathematik*. Die Einheiten wurden in der Regel mit Studierenden oder Referendaren erprobt. Der Nutzen dieses Ansatzes liegt in der Systematik: Digitale Medien können an der Stelle, wo es inhaltlich im Rahmen der Ausbildung nutzbringend erscheint, gezielt thematisiert werden, und das unabhängig vom Produkt oder der verwendeten Technik.

Zwar gehe ich davon aus, dass die in diesem Buch vorgestellten Beispiele produktiv für das Lernen in der Schule benutzt werden können – die wichtigste Voraussetzung für erfolgreiches Lernen liegt jedoch auf einer anderen Ebene: Man braucht hochmotivierte

---

[5] siehe z. B. Herzig u. a. (2010): „Daraus ergeben sich für ihn zwei Kompetenzmodelle – eines mit dem Ausgangspunkt bei den Medienarten als Domänen der Mediennutzung und eines, das [...]" (Herzig u. a. 2010, S. 67).

Lehrerinnen und Lehrer, die ihr Fach, die Mathematik, lieben, bereit sind, sich stetig fortzubilden, und ein hohes Maß an Loyalität und Begeisterung ihren Schülern gegenüber an
den Tag legen. Der bescheidene Beitrag dieses Buches besteht darin, sie mit Blick auf den
Einsatz des Computers zu unterstützen und vor der einen oder anderen Stolperstelle zu
bewahren.

Dieses Buch stellt auch das Ende eines persönlichen Abschnitts dar: Seit 2013 bin ich
Direktor des Franz-Stock-Gymnasiums in Arnsberg – die in diesem Buch beschriebenen
Konzepte verfolge ich nun aus der breiteren Perspektive der Schulentwicklung.

1.3   Hinweise zum Umgang mit diesem Buch

Beim Schreiben habe ich darauf geachtet, dass die Texte – gerade in formelleren Abschnitten – durch illustrierende Beispiele und auch durch kleinen Anekdoten leicht erfasst und
kurzweilig studiert werden können. An vielen Stellen wird Sekundärliteratur angeboten,
um sich vertiefend einzuarbeiten. Hilfreich sind sicher auch die Verzeichnisse im Anhang,
wie das Abkürzungsverzeichnis.

Wenn Sie das Buch als Lehrerausbilder nutzen, bietet es sich an, Abschnitte auszuwählen, also einzelne Domänen zu betrachten. Das Buch wurde aus Lehrveranstaltungen für
Studierende und Seminaren für Referendare entwickelt und geht bewusst in die Breite.
So erhalten zukünftige Lehrkräfte einen guten Überblick und die Möglichkeit, den Einsatz digitaler Medien aus einer Metaebene zu beurteilen, was für die reflektierte Planung
von Mathematikunterricht unverzichtbar erscheint. Verweise auf Sekundärliteratur erlauben Studierenden wie auch Referendaren eine vertiefende, selbstständige Einarbeitung –
in Kombination mit einer konkreten Software können Praxiserfahrungen gesammelt werden. Aufgaben am Ende jeder Einheit des Praxiskapitels runden den Service, den dieses
Buch bietet, ab.

Als Studierender, Referendar oder auch als Mathematiklehrkraft können Sie dieses
Buch zum Selbststudium und auch als Nachschlagewerk verwenden. Die Breite des Angebots liefert einen guten Überblick und Ansätze für fachliche Innovation.

1.4   Dank

Wie bei jedem Buchprojekt gibt es Hochs und Tiefs. Mein erster Dank gilt meiner Familie
und allen Freunden, die meine Stunden am Schreibtisch beim Schreiben des Buches er-
trugen. Sie gaben mir die Möglichkeit, mich intensiv mit Fragen rund um das Lernen mit
digitalen Medien zu beschäftigen, und halfen Tiefs zu überwinden.

Danken möchte ich auch meinen Lehrern (vor allem Herrn Paschen, Herrn Nußbaum
und Herrn Leis vom Geschwister-Scholl-Gymnasium Velbert), denen es gelang, mich in
jungen Jahren so für Mathematik und die Naturwissenschaften zu begeistern, dass viele

noch folgenden Versuche, mir die Freude an diesen Fächern auszutreiben, fehlschlugen. Dazu trug auch ihre Begeisterung für die Nutzung des Computers bei.

Großer Dank gilt auch meinen Studierenden und Auszubildenden – besonders nennen möchte ich Klara Götte und Barbara Busch, die mit ihrem Seminarbeitrag zu Film- und Tonmaterialien im Mathematikunterricht wichtige Impulse für eine Einheit dieses Buches lieferten.

Andreas Büchter, der als Herausgeber das Entstehen dieses Buches begleitete, danke ich für den Anstoß dazu, die zahlreichen konstruktiven Hinweise und vor allem die guten Gespräche in bester Atmosphäre.

Ebenfalls danken möchte ich allen mutigen Testlesern, die Manuskriptseiten zu einem frühen Zeitpunkt lasen, mich auf viele Fehler hinwiesen und auch Rückmeldungen zur Lesbarkeit und Praxisrelevanz gaben – besonders zu erwähnen sind Maya Brandl und Maximilian Wahner.

Ich wünsche Euch und Ihnen allen ein wenig Freude beim Studium des fertigen Buches – vielleicht regt die eine oder andere Idee zum Nachdenken an oder schafft es sogar, den Unterricht ein wenig zu bereichern, womit sich die investierte Arbeit bereits gelohnt hätte.

Mathematik lehren und lernen

2

Inhaltsverzeichnis

Dieses Kapitel beginnt mit einer Bestandsaufnahme zum Lehren und Lernen von Mathematik. Beleuchtet wird, was heute unter zeitgemäßem Mathematikunterricht verstanden wird und welche Rolle der Computer dabei einnehmen kann.

2.1 Entwicklungen der letzten Dekaden

Mathematikunterricht unterliegt – wie jedes Schulfach – einem stetigen Wandel. Die letzten 15 Jahre zeichnen sich durch viele äußere Maßnahmen aus[1]. Dazu gehört der Wechsel von der Input- zu einer Output-Perspektive mit den zugehörigen Instrumenten wie zentralen Lernstandserhebungen, zentralen Prüfungen oder auch Qualitätsanalysen an Schulen. Dahinter stand die Hoffnung, dass sich die Qualität im Bildungswesen durch die Vorgabe von gut operationalisierten Zielen steuern lässt. Diese Vorgaben wurden in nationalen Bildungsstandards, Kernlehrplänen und Qualitätstableaus fixiert.

Viele der damit verbundenen Hoffnungen wurden enttäuscht. Um ein Beispiel zu nennen: Mit der Einführung der Kernlehrpläne 2004 für die Sekundarstufe I wurden in Nordrhein-Westfalen zahlreiche neue Schulbuchkonzepte auf den Weg gebracht. Im Verbund mit Fortbildungen war es die Idee, mit diesem Leitmedium auch das zu steuern, was im Unterricht passiert. Dazu wurden seitenlange Aufgabenserien in Einreichfassungen

---

[1] Ein Meilenstein in dieser Entwicklung war die Einführung der Bildungsstandards – siehe dazu Blum u. a. (2006).

© Springer-Verlag GmbH Deutschland, ein Teil von Springer Nature 2018
A. Pallack, *Digitale Medien im Mathematikunterricht der Sekundarstufen I + II*,
Mathematik Primarstufe und Sekundarstufe I + II, DOI 10.1007/978-3-662-47301-6_2

von Schulbüchern durch behördliche Kontrolle entfernt. Sie wurden ersetzt durch Lern-felder, Aufträge oder Erkundungen, um nur einige der neu entwickelten Wortschöpfungen zu nennen. Konsequenz war, dass das Schulbuch weniger genutzt wurde und die Verlage Zusatzmaterialien lieferten, die nicht der behördlichen Kontrolle unterlagen. Mittlerweile hat sich die Lage stabilisiert: Die Spannung zwischen Tradition und Innovation wurde deutlich abgebaut. Jedoch heißen die Lehrpläne von 2004 in Nordrhein-Westfalen immer noch *die neuen Lehrpläne*, was mich ein wenig an die *New Math* der 70er erinnert.

2012 wurden die Bildungsstandards für die Sekundarstufe II in Kraft gesetzt. Der Um-gang mit ihnen erfolgt bereits deutlich moderater als in der Sekundarstufe I. So ist es derzeit nicht geplant, ein gemeinsames Testinstrument aller Bundesländer zu entwickeln. Vielmehr wird an einem Aufgabenpool gearbeitet, der genutzt werden kann. Die Bedeu-tung der Bildungsstandards für den konkreten Mathematikunterricht vor Ort ist auf einem Level angekommen, der Entwicklungen ermöglicht, aber nicht erzwingt. Das passt zu der Devise *Auf den Lehrer kommt es an*, die nach Verbreitung der Hattie-Studie große Popu-larität erreichte (siehe dazu Hattie (2009)).

Ein zweiter Trend ist die Individualisierung. Gemeint ist damit, die Stärken und Schwä-chen jedes einzelnen Lernenden zu akzeptieren, zu kennen und Lerngelegenheiten anzu-bieten, um die Stärken weiter auszubauen und die Schwächen zu kompensieren. Ursache ist eine wachsende Heterogenität an weiterführenden Schulen, die Lehrer dazu zwingt, häufiger binnendifferenzierend zu arbeiten, also individuell zu fördern. Individuelle För-derung ist mit zwei kontroversen Interpretationen ausgestattet. Da ist auf der einen Seite das Trainieren. Ein Gang durch die Ausstellungen der Schulbuchverlage ist hier sehr er-hellend. Die meisten Praxismaterialien, die auf dem Cover *Diagnose und Förderung* oder *Individualisieren* erwähnen, sind einfach gestrickte Materialien zum Trainieren elementa-rer Fertigkeiten. Nimmt man hingegen theoretische Abhandlungen in die Hand, entsteht ein anderes Bild: Hier erfolgt die Individualisierung durch reichhaltige Lernumgebungen, in denen Schüler ihre eigenen Wege gehen können. Diese Sicht ist didaktisch ungefähr-licher, da sie mit dem positiv besetzten *Entdecken von Mathematik* vereinbar ist. Das diplomatische Fazit von Rudolf vom Hofe bringt es gut auf den Punkt:

> Auch hier wäre es im Hinblick auf die Praxis unsinnig, sich aufgrund von theoretischen Ge-gensätzen für eine und gegen die andere Seite zu entscheiden. Denn in beiden Lernformen kann erfolgreich und auch nicht erfolgreich gelernt werden. Und letztlich empfiehlt sich so-wohl aus der Sicht der Unterrichtserfahrung als auch aus der Schulentwicklungsforschung eine Kombination von instruktivem und konstruktivem Lernen in einer Vielfalt von unter-richtlichen Methoden [...]. (vom Hofe 2011, S. 5)

In Kombination mit der Stärkung der Eigenständigkeit von Schulen ergibt sich ein aus meiner Sicht positiver Trend, für den ich allerdings keine empirischen Belege habe: Anders als noch vor zehn Jahren wird meiner Wahrnehmung nach verstärkt versucht, Lehr-kräfte zu unterstützen, statt sie zu belehren. Ohne die Devise von Hattie überstrapazieren zu wollen, bemerke ich eine andere Art der Wertschätzung von Kollegen untereinander – auch wenn unterschiedliche Ansätze favorisiert werden. Keimzellen fachlicher Entwicklung sind Fachgruppen vor Ort. Sie verständigen sich über Qualität, womit gemeint ist, die Zielqualität zu akzeptieren und zu verinnerlichen, sich über Prozessqualität zu verständigen und Ergebnisqualität kritisch-konstruktiv zu beurteilen. Das gelingt an einigen Schulen hervorragend – andere haben hier noch Entwicklungspotenzial. Dieses Bild vom Lernen von Mathematik, das die Lernenden mit ihren Bedürfnissen und Interessen in den Mittelpunkt stellt und die Profession der Lehrkräfte ernst nimmt, erscheint mir angemessen und auch geeignet, die Trends der nächsten Jahre und Jahrzehnte zu überdauern.

2.2 Bildungsstandards Mathematik

Je nach Bundesland kommen Lehrkräfte in Schulen mit den Bildungsstandards in Berührung – oder eben nicht. Nordrhein-Westfalen ist ein Beispiel für ein Land, das wohl nicht zuletzt aufgrund seiner Größe Kernlehrpläne in den Mittelpunkt stellt. Fakt ist jedoch, dass die KMK-Bildungsstandards Grundlage jedes Lehrplans sein sollten – das von allen Ländern finanzierte Institut für Qualitätsentwicklung im Bildungswesen in Berlin (http://www.iqb.hu-berlin.de) hat zeitweise Lehrpläne danach begutachten lassen, ob und inwiefern die Bildungsstandards darin angemessen umgesetzt werden. Ich konzentriere mich an dieser Stelle auf eine kurze Einführung und empfehle sowohl angehenden als auch bereits im Dienst stehenden Lehrkräften das Studium der Originaldokumente[2] sowie der zugehörigen didaktischen Literatur[3] Blum u. a. (2006).

2.2.1 KMK-Bildungsstandards – ein Modell für Zielqualität

Bildungsstandards wie auch Lehrpläne werden stets durch drei Grunderfahrungen eingeleitet, die auf Winter (1996) zurückgeführt werden. Sie beschreiben den Beitrag des Fachs Mathematik zur Bildung. Die beiden für dieses Buch relevanten Präambeln lauten für die Sekundarstufe I:

> Mathematikunterricht trägt zur Bildung der Schülerinnen und Schüler bei, indem er ihnen insbesondere folgende Grunderfahrungen ermöglicht, die miteinander in engem Zusammenhang stehen:
>
> • technische, natürliche, soziale und kulturelle Erscheinungen und Vorgänge mit Hilfe der Mathematik wahrnehmen, verstehen und unter Nutzung mathematischer Gesichtspunkte beurteilen,

---

[2] Konferenz der Kultusminister (2004a), Konferenz der Kultusminister (2004b) und Konferenz der Kultusminister (2012) sind abrufbar unter http://www.iqb.hu-berlin.de/bista/subject.
[3] Im Abschnitt zu den Leitideen und Kompetenzbereichen der Bildungsstandards habe ich aktuellere didaktische Literatur angegeben. Eine ausführliche Behandlung der Leitideen und Kompetenzbereiche würde den Umfang dieses Buches sprengen und musste deswegen ausgelagert werden.

- Mathematik mit ihrer Sprache, ihren Symbolen, Bildern und Formeln in der Bedeutung für die Beschreibung und Bearbeitung von Aufgaben und Problemen inner- und außerhalb der Mathematik kennen und begreifen,
- in der Bearbeitung von Fragen und Problemen mit mathematischen Mitteln allgemeine Problemlösefähigkeit erwerben. (Konferenz der Kultusminister 2004b, S. 6)

Und für die Sekundarstufe II heißt es:

Bildungstheoretische Grundlagen des Mathematikunterrichts sind der Allgemeinbildungsauftrag wie auch die Anwendungsorientierung des Unterrichtsfaches Mathematik. Demnach wird Mathematikunterricht durch drei *Grunderfahrungen* geprägt, die jeder Schülerin und jedem Schüler vermittelt werden müssen:

- Mathematik als Werkzeug, um Erscheinungen der Welt aus Natur, Gesellschaft, Kultur, Beruf und Arbeit in einer spezifischen Weise wahrzunehmen und zu verstehen,
- Mathematik als geistige Schöpfung und auch deduktiv geordnete Welt eigener Art,
- Mathematik als Mittel zum Erwerb von auch über die Mathematik hinausgehenden, insbesondere heuristischen Fähigkeiten.

In der Vermittlung dieser Grunderfahrungen entwickelt der Mathematikunterricht seine spezifische bildende Kraft und leistet einen unverzichtbaren Beitrag zur Erfüllung des [...] Bildungsauftrags der gymnasialen Oberstufe. Mathematik kann so in ihrer Reichhaltigkeit als kulturelles und gesellschaftliches Phänomen erfahren werden. (Konferenz der Kultusminister 2012, S. 9)

Das Kompetenzmodell der Bildungsstandards (vgl. Abb. 2.1) lässt sich in drei Dimensionen beschreiben. Ich beschränke mich an dieser Stelle auf die Bildungsstandards für die Sekundarstufe II[4].

Eine Dimension wird durch die allgemeinen mathematischen Kompetenzen, zum Teil auch prozessbezogene Kompetenzen genannt, beschrieben. Das sind K1: Mathematisch argumentieren, K2: Probleme mathematisch lösen, K3: Mathematik modellieren, K4: Mathematische Darstellungen verwenden, K5: Mit symbolischen, formalen und technischen Elementen der Mathematik umgehen sowie K6: Mathematik kommunizieren. Die zweite Dimension sind die sogenannten Leitideen. Das sind L1: Algorithmus und Zahl, L2: Messen, L3: Raum und Form, L4: Funktionaler Zusammenhang, L5: Daten und Zufall. Die Anforderungsbereiche I, II und III beschreiben unterschiedliche kognitive Ansprüche und werden gerne verwechselt mit der klassischen Taxonomie *Reproduktion, Anwendung* und *Transfer*.

Das Kompetenzmodell illustriert, wie mit den Bereichen der Bildungsstandards umgegangen werden soll. Mathematische Kompetenzen werden an mathematischen Inhalten erworben. Die angemessene Vernetzung von Prozess und Inhalt ist dabei zentral. Die Anforderungsbereiche betonen dabei, dass diese Vernetzung in verschiedenen Qualitäten und

---

[4] In den Bildungsstandards wird betont, dass die Standards für die Sekundarstufe II organisch auf denen der Sekundarstufe I aufbauen (Konferenz der Kultusminister 2012, S. 10).

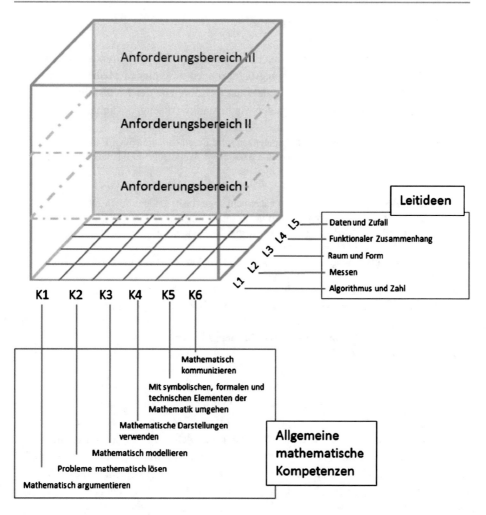

Abb. 2.1 Das Kompetenzmodell der Bildungsstandards (Quelle: Konferenz der Kultusminister (2012))

Ausprägungen erfolgen kann. Implizit werden so Leistungsstandards festgelegt, die – wie auch in der Sekundarstufe I – im Anschluss durch Aufgabenbeispiele illustriert werden.

Ich werde im Folgenden immer wieder auf die Bildungsstandards eingehen. Als roten Faden durch die Lerneinheiten dieses Buches sind sie nicht geeignet, da für Lehrkräfte in den Bundesländern eher Lehrpläne – mit anderen Kategoriensystemen – relevant sind[5].

---

[5] Viele Oberstufenlehrpläne sprechen nach wie vor den Inhaltsbereichen Analysis, analytische Geometrie und Stochastik.

2.2.2 Die Rolle des Computers

Im Gegensatz zu den Ausführungen der Bildungsstandards für die Grundschule (Kraut-hausen 2012, S. 6) und den schwachen Ausführungen zu digitalen Medien in den Bil-dungsstandards der Sekundarstufe I, findet man in Konferenz der Kultusminister (2012) ein eigenes Unterkapitel, das sich digitalen Mathematikwerkzeugen widmet:

> Die Entwicklung mathematischer Kompetenzen wird durch den sinnvollen Einsatz digitaler Mathematikwerkzeuge unterstützt. Das Potenzial dieser Werkzeuge entfaltet sich im Mathe-matikunterricht
>
> - beim **Entdecken** mathematischer Zusammenhänge, insbesondere durch interaktive Er-kundungen beim Modellieren und Problemlösen,
> - durch **Verständnisförderung** für mathematische Zusammenhänge, nicht zuletzt mittels vielfältiger Darstellungsmöglichkeiten,
> - mit der **Reduktion** schematischer Abläufe und der **Verarbeitung größerer Datenmen-gen**,
> - durch die Unterstützung individueller Präferenzen und Zugänge beim Bearbeiten von Auf-gaben einschließlich der reflektierten Nutzung von **Kontrollmöglichkeiten**.
>
> Einer durchgängigen Verwendung digitaler Mathematikwerkzeuge im Unterricht folgt dann auch deren Einsatz in der Prüfung.

Hier wird von digitalen Mathematikwerkzeugen gesprochen. Eine kurze Recherche zeigt, dass es zahlreiche Begriffe gibt, mit denen der pädagogisch genutzte Computer beschrieben wird: Neue Medien, neue Medien, digitale Medien, digitales Werkzeug, . . .

In diesem Buch wird unterschieden zwischen digitalen Medien und Werkzeugen. Der Begriff Werkzeug unterstellt eine bestimmte eingeschränkte Nutzung digitaler Medien. So kann das Verständnis für einen Zusammenhang auch durch Verwendung eines Films auf YouTube gesteigert werden, obwohl man diesem keinen Werkzeugcharakter zuschreiben wird.

Die Bildungsstandards für die Sekundarstufe II schreiben in ihren Ausführungen den Einsatz digitaler Medien nicht verbindlich vor: In Ländern wie Bayern ist der Einsatz des Computers im Mathematikunterricht nach wie vor nicht an der Tagesordnung und in Prüfungen sind – bis auf wenige Ausnahmen – nur einfachste Taschenrechner zugelassen. Es liegt in der Hoheit der Länder, diesen Abschnitt der Bildungsstandards zu interpretieren und daraus Schlussfolgerungen zu ziehen. Trotzdem ist die Aufzählung nützlich, da sie mögliche Funktionen digitaler Medien im Mathematikunterricht umreißt.

2.3 Verstehensorientierung – eine zeitgemäße Maxime?

Polynomdivision verstehen Herr Beistel[6] unterrichtet einen Mathematikkurs in der Oberstufe. Vorne an der Tafel stehen einige Polynomdivisionen. Nun wird eine Aufgabe gestellt: $(x^3 - 2 \cdot x + 1) : (x - 1)$. Wir lauschen dem Dialog von Herrn Beistel und einer Schülerin, die sagt, dass sie das Verfahren nicht verstanden habe. „Wieso teile ich denn durch x, da steht doch $(x - 1)$?" „Probier es doch erst einmal." „Also x^3 durch x ist x^2. Das dann mal x ist wieder x^3." „Ne, jetzt musst du mit $x - 1$ multiplizieren, das steht ja da." „Das ist dann $x^3 - x^2$. Dann Klammern drumm und Minuszeichen davor, jetzt alles abziehen: $x^2 - 2 \cdot x + 1$." „Und jetzt muss ich x^2 durch x teilen und dann das wieder mit $x - 1$ malnehmen, ja?" „Ja." „Ja dann habe ich es verstanden."

In den vergangenen Jahren habe ich – nicht zuletzt ausgelöst durch solche Situationen – über das Verstehen von Mathematik nachgedacht. Immer wieder erlaube ich mir, Studierende oder auch Junglehrer zu fragen, ob sie noch schriftlich dividieren können. Das klappte zu meiner Überraschung meistens problemlos. Fragte man jedoch nach dem Sinn einzelner Schritte, entstanden häufig spannende Diskussionen. Muss man Mathematik eigentlich *verstehen*? Und was bedeutet *verstehen*?

Die folgende Anekdote, die ich in den vergangenen Jahren oft erzählte, schildert eines meiner ersten eindrücklichen Erlebnisse im Lehrerzimmer eines Gymnasiums.

Der Lehrer Dr. Bastion Als frisch vereidigter Referendar saß ich mit meinem TI-92 – in Kennerkreisen auch „Brotdose" genannt – im Lehrerzimmer und bereitete Unterricht vor. Da setzte sich Dr. Bastion zu mir, legte einen Block auf den Tisch und schrieb darauf $\sqrt{20.449}$. „O. K. –. und nun?" „Ausrechnen!" Also tippte ich das Ergebnis in den dafür überdimensionierten Taschenrechner und erhielt das Ergebnis 143. Dr. Bastion nahm sich dann einen Stift und zog die Wurzel von Hand. Ich konnte die Schritte noch nicht einmal ansatzweise nachvollziehen, da ich zwar wusste, dass es so ein Verfahren gibt, es aber noch nie angewendet hatte. „Das ist die Generation Taschenrechner, so etwas kann man heute nicht mehr", sagte er zu mir.

Leider weiß ich bis heute nicht, ob Dr. Bastion, mit dem man übrigens fantastisch über grundlegende Fragen des Mathematikunterrichts diskutieren konnte, das Verfahren nur

---

[6] Die Fälle sind generell anonymisiert. Ähnlichkeiten zu Namen dritter Personen sind rein zufällig und nicht beabsichtigt.

anwenden konnte oder auch verstanden hat, warum es funktioniert. Auf jeden Fall war er nicht willens, mir das Verfahren zu erklären, sondern nur die Verfahrensschritte.[7]

Doch zurück zur Frage, was *Verstehen* bedeutet. Winter (2011) beschäftigt sich systematisch mit dem Verfahren des Wurzelziehens und reflektiert in diesem Zusammenhang auch den Begriff des Verstehens von Mathematik. Ich beschreibe hier grob die Grundidee für zweistellige Zahlen, die bei Martin Winter mit Montessori-Material auch für dreistellige Zahlen nachgebildet wird.

Das Quadrieren einer zweistelligen Zahl kann man algebraisch mit $(10 \cdot a + 1 \cdot b)^2$ beschreiben. Das Quadrieren, was dem Ausmultiplizieren entspricht, kann man am Flächenmodell veranschaulichen.

Es gilt also $(10 \cdot a + 1 \cdot b)^2 = 100 \cdot a^2 + 10 \cdot ab + 10 \cdot ab + 1 \cdot b^2 = 100 \cdot a^2 + 20 \cdot ab + 1 \cdot b^2$. Die Idee beim Wurzelziehen von Hand ist es, das Verfahren rückwärts durchzuführen. Betrachten wir dazu $\sqrt{1369}$. Das Ergebnis muss eine zweistellige Zahl sein. Zuerst ist a zu bestimmen. Formal kann man dazu fragen, für welches größtmögliche natürliche a gilt: $100 \cdot a^2 \leq 1369$. Es ergibt sich $a = 3$. Es verbleibt der Term $20 \cdot ab + 1 \cdot b^2 = 60 \cdot b + 1 \cdot b^2$. Nun ist das größtmögliche natürliche b gesucht, für das gilt: $60 \cdot b + 1 \cdot b^2 \leq 1369 - 900$. Dies ist $b = 7$, und da für diesen Fall sogar Gleichheit gilt, ist das Ergebnis $\sqrt{1369} = 37$. Diese Erklärung ist noch sehr formal – allerdings lässt sich der Algorithmus auch spielerisch durchführen, indem man ein Quadrat systematisch aufbaut. Bei Montessori-Material geschieht das mit verschiedenfarbigen Kugeln[8].

Winter hinterfragt, ob und was Kinder, die Wurzeln mit Montessori-Material ziehen, tatsächlich verstanden haben. Das Verfahren, das ich zum besseren Verständnis einige Male auf Papier durchgeführt habe, funktioniert rein mechanisch und ohne, dass man lange darüber nachdenken muss. Es ist letztendlich auch nur ein Rezept. Martin Winter hat das Verfahren mit Studierenden erprobt:

> Aus der Visualisierung des Algorithmus gelingt den Studierenden problemlos das Nachbilden der Muster, zunächst im Bilden der Quadratzahlen, aber ebenso auch im Herstellen der Muster für die Wurzeln. Das bedeutet zunächst, dass das Verfahren zum Wurzelziehen in dieser Form in relativ kurzer Zeit selbstständig erarbeitet und angewandt werden konnte. [...]
>
> Ansatzweise gelingt auch den meisten eine „Erklärung" des Verfahrens (Warum funktioniert es?) sowie eine nachvollziehbare Beschreibung des Algorithmus, die allerdings keine algebraische Form annimmt, sondern eher die Vorgehensweise der Herstellung des Musters beschreibt. Offenkundig zeigt sich aber insgesamt darin ein vertiefteres *Verstehen*, das den Transfer auf Grenz- und Problemfälle sowie ein erkennbares hohes Reflexionsniveau enthält. (Winter 2011, S. 194)

Abschließend reflektiert Martin Winter die verschiedenen Ebenen des Verstehens. Auf der ersten Stufe sieht er das Einsehen in das Funktionieren des Verfahrens sowie seine wiederholte Anwendung. Lernende gewinnen hier Sicherheit. Auf der zweiten Stufe

---

[7] Unter http://www.pallack.de/DiMe habe ich einige Videos zusammengestellt, in denen nur das Verfahren erklärt wird. Testen Sie sich selbst!

[8] Unter http://www.pallack.de/DiMe.html habe ich einen kurzen Film verlinkt, der das eher spielerische Verfahren an den Beispielen $\sqrt{20.449}$ und $\sqrt{59.049}$ erklärt.

sieht er einen stärkeren bewussten Umgang mit dem Gegenstand sowie die Einordnung in das bestehende Wissensnetz. Auf der dritten Ebene wird eine hohe Flexibilität erreicht. „Das tiefere Verstehen ermöglicht es, eigenständig über die zunächst mit den Inhalten gegebenen Grenzen hinauszugehen, und diese zu erweitern. Es wird ein hohes Maß an selbstständigen Transfermöglichkeiten erreicht." (Winter 2011, S. 197)

Für mich ergibt sich daraus die Frage, warum man heute ohne zu zögern Wurzeln mit dem Taschenrechner zieht[9], während man in den Klassen 5 und 6 – zumindest in Nordrhein-Westfalen – großen Wert darauf legt, dass schriftliche Rechenverfahren von Hand erledigt werden können – viel verschenkte Zeit, wenn man sich auf das Ausführen des Verfahrens und damit auf basales *Verstehen* beschränkt.

Diese Diskussion zeigt, dass Verstehen kein absoluter Begriff sein kann, sondern sehr facettenreich und in seiner Ausprägung gestuft ist. Sicher sollte man es deswegen einerseits vermeiden, Verstehen als absolute, bewertbare Kategorie zu verwenden. Andererseits ist dies das Bestreben: Schüler sollen Mathematik verstehen. Vollrath bemerkt:

> Interessant ist natürlich, wie Lehrer mit der Kategorie des Verstehens im Alltag umgehen und wie ihre Sicht durch das Fachstudium, durch didaktische Betrachtungen und persönliche Erfahrungen geprägt ist. (Vollrath 1993, S. 35)

Für Mathematiker hat *Verstehen* einen eigenen Wert:

> Einen mathematischen Begriff verstehen, heißt in diesem Sinne, durch eine mathematische Theorie Einsichten in den Begriff zu gewinnen. So liefert z. B. die Topologie *topologische* Einsichten, die Algebra *algebraische* Einsichten in die reellen Zahlen. Umgekehrt wird natürlich auch die Theorie von den Begriffen her verstanden. Allerdings scheinen sich häufig weder die Wissenschaftler noch die Lehrer dieser Komplementarität bewußt zu sein. (Vollrath 1993, S. 37)

Vollrath beschreibt in seinem Artikel *Paradoxien des Verstehens von Mathematik* aufbauend auf solchen Beobachtungen Paradoxien:

> *Man kann das Allgemeine nur verstehen, wenn man das Besondere verstanden hat. Man kann jedoch das Besondere nur verstehen, wenn man das Allgemeine verstanden hat. (ebd., S. 41)*
> *Man kann das Ganze nur verstehen, wenn man die Einzelheiten verstanden hat. Man kann Einzelheiten nur verstehen, wenn man das Ganze verstanden hat. (ebd., S. 45)*
> *Strenge Überlegungen kann man nur verstehen, wenn man bereits anschauliche Vorstellungen davon hat. Angemessene anschauliche Vorstellungen können sich nur aus strengen Betrachtungen entwickeln. (ebd., S. 48)*
> *Man kann Mathematik in ihrer Reichhaltigkeit nur verstehen, wenn man ihren Kern verstanden hat. Man kann den Kern von Mathematik nur verstehen, wenn man ihre Reichhaltigkeit verstanden hat. (ebd., S. 50–51)*

---

[9] Taschenrechner verwenden wohl häufig den CORDIC-Algorithmus zur Berechnung von Quadratwurzeln, also ein Verfahren, das weder mit der in der Schule üblichen Intervallschachtelung noch mit dem Wurzelziehen von Hand klar assoziiert werden kann. Eine Einführung in Englisch findet man unter http://youtu.be/TJe4RUYiOIg.

Verstehen ist ein Prozeß, der Verständnis als Resultat anstrebt. Verstehen ist aber ohne
Verständnis nicht möglich. (ebd., S. 53)

Diese Paradoxien deuten an, wie komplex die Entscheidungen sind, um Unterricht verstehensorientiert zu gestalten. Digitale Medien, die in diesem Buch im Mittelpunkt des
Interesses stehen, sollten notwendig das Ziel verfolgen, Lernende dabei zu unterstützen,
Mathematik besser zu verstehen. Was verstanden werden soll, also die inhaltliche Ziel-
dimension, wird durch die Bildungsstandards festgelegt. Was noch fehlt, ist ein Maß für
die Ergebnisqualität sowie Modelle für Prozessqualität. Die folgenden beiden Abschnitte
beschreiben exemplarisch einige Modelle, die mir mit Blick auf digitale Medien geeignet
erscheinen.

2.3.1 Mathematisches Bewusstsein – ein Modell für Ergebnisqualität

Mathematische Inhalte können unterschiedlich bearbeitet werden. Lehrerinnen und Lehrer ordnen mathematischen Tätigkeiten Qualitäten zu und bewerten sie – meine These
ist, dass in der Alltagssprache hohe Qualität mit dem Attribut *verstanden*[10] belegt wird.
Kaenders und Kvasz beschreiben einen Ansatz zur Deskription mathematischen Wissens,
Denkens und Handelns, der auch den Einsatz digitaler Medien umfasst: das mathematische Bewusstsein.

> Ebenso hat der persönliche mathematische Kosmos eines Menschen eine Qualität, die auf
> seine ‚Reife' hindeutet. Die ist eine Qualität dessen, was wir *mathematisches Bewusstsein*
> (mathematical awareness) nennen wollen. (Kaenders und Kvasz 2011, S. 71)

Sie erfassen mit diesem Begriff „die Totalität all der mathematischen Aspekte, auf
die wir einen mentalen Zugriff haben" (Kaenders und Kvasz 2011, S. 73). Entsprechend
grenzen sie mathematisches Bewusstsein vom Verstehen ab:

> Mathematisches Bewusstsein ist zu unterscheiden von mathematischem Verstehen, da wir uns
> mancher Dinge bewusst sind, ohne sie zu verstehen. Ein Kind kennt alle Zahlen, bevor es in
> die Schule kommt. und wir alle haben durch unsere alltäglichen Erfahrungen ein Bewusstsein
> von Begriffen wie Stetigkeit, Dimension, Geschwindigkeit etc. Verstehen jedoch verändert
> das mathematische Bewusstsein. Aber das mathematische Bewusstsein verändert sich auch
> mitunter, *nachdem* man etwas verstanden hat. (Kaenders und Kvasz 2011, S. 75)

Am Beispiel der Lösung der quadratischen Gleichung $3x^2 - 54x + 243 = 0$ erklären
sie verschiedene Typen, von denen hier exemplarisch vier[11] in Anlehnung an Kaenders

---

[10] Eindrucksvoll legt Scholz (2011) dar, wie das Wort Verstehen, auch im Fach Mathematik, verwendet wird.
[11] Die Auswahl erfolgte aus insgesamt 13 Bewusstseinstypen: Soziales, Imitatives, Manipulatives,
Instrumentelles, Diagrammatisches, Experimentelles, Strategisches, Kontextbezogenes, Intuitives,
Analogisches, Argumentatives, Logisches sowie Theoretisches. Eine praxisbezogene Reflexion dieser Typen am Beispiel des Kontextes „Teiumfaner" findet man in Pallack (2014).

und Kvasz (2011) erläutert werden: Verrät man einem Schüler die Lösung, so verändert sich sein Blick auf die Gleichung – Kaenders und Kvasz sprechen hier von sozialem Bewusstsein. Dass dieser Typ mathematischen Bewusstseins wichtig ist, leuchtet sofort ein, wenn man an aktuellere mathematische Forschung denkt: Natürlich akzeptiere ich, dass der Satz von Fermat bewiesen wurde – auch wenn ich den Beweis weder im Original kenne, noch eine realistische Chance hätte, ihn in angemessener Zeit zu prüfen. Ähnlich stark kontrastiert das instrumentelle Bewusstsein von dem, was man als Verstehen bezeichnen würde. Mit einem graphischen Taschenrechner kann man die Gleichung lösen – und natürlich kann man dieser Lösung im Allgemeinen[12] auch ohne tieferes Verständnis vertrauen. Interpretiert man die Gleichung als eine Bewegung – z. B. die einer Rakete, wird von kontextbezogenem Bewusstsein gesprochen. Ist der Kontext authentisch, könnten sogar aus dem Alltagswissen (wie weit oder hoch eine Rakete fliegt) zusätzliche Hinweise auf die Lösung genutzt werden. Werden beim Lösen der Gleichung logische Regeln angewendet, sprechen Kaenders und Kvasz von logischem Bewusstsein.

> Für uns ist das höchste Ziel des Erlernens von Mathematik der Erwerb vielfältiger Qualitäten mathematischen Bewusstseins – jede mit der ihr eigenen Tiefe. (Kaenders und Kvasz 2011, S. 83)

Vollrath und Roth bestärken meine Eingangsthese: „Wird beim Lernen eines Gegenstands eine hohe Qualität erreicht, dann spricht man vom *Verstehen*." (Vollrath und Roth 2012, S. 48) Die Autoren unterscheiden zwischen dem Verstehen eines Begriffs, eines Sachverhalts sowie eines Verfahrens und geben Kriterien an, die ich Ihnen zumindest als Orientierung nicht vorenthalten möchte und hier unkommentiert zur Verfügung stelle:

Lernende haben einen mathematischen *Begriff verstanden*, wenn sie

- die Bezeichnung des Begriffs kennen,
- Beispiele angeben und jeweils begründen können, weshalb es sich um ein Beispiel handelt,
- begründen können, weshalb etwas nicht unter den Begriff fällt,
- charakteristische Eigenschaften des Begriffs kennen,
- Oberbegriffe, Unterbegriffe und Nachbarbegriffe kennen,
- mit dem Begriff beim Argumentieren und Problemlösen arbeiten können.

[...] Lernende haben einen *Sachverhalt* verstanden, wenn sie

- den Sachverhalt angemessen formulieren können,
- Beispiele für den Sachverhalt angeben können,
- wissen, unter welchen Voraussetzungen der Sachverhalt gilt,
- den Sachverhalt begründen können,
- Konsequenzen des Sachverhalts kennen,
- Anwendungen des Sachverhalts kennen.

---

[12] Aber nicht immer, wie zahlreiche Beispiele in diesem Buch belegen.

[...] Dabei haben die Lernenden ein mathematisches *Verfahren verstanden*, wenn sie

- wissen, was man damit erreicht,
- wissen, wie es geht,
- es auf Beispiele anwenden können,
- wissen, unter welchen Voraussetzungen es funktioniert,
- wissen, warum es funktioniert.

(Vollrath und Roth 2012, S. 48–50)

Mit dem Ansatz von Kaenders und Kvasz erhält man ebenso wie mit den Kriterien von Vollrath und Roth kein Instrument zur Planung von Lernprozessen. Beide beschreiben Ergebnisqualitäten – Erstere, ohne sie zu werten, während Letztere eine Hürde festlegen, ab wann man von Verstehen sprechen kann. Die verbleibende Herausforderung für Lehrerinnen und Lehrer ist es, die Zielqualitäten so in Prozesse zu formen, dass einerseits vielfältige, andererseits aber auch hohe Ergebnisqualitäten erreicht werden.

2.3.2   Begriffsfelder – ein Modell für Prozessqualität

Mathematikunterricht war in den letzten Jahren immer wieder Moden unterworfen, die sich zu Spannungsfeldern entwickelt haben. Da ist zum einen der immer wieder geforderte Realitätsbezug. Doch benötigt man Anwendung um jeden Preis? Die Bildungsstandards für die Sekundarstufe II sprechen hier eine klare Sprache:

> Für den Erwerb der Kompetenzen ist im Unterricht auf Vernetzung der Inhalte der Mathematik untereinander ebenso zu achten wie auf eine Vernetzung mit anderen Fächern. Aufgaben mit Anwendungen aus der Lebenswelt haben die gleiche Wichtigkeit und Wertigkeit wie innermathematische Aufgaben. (Konferenz der Kultusminister 2012, S. 11)[13]

Tatsächlich könnte man einige Inhalte aus den Lehrplänen streichen, wenn man sich auf Anwendungsprobleme beschränkt.

Eine angemessene Lösung[14]   Mathematik-Abitur 2013 in Nordrhein-Westfalen: In einer Aufgabe wird beschrieben, dass ein BMX-Rad eine Rampe entlangfährt, von dieser abspringt und nach einem kurzen parabelförmigen Flug auf einem Hügel landet. Sowohl die Flugbahn als auch der Hügel sind als Funktionsterm gegeben. Die Frage: „An welcher Stelle hat das BMX-Rad vom Hügel die größte (vertikale) Entfernung?"

Die intendierte Lösung liegt auf der Hand: Man bilde die Differenzfunktion und untersuche diese auf das globale Maximum im Definitionsbereich. Also: Erste Ableitung bilden, Nullstellen suchen, eine hinreichende Bedingung prüfen, Randextrema beachten

---

[13] Methodisch sicher spannend ist der Fakt, dass die Bildungsstandards an dieser Stelle Inputorientiert formuliert sind, also festlegen, wie Unterricht zu gestalten ist.

[14] In enger Anlehnung an Pallack (2014).

... Bei der Korrektur der Abiturklausuren fiel ein Schüler meines CAS-Kurses mit seiner Lösung besonders auf, die ich hier aus dem Gedächtnis wiedergebe:

„Die Frage zielt wohl auf Sicherheitsüberlegungen ab, wobei mir nicht ganz klar ist, warum gerade der größte vertikale Abstand interessieren sollte. Da es sich aber um eine Anwendungsaufgabe handelt, reicht eine Näherungslösung aus. Ich habe die beiden Graphen zeichnen lassen[15], dann eine Senkrechte zur x-Achse konstruiert, die Schnittpunkte anzeigen lassen und deren Abstand gemessen. Der größte Abstand liegt bei 2,5 m – dieses Ergebnis ist meiner Einschätzung nach auf 10 cm genau, was für den Zweck vollkommen ausreichend ist." An dieser Lösung ist wohl nichts auszusetzen!

Die Kalküle der Analysis machen nur Sinn, wenn auch abstrakte Begriffe genutzt werden – eine Analysis auf der Menge der rationalen Zahlen wäre auch möglich, sähe aber ganz anders aus. Wie sollte ein mathematischer Gegenstand behandelt werden: innermathematisch oder mit Bezug zur Realität und damit notwendig nicht exakt? Hier zeigen sich Parallelen zum *Verstehen* und den von Vollrath (1993) vorgestellten Paradoxien. Einerseits benötigt man gewisse Vorstellungen, um überhaupt strenge Überlegungen anstellen zu können – andererseits machen einige inhaltliche Folgerungen ohne strengere Betrachtungen keinen Sinn.

Das zweite Spannungsfeld ergibt sich unmittelbar: Eine zentrale Leistung der Fachwissenschaft Mathematik ist es, leistungsfähige Kalküle bereitzustellen, die – richtig angewendet – Probleme lösen, ohne dass man darüber groß nachdenken muss. So wäre es zu umständlich, zum Lösen der Aufgabe $\frac{1}{3} + \frac{1}{2}$ erst einmal Kreisausschnitte anzufertigen oder zeichnerisch eine gemeinsame Unterteilung zu finden. Das Kalkül *Brüche gleichnamig machen, Zähler addieren und Nenner beibehalten* ist leistungsfähig – jedoch leider auch anfällig für Fehler, da solche Regeln schnell vergessen oder verwechselt werden. Eine inhaltliche gefüllte Vorstellung ist deswegen unverzichtbar. Es entfaltet sich das Spannungsfeld zwischen *Syntaktik* und *Semantik*. Dieses Spannungsfeld wird für die Analysis auch von Danckwerts und Vogel (2006) beschrieben – sie differenzieren zwischen Grundvorstellung auf der einen und Kalkülorientierung auf der anderen Seite.

Unabhängig voneinander entwickelten Greefrath (2010) sowie Pallack und Langlotz (2009) ein Modell, das diese Spannungsfelder in vier Quadranten interpretiert. Pallack und Langlotz nutzen diese Interpretation, um damit Hilfen für die Planung von Lernprozessen zu geben:

> Eine wichtige Aufgabe des Lehrers in einem verstehensorientierten Mathematikunterricht ist es, die Lernumgebungen so zu gestalten, dass Schüler nachhaltig Verbindungen zwischen verschiedenen Facetten eines Begriffs aufbauen können. (Pallack und Langlotz 2009, S. 10)

Es geht einerseits um mathematische Inhalte – in diesen Inhalten gibt es Begriffe[16], die sich bei Lernenden entwickeln. Der Umgang mit diesen Begriffen kann in verschiedenen

---

[15] Gemeint ist „Zeichnen lassen mit dem Taschenrechner".
[16] Eine Einführung zum Begriffsbilden findet man bei Büchter und Leuders (2005).

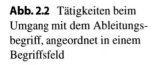

Abb. 2.2 Tätigkeiten beim
Umgang mit dem Ableitungs-
begriff, angeordnet in einem
Begriffsfeld

Qualitäten geschehen. Pallack und Langlotz (2009) entwickelten das Modell schließlich
weiter zu einer Heuristik zur Planung verstehensorientierten Unterrichts, dem sogenannten Begriffsfeld.

Das Modell (vgl. Abb. 2.2) wird am Beispiel der Tätigkeit des Ableitens vorgestellt,
das in verschiedenen Qualitäten erfolgen kann. Exakt funktionieren die Ableitungskalkü-
le – zur Anwendung von Regeln der Art $(x^n)' = n \cdot x^{n-1}$ benötigt man jedoch keinerlei
inhaltliches Verständnis. Die Einordnung erfolgt entsprechend in den Quadranten exakt-
syntaktisch. Bei vielen realitätsbezogenen Fragestellungen reicht es, mit Näherungswerten
zu arbeiten. Die Anwendung des Differenzenquotienten liefert für die meisten Fragestellungen hinreichend gute Näherungen – diese Tätigkeit ist im Quadranten unten rechts
einzuordnen. Den Ableitungsbegriff inhaltlich zu erfassen, bedeutet ihn auch mit Vorstellungen zu verbinden. Das kann die Vorstellung sein, dass die Ableitung der Tangenten an
einer Steigung ist – die Ableitungsfunktion damit die Steigung eines Graphen an jeder
Stelle. Das Verfahren ist links einzuordnen, und zwar im unteren Bereich. Die Idee der lokalen Änderungsrate entspräche eher dem exakten Arbeiten und kann im oberen Bereich
eingeordnet werden.

Natürlich werden diese Tätigkeiten ausgelegt: Die Interpretation der Ableitung als Steigung einer Tangente kann genauso kalkülhaft angewendet werden wie eine unverstandene
Ableitungsregel. Die trennscharfe oder gar objektivierbare Einteilung ist jedoch auch nicht
das Ziel. Pallack und Langlotz sind die Beschränkungen ihres Modells bewusst:

Ein häufiger Kritikpunkt bei Einsatz dieses (doch recht neuen) Konzeptes ist, dass man Eigenschaften trennt, die eigentlich zusammengehören: Es sollte keine Syntaktik ohne Semantik

geben und auch exaktes und näherungsweises Arbeiten sollten sich ergänzen. Dem stimmen
wir weitgehend zu. Jedoch macht es trotzdem Sinn, die Spannungsfelder aufzuzeigen und
zu pointieren. Sichtweisen hinterfragen oder auch betonen kann man aber nur, wenn man in
der Lage ist, die Perspektive zu wechseln. Dabei können Begriffsfelder helfen. (Pallack und
Langlotz 2009, S. 11)

Begriffsfelder sind also eine, wenn auch wie bei jedem Modell notwendig beschränkte, Hilfe zur Planung von Prozessen. Ziel ist es, den Lernenden Gelegenheit zu geben,
Verbindungen herzustellen. Dazu kann man, wenn es sich mit Blick auf die Lerngruppe
anbietet, mit der Theorie beginnen und Anwendungen nachschieben – in der Regel wird
es sich im schulischen Kontext jedoch anbieten, einzelne Phänomene zu betrachten, die
im Anschluss zu einer Theorie gebündelt werden.

2.4   Zeitgemäßer Mathematikunterricht

Ein moderner Schulleiter   Im Mai 2013 wurde ich von der Schulkonferenz des Franz-
Stock-Gymnasiums zum Schulleiter gewählt – die Vorstellung bei der Stadt Arnsberg
folgte dann im Juli. Anschließend berichtete die Presse über mich. Interessant war ein
Kommentar, der im Online-Bereich der Zeitung hinterlassen wurde. Dort heißt es: „So-
weit ich weiß, steht Dr. Pallack für modernen Unterricht ein."[17] Dem möchte ich gerne
widersprechen. Modern ist kurzfristig gedacht, orientiert an äußeren Normen. Zeitgemäßer Unterricht muss nicht notwendig modern sein – es besteht keine Notwendigkeit,
Tradiertes auf Abstellgleisen zu parken. Das wäre falsch verstandene Innovation.

An dieser Stelle könnte ich über meine Vision von Schule schreiben – ich verschone
Sie jedoch damit. Aber egal wie diese Vision aussieht: Man kommt seinen Vorstellungen
im schulischen Bereich nur näher, wenn man mit den Menschen zusammenarbeitet. Das
sind aus der Sicht des Mathematiklehrers die Schüler wie auch die Eltern und natürlich
die Kollegen.

Zeitgemäßer Mathematikunterricht nimmt die Vorstellungen der Lernenden ernst – er
holt sie dort ab, wo sie stehen. Er setzt darauf, dass Mathematik so gut wie möglich verstanden wird. Verstehensorientierter Unterricht setzt an den Interessen der Lernenden an.
Loyalität gegenüber den Schülern ist unverzichtbar für gelingende Lernprozesse und die
damit verbundene Vermittlung von Bildung.

Um so einen Unterricht gestalten zu können, benötigen Lehrkräfte Freiräume. Diese
Freiräume verantwortlich zu füllen, setzt didaktische Expertise voraus – man muss sich
notwendig auf die berufliche Profession jedes einzelnen Mathematik-Pädagogen verlassen können. Leider ist das nicht immer der Fall, was nicht zuletzt daran liegt, dass die
Pforten zu Daueranstellungen in Zeiten von Lehrermangel vielen Personengruppen ge-
öffnet werden. Lehrkräften, die im Rahmen ihrer Ausbildung keine Gelegenheit hatten,

---

[17] http://www.derwesten.de/wp/staedte/arnsberg/gruenes-licht-fuer-neue-schulleiter-an-
sekundarschulen-und-fsg-id8138970.html.

Mathematik und ihre Didaktik vertieft zu studieren, rate ich dringend, ihren Unterricht gut zu reflektieren und Unterstützung einzufordern. Das stützt auch Möller (2013), der empirische Ergebnisse zur Auswirkung fachfremden Unterrichts zusammengetragen hat.

Ich glaube, dass man als Mathematiklehrer eher Berufszufriedenheit erlangt, wenn man seinen Unterricht an zeitgemäßen Maximen ausrichtet – sich also ein übergeordnetes Ziel setzt. Verstehensorientierung ist meiner Einschätzung nach eine solche Maxime, die jedoch notwendig ein hohes Maß fachlicher Expertise und Reflexion erfordert.

Die Rollen des Computers im verstehensorientierten Mathematikunterricht sind vielfältig. Ihr Potenzial und eigentlich auch ihre einzige Aufgabe besteht darin, Lernende darin zu unterstützen, Mathematik besser zu verstehen.

Die nun folgenden Kapitel verfolgen zum einen das Ziel, das breite Einsatzspektrum von Computern im Mathematikunterricht aufzuzeigen, zum anderen aber auch Hilfsmittel bereitzustellen, um im Rahmen der Planung von Unterricht zu entscheiden, ob der Computer einen Beitrag zum Verstehen liefern kann oder nicht.

Digitale Medien und Medienkompetenz

3

Inhaltsverzeichnis

Medienkompetenz: Das ist eines der geflügelten Worte – ähnlich wie Schüler- oder Kompetenzorientierung[1]. Sie werden alltagssprachlich verwendet. Letztendlich bleibt aber häufig unklar, was konkret gemeint ist. Mein Ziel ist es, Lehrern Handwerkszeug an die Hand zu geben, um den Einsatz von digitalen Medien zu reflektieren. Dazu gehört eine angemessene Operationalisierung von Medienkompetenz, die vor dem Hintergrund des Lernens von Mathematik genutzt werden kann. Aufbauend auf einigen konkreten Beispielen wird ein Stufenmodell entwickelt, das hilft, den reflektierten Einsatz digitaler Medien umzusetzen.

3.1   Zum Medienbegriff

Spätestens im schulpraktischen Teil der Lehrerausbildung begegnen zukünftige Lehrer der Medienpädagogik. Über den Medienbegriff kann man trefflich streiten – wenn man möchte. Weit gefasst ist ein Medium etwas, das vermittelt (Raithel u. a. 2007, S. 265).

---

[1] siehe dazu auch (Sutter und Charlton 2002, S. 140).

© Springer-Verlag GmbH Deutschland, ein Teil von Springer Nature 2018
A. Pallack, *Digitale Medien im Mathematikunterricht der Sekundarstufen I + II*,
Mathematik Primarstufe und Sekundarstufe I + II, DOI 10.1007/978-3-662-47301-6_3

Tab. 3.1 Darstellungsformen von (digitalen) Medien

		Sinnesmodalität		
Codierungsart		Auditiv	Visuell-statisch	Visuell-dynamisch
Abbildhaft	Realgetreu	Aufgezeichnete Originaltöne	Bild	Film
Abbildhaft	Schematisch/ typisierend	Aufgezeichnete, künstlich erzeugte akustische Nachbildungen	Skizze, Grafik	Zeichentrick, Animation
Symbolisch	Verbal	Aufgezeichneter gesprochener Text	Schriftlicher Text	Laufschrift
Symbolisch	Nicht verbal	Aufgezeichnete nichtsprachliche akustische Symbole	Nichtsprachliche optische Symbole	Bewegte optische Symbole

Eine Definition von Tulodziecki geht so weit, dass man auch den Menschen selbst als Medium begreifen müsste (vgl. Krauthausen 2012, S. 247 f.). Diese Auffassung ist für schulpraktische[2] Zwecke unbefriedigend, da alles und nichts ein Medium sein kann. Tulodziecki bietet auch eine engere Definition an: „Man spricht nur dann von Medien, wenn Informationen mit Hilfe technischer Geräte gespeichert oder übertragen und in bildhafter oder symbolischer Darstellung wiedergegeben werden." (Zitiert nach Krauthausen 2012, S. 248).

Definition 3.1
Digitale Medien sind dann solche Medien, die Informationen mit Hilfe elektronischer Geräte digital speichern oder übertragen und in bildhafter oder symbolischer Darstellung wiedergeben.   ◆

Diskutieren könnte man, ob diese Definition mit der Vorgabe der Codierungsart nicht zu eng gefasst ist. Schließlich kann heute jedes Smartphone neben auditiven und visuellen auch haptische Eindrücke vermitteln – zum Beispiel durch Vibrieren. Die Definition würde so jedoch weniger griffig. Ich belasse es entsprechend bei diesem Hinweis.

Angesprochen werden in der Definition verschiedene Codierungsarten. Die folgende Tab. 3.1 (in enger Anlehnung an Tulodziecki und Herzig 2002, S. 66) konkretisiert die verschiedenen Darstellungsformen von (digitalen) Medien exemplarisch.

---

[2] Die Bezeichnung „Schulpraxis" wird in diesem Buch immer wieder verwendet. Unter Schulpraxis werden die Strategien und Aktionen zusammengefasst, die derzeit von einem Großteil der Lehrer und Schüler beim schulischen Lernen praktiziert werden (siehe dazu auch Kreijns u. a. 2013, S. 218). Aussagen zur Schulpraxis müssen entsprechend immer relativierend betrachtet werden, da das, was in Klassenzimmern passiert, sich objektiven Messungen im Wesentlichen entzieht.

Diese – zugegeben recht technische – Definition drängt auf Konkretion. Dies erfolgt im nächsten Schritt. Hier wird der Umgang mit digitalen Medien und Medienkompetenz im Blick auf das Lernen von Mathematik näher betrachtet.

3.2 Medienkompetenz – Akzente für den Mathematikunterricht

In fachdidaktischen Publikationen werden medienpädagogische Konzepte[3] eher am Rande platziert. Verständlich, denn sie sind meist allgemein verfasst und lassen mit Blick auf das Lernen von Mathematik (zu) viel Interpretationsspielräume zu. Das Denken in diesen Modellen ist jedoch nützlich, wie die folgende erfundene, aber durchaus typische Episode illustriert.

Der Taschenrechner ist schuld Es ist Dienstagmorgen. Die Klasse 7b hat die Plätze eingenommen. Frau Reißmann, die Mathematiklehrerin, teilt Arbeitsblätter aus. Es geht um das Rechnen mit Klammern bei rationalen Zahlen. Nachdem die ersten beiden Aufgaben besprochen wurden, dürfen die Schüler selber rechnen. Eine der Aufgaben lautet $\frac{1}{2} - (\frac{3}{4} + \frac{1}{2})$. Max – ein schwacher Schüler – darf die Aufgabe an der Tafel vorstellen. Tatsächlich hat er das richtige Ergebnis. Er rechnet: $\frac{3}{4} + \frac{1}{2}$ mit dem Taschenrechner aus und erhält 1,25, denn er muss die Klammern zuerst rechnen. Dann steht da noch $\frac{1}{2} - 1{,}25$ der Taschenrechner liefert $-0{,}75$. „Und als Bruch?", fragt die Lehrerin. Ein Druck auf die Bruchtaste liefert das Ergebnis $-\frac{3}{4}$. Die erste große Pause, Frau Reißmann sitzt im Lehrerzimmer: „Seit der Taschenrechner eingeführt ist, verlieren die Schüler jedes Gefühl für Zahlen. Ich werde bei der nächsten Fachkonferenz beantragen, dass der Rechner erst Ende der Klasse 8 eingeführt wird. Die da oben im Ministerium …"

3.2.1 Digitale Medien kompetent nutzen

Natürlich erwartet Frau Reißmann (zu Recht), dass Schüler die Struktur des Terms erfassen und in diesem Fall von der Regel *Klammern zuerst* abweichen, da das Auflösen der Klammer sowie die Anwendung des Kommutativgesetzes der Addition rationaler Zahlen die Lösung ohne jede Rechnung liefert. Das erreicht man jedoch nicht allein durch Rechenübungen und auch nicht durch das Verbot digitaler Medien[4].

---

[3] In diesem Buch konzentriere ich mich auf Medienkompetenz als Ziel medienpädagogischen Handelns und verzichte auf Ausführungen zur Medienerziehung. Eine Abgrenzung der beiden Begriffe liefert Baake (1998). Eine gute Übersicht zur Medienpädagogik in Gänze findet man bei Raithel u. a. (2007). Eine vertiefende Reflexion mit Blick auf den Mathematikunterricht leistet Hischer (2002).
[4] Meines Wissens ist die Frage, woher der Glaubenssatz „Durch den Taschenrechner verlernen Kinder das Rechnen" kommt, wissenschaftlich noch nicht geklärt. Es zeigen sich jedoch durch-

Einen Taschenrechner kompetent zu nutzen bedeutet, vor dem ersten Tastendruck oder dem ersten Tintenstrich zu entscheiden, ob dessen Einsatz angemessen ist. Das gelingt Schülern natürlich nicht ad hoc – der Medieneinsatz muss daher selbst zum Thema werden. Wenig kompetent im Umgang mit digitalen Medien ist auch der Abiturient, der ein lineares Gleichungssystem mit vielen Einträgen von Hand löst: Wer Klausuren im Unterricht der Oberstufe korrigiert hat, weiß, dass dabei auch guten Schülern Fehler unterlaufen und an solchen Stellen viel Zeit verloren geht.

Zur kompetenten Nutzung digitaler Medien gehört notwendig eine angemessene Prozessorientierung sowie die stetige Reflexion. Auch bei einfachen Rechenaufgaben dürfte sich Frau Reißmann nicht mit dem Ergebnis zufriedengeben. Ich würde es an dieser Stelle bevorzugen, nicht mit der Besprechung weiterer Aufgaben fortzufahren, sondern mindestens einige Lösungswege gegenüberzustellen. Schüler sollten lernen, die Wege zu einem Ergebnis wertzuschätzen.

Der Taschenrechner ist nur ein digitales Medium[5] von vielen, die in der Schule verwendet werden. Wie verhält es sich beim Einsatz von Zirkel und Lineal vs. Dynamische Geometrie-Software, wie bei Computeralgebrasystemen vs. Termumformung von Hand, wie beim Erstellen von Plakaten vs. Webpräsentation oder wie beim Chat vs. einem direkten Gespräch? Lehrer können immer zwischen Alternativen wählen. Digitale Medien im Mathematikunterricht angemessen nutzen zu können bedeutet, die für das fachliche Lernen relevanten digitalen Medien zu kennen und ihre Verwendung jeweils vorab und im Anschluss zu reflektieren. Dazu müssen Lehrer notwendig über *Medienkompetenz* verfügen.

Bevor der Begriff der Medienkompetenz exakter gefasst wird, gehe ich in den folgenden Abschnitten insbesondere auf die Planung von Unterricht mit digitalen Medien ein.

3.2.2   Unterricht mit digitalen Medien

Unterricht ist ein Prozess, der von Lehrern geplant und damit inszeniert wird. Doch wie plant man Unterricht eigentlich und welche Rolle spielen dabei die digitalen Medien?

---

aus Parallelen zum Aberglauben: Wenn Schüler einen Taschenrechner in der Hand haben, besteht das erste Mal die Möglichkeit, nicht auf Papier oder im Kopf zu rechnen. Also bringt man beide Ereignisse (Taschenrechner – nicht mehr im Kopf rechnen) zusammen und verbindet sie zu einer Kausalkette. Solche Vorstellungen werden dann oft beibehalten und durch weitere selektive Beobachtungen bestärkt. Eine Zusammenstellung psychologischer Experimente zu diesem Thema findet man bei Engeln (2004). Dieses Argument gilt natürlich in gleicher Weise für positive Zuschreibungen und könnte eine Erklärung für die Polarisierung in Lehrerkreisen sein.

[5] Am Beispiel des Taschenrechners soll der Begriff des digitalen Mediums nochmals erörtert werden: Einfache Taschenrechner verfügen nicht über die Möglichkeit, das System zu erweitern oder zu erneuern. Eine Unterscheidung zwischen Technik und Medium ist deswegen hier nicht angebracht. Der Taschenrechner ist jedoch zweifelsfrei ein elektronisches Gerät. Beim Rechnen werden Eingaben verarbeitet, dazu sind Algorithmen implementiert. Schließlich werden Informationen bildhaft bzw. symbolisch ausgegeben.

Abb. 3.1 Vereinfachtes Strukturmodell des Unterrichts in Anlehnung an Heimann u. a. (1972, S. 25–37)

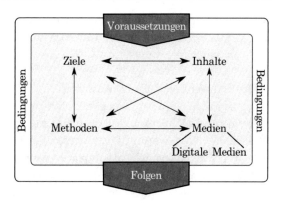

Die Planung von Unterricht im Allgemeinen ist komplex, nicht zuletzt, da verschiedene Ansätze verfolgt werden können, und kann an dieser Stelle entsprechend nicht umfassend behandelt werden[6]. Notwendig beschränke ich mich hier auf einen ausgewählten Ansatz unter vielen, der jedoch nach wie vor aus der Lehrerausbildung nicht wegzudenken ist[7]: das Berliner Modell[8]. Terhart fasst diesen Ansatz wie folgt zusammen:

> Die Grundaussage ist die folgende: Eingepasst in die vorgefundene Ausgangslage der Lernenden bzw. der Lerngruppe und in Befolgung übergeordneter Lehrplanvorgaben (Bedingungsfelder) hat ein Lehrer Entscheidungen hinsichtlich der vier Faktoren Ziele, Inhalte, Methoden und Medien zu treffen (Entscheidungsfelder). Diese vier Faktoren stehen nicht in einem Ableitungs-, sondern in einem Interdependenzverhältnis zueinander, beeinflussen sich also gegenseitig. Der so konstruierte und durchgeführte Unterricht erzeugt Wirkungen, die wiederum als Voraussetzungen in die weitere Planung eingehen. (Terhart 2009, S. 137)

Der von Terhart verwendete Medienbegriff ist natürlich weit gefasst, beinhaltet jedoch auch die digitalen Medien. Abb. 3.1 illustriert die grundsätzliche Idee. Zentral ist die von Terhart hervorgehobene Interdependenz. Wenn ein bestimmter Inhalt behandelt wird, sind Ziele, Methoden oder Medien nicht beliebig.

Missverständnisse im Lehrerzimmer „Der Satz des Thales passt irgendwie nicht in diese Unterrichtsreihe." „Machst du denn keine Unterrichtseinheit zu Dynamischer Geometrie-Software? Da passt das doch prima rein." „Ach, du meinst zum Erlernen des

---

[6] Interessierte verweise ich auf das populäre Werk von Meyer (2007) sowie – speziell für das Fach Mathematik – auf Barzel u. a. (2011) sowie auch Hischer (2002).
[7] Siehe z. B. Huwendiek (2006, S. 31 ff.).
[8] Siehe dazu auch Barzel u. a. (2011, S. 104 ff.). Es baut auf der Lehrtheoretischen Didaktik auf. Eine gute Übersicht zu didaktischen Modellen findet man bei Terhart (2009). Wie jedes Modell blieb es nicht ohne Kritik: Es lässt dem Lehrer scheinbar zu viele Freiheiten, da im Gegensatz zur Bildungstheoretischen Didaktik (Terhart 2009, S. 134 ff.) offen bleibt, an welchen Kriterien oder Vorlieben sich die Entscheidungen orientieren sollten oder müssen. In der Lehrerausbildung ist das Modell weiter gebräuchlich und auch hilfreich.

Programms." „Können deine das noch nicht? Dann wird es aber Zeit." „Vielleicht gebe ich das zum Selbstlernen auf. Im Unterricht kostet das so viel Zeit und außerdem ist der Rechnerraum immer besetzt."

Die Kommunikation über Unterricht ist eine echte Herausforderung. In Pallack (2009b) findet man Vorschläge, wie man über Unterricht ins Gespräch kommen kann. Strukturmodelle sind eine Möglichkeit. Die oben vorgestellte Unterhaltung im Lehrerzimmer findet auf mehreren Ebenen statt. Es geht um den Inhalt *Satz des Thales*. Der Inhalt ist von außen – wahrscheinlich durch die Lehrpläne – vorgegeben. Die Frage wäre nun, welches Ziel verfolgt werden soll unter dem Einsatz welcher Methoden und Medien. Der Vorschlag, es in eine Reihe zur *Dynamischen Geometrie-Software* zu packen, passt natürlich nicht, da das digitale Medium hier als Inhalt genannt wird. Unter dem Fokus *Satz des Thales* müsste die Frage lauten, mit welchen Medien die Schüler diesen Inhalt gut erschließen können. Ein *mögliches* Ziel des Gegenvorschlags könnte das Erlernen der Programmbedienung sein. Dabei spielen aber die Voraussetzungen der Schüler eine wichtige Rolle. Abschließend wird dann noch eine Methode genannt, die einiges voraussetzt, das *Selbstlernen*.

Solche Missverständnisse versuchen Strukturmodelle wie das Berliner Modell zu verhindern oder zumindest abzumildern.

3.2.3   Beispiele für Unterricht mit digitalen Medien

Die hier abgedruckten (gekürzten und redigierten) Stundenentwürfe[9] verfolgen das Ziel, möglichst konkret zu illustrieren, dass digitale Medien im Unterricht verschiedene Funktionen einnehmen können. Einen wichtigen Bestandteil der Ausführungen bilden deswegen die kurzen Verlaufsplanungen. Beim Studium der Beispiele ist zu bedenken, dass die Planung von Unterricht nicht isoliert betrachtet werden darf. Es beginnt mit einem Konzept, das dann kleingearbeitet wird auf eine Unterrichtseinheit oder -stunde. Anschließend wird die Planung in Handlungen übersetzt. Von den Beobachtungen im Unterricht ausgehend werden dann sowohl die Planung als auch das Konzept reflektiert[10]. Dargestellt sind also pädagogische Momentaufnahmen: Wir stehen jeweils kurz vor der Durchführung der Stunden.

Die Teiumfaner
Die Teiumfaner sind ein interessantes Volk. Ihre Bewohner haben rechteckförmige Körper, die nur aus Beinen und Schultern bestehen. Da ihr Körper der Teil des Umfangs eines Rechtecks ist, nennt man sie Teiumfaner. Die Summe von Schulter- und Beinlängen ist bei allen Teiumfanern gleich (nämlich 15) und trotzdem ist jeder einzigartig: Es gibt keinen

---

[9] Diese 45-Minuten-Stunden habe ich allesamt entweder gesehen oder gehalten. An dieser Stelle vielen Dank an die Kollegen und Auszubildenden, welche die anonymisierte Vorstellung der Beispiele erlaubten.
[10] siehe auch (Hischer 2002, S. 197 f.).

Abb. 3.2 Einige Bewohner
aus Teiumfan 15

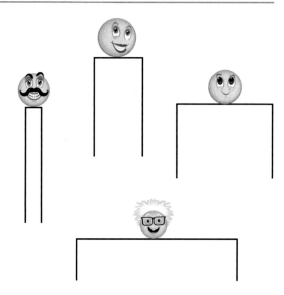

doppelt. Einige Teiumfaner finden Sie in Abb. 3.2. Nun ereignete es sich, dass der König starb und ein neuer König gesucht werden musste. Man war sich schnell einig: König wird der mit dem dicksten Bauch. Wer wird König der Teiumfaner?

Der Kontext wurde ursprünglich wohl von Heiko Knechtel entwickelt und in einem Schulbuch (Cukrowicz u. a. 2008) publiziert. Stenten-Langenbach u. a. (2007) sowie Pallack (2012c) griffen den Kontext auf und entwickelten ihn weiter. Die Teiumfaner eignen sich hervorragend, um Problemlösestrategien anzuwenden und zu reflektieren.

Die Stunde ist platziert in einer Unterrichtsreihe zum Problemlösen[11]. Inhaltlich wurde sie in der Oberstufe im Zusammenhang mit Extremwertproblemen angesiedelt. Danckwerts und Vogel weisen zu Recht darauf hin, dass Extremwertprobleme in der Oberstufe in der Regel nach einem Rezept abgearbeitet werden (Danckwerts und Vogel 2006, S. 170 ff.). Sie betonen: „Im Zuge der stürmischen Weiterentwicklung elektronischer Werkzeuge wird es für den Analysisunterricht immer drängender, die *Beziehung zwischen dem empirisch-numerischen und dem theoretischen Standpunkt* schärfer in den Blick zu nehmen. Ein Paradebeispiel für dieses Spannungsfeld sind die Extremwertaufgaben. Hier erfährt das analytische Standardkalkül eine begründete Relativierung. Im Unterricht wird es darauf ankommen, die Berechtigung *beider* Standpunkte herauszuarbeiten." (Danckwerts und Vogel 2006, S. 173)[12].

Die Lerngruppe hat die Problemlösestrategien *systematisches Probieren, Vorwärtsarbeiten* und *Rückwärtsarbeiten*, die in Nordrhein-Westfalen bereits in der Sekundarstufe I

---

[11] Problemlösen lässt sich lernen. Eine hervorragende, praxisorientierte Einführung findet man bei Bruder und Collet (2011).
[12] Pallack (2014) widmet sich ausführlich Extremwertaufgaben im Verbund mit der hier angesprochenen Herausforderung.

behandelt werden, reaktiviert und an Beispielen erprobt. In dieser Stunde sollen diese Problemlösestrategien eingesetzt, gegenübergestellt und beurteilt werden (vgl. Tab. 3.2).

Da im vorhergehenden Unterricht das isoperimetrische Problem am Rechteck[13] bereits behandelt wurde, ist davon auszugehen, dass die Lernenden das Ergebnis (das Rechteck mit dem größten Flächeninhalt bei gleich bleibendem Umfang ist das Quadrat) auf das Beispiel der Teiumfaner übertragen. Dieser Ansatz führt jedoch nicht zum Ziel – die optimale Lösung ist, wie man aus Symmetriegründen schließen kann (Danckwerts und Vogel 2006, S. 181), ein halbes Quadrat. Mit Hilfe der genannten Problemlösestrategien kann das Problem wie folgt angegangen werden (vgl. Tab. 3.2):

1. **Systematisches Probieren:** Hier können sowohl die Pfeifenreiniger als auch digitale Medien verwendet werden. Man erzeugt mehrere Beispiele und misst jeweils die Höhe und die Breite des Teiumfaners. So erhält man zahlreiche Werte und kann die Lösung immer genauer eingrenzen. Erkennen Schüler die Beziehung zwischen Breite und Höhe eines Teiumfaners (siehe „Vorwärts arbeiten") kann auch der Einsatz einer Tabellenkalkulation gewinnbringend sein.

2. **Vorwärts arbeiten:** Dazu können Schüler vielfältige Zugänge und Werkzeuge wählen. Schulz und Pallack (2010) beschreiben die Möglichkeiten des Einsatzes digitaler Medien bei einer ähnlichen Problemstellung sehr detailliert. Im klassischen Zugang wird die Breite mit einer Variable bezeichnet, z. B. b. Die Höhe kann dann in Abhängigkeit von der Breite ausgedrückt werden – in diesem Fall $\frac{15-b}{2}$. Für den Flächeninhalt ergibt sich dann $A(b) = \frac{b(15-b)}{2}$. Der Graph dieser quadratischen Funktion ist eine Parabel – und deren Scheitelpunkt kann man leicht bestimmen: Er befindet sich mittig zwischen den Nullstellen 0 und 15 und liegt damit an der Stelle 7,5. Der Teiumfaner mit dem dicksten Bauch hat eine Breite von 7,5.

3. **Rückwärts arbeiten:** Diese Methode bietet sich bei diesem Problem vor allem an, wenn *man die Lösung sieht*. Annahme: Der Teiumfaner mit dem dicksten Bauch hat eine Breite von 7,5. Der Flächeninhalt ergibt sich dann durch $7,5 \cdot 3,75$. Nun „wackelt" man ein wenig an der Lösung – addiert zum Beispiel e zu der Höhe. Der neue Flächeninhalt ist dann $(7,5 - 2e) \cdot (3,75 + e) = 2 \cdot (3,75 - e) \cdot (3,75 + e) = 2 \cdot (3,75^2 - e^2)$. Dem letzten Term sieht man sofort an: Für jedes $e \neq 0$ ist der Wert des Terms kleiner als $7,5 \cdot 3,75$, womit der Teiumfaner mit der Breite 7,5 den dicksten Bauch hat.

Damit die Lernenden Gelegenheit haben, die von ihnen präferierte Strategie auch zu erproben, beginnt die Arbeitsphase in Einzelarbeit. Anschließend tauschen sich die Schüler

---

[13] Beim isoperimetrischen Problem (iso = gleichbleibend und perimeter = Umfang) geht es in der ebenen Version im Kern um die Frage, wie eine Figur beschaffen sein muss, damit sie den größten Flächeninhalt einschließt. Im schulischen Kontext wird häufig der Hühnerhof behandelt, der mal auf einer Wiese und mal an einer Wand gebaut wird. Eine ausführliche Analyse dieses Problems unter Einbeziehung digitaler Medien liefern Schulz und Pallack (2010).

Tab. 3.2 Kurzzusammenfassung sowie grober Stundenablauf zu den Teiumfanern in Anlehnung an das Berliner Modell

Kurzübersicht Entscheidungsfelder	
Voraussetzungen	Die Schüler können wesentliche Problemlösestrategien anwenden sowie wesentliche Funktionalitäten des digitalen Mediums Dynamische Geometrie-Software sowie Tabellenkalkulation nutzen
Ziel	Die Schüler nennen Argumente zur begründeten Auswahl von Problemlösestrategien und nutzen diese zum Vergleich mit alternativen Lösungsansätzen
Inhalt	Vergleich von Problemlösestrategien am Beispiel der Extremwertaufgabe „Wer wird neuer König der Teiumfaner?"
Methode	Angewendet wird die Ich-Du-Wir-Methode, um verschiedene Ansätze zu erhalten
Medien	Den Schülern stehen neben den üblichen Medien in dieser Stunde Pfeifenreiniger sowie graphische Taschenrechner mit Tabellenkalkulation und Dynamischer Geometrie-Software zur Verfügung. Der Einsatz wird nicht angeleitet – die Lernenden wählen selbst aus, welche Medien sie zu Lösung des Problems einsetzen

Grober Stundenablauf	
Einführung	Den Schülern wird die Geschichte der Teiumfaner erzählt. Gemeinsam wird im Unterrichtsgespräch nach einer sinnvollen Festlegung für die Definition des Bauches gesucht. Erste Ideen und ggf. auch Hypothesen werden gesammelt und der Arbeitsauftrag durch den Lehrer formuliert. Den Lernenden wird anschließend das Material ausgeteilt
Arbeitsphase	In Einzelarbeit beginnen die Lernenden das Problem zu bearbeiten. In der ersten Phase werden alle Ansätze zugelassen; es ist nicht notwendig, dass bereits mit der Lösung begonnen wird. In der folgenden Phase sollen sich die Schüler partnerweise auf eine Strategie einigen. Die Lehrkraft steht nun auch beratend zur Verfügung. Schnell arbeitende Tandems werden aufgefordert, ihre Lösung so vorzubereiten, dass diese auch präsentiert werden kann
Präsentation	Schüler stellen ihre Ergebnisse vor, wobei verschiedene Lösungsansätze kategorisiert, also den Strategien Lösen durch Probieren, *Vorwärts-Arbeiten* und *Rückwärts-Arbeiten* zugeordnet werden. Strategien, die von den Schülern überhaupt nicht gewählt wurden, werden vom Lehrer eingebracht
Bewertung der Strategien	Vor- und Nachteile der Strategien werden an der Tafel gesammelt. Anschließend erfolgt eine Bewertung. Das antizipierte Ergebnis der Stunde ist, dass die Strategie *Rückwärts-Arbeiten* zwar sehr elegant und stichhaltig ist, aber den Nachteil beinhaltet, dass man die Lösung sehen muss. Die Strategie *Vorwärts-Arbeiten* lässt sich nach einem Schema abarbeiten und liefert zuverlässig die Lösung der Aufgabe. Allerdings sind die Mittel der Differenzialrechnung für dieses Problem überproportional – letztendlich ist die Lösung nicht besonders schön. Bei der Strategie *systematisches Probieren* kommt man zwar schnell zu einer Lösung, allerdings bleibt unklar, ob es sich tatsächlich um die einzige Lösung handelt. Darüber hinaus bleibt bei dieser Methode unklar, ob man überhaupt die richtige Breite getroffen hat. In der Regel wird man die Strategien nicht konsequent anwenden: Das systematische Probieren kann das *Vorwärts-* oder *Rückwärts-Arbeiten* vorbereiten – man beginnt den analytischen Teil der Lösung also mit einer Vermutung, was den Blick zur weiteren Auswahl von Strategien schärfen kann

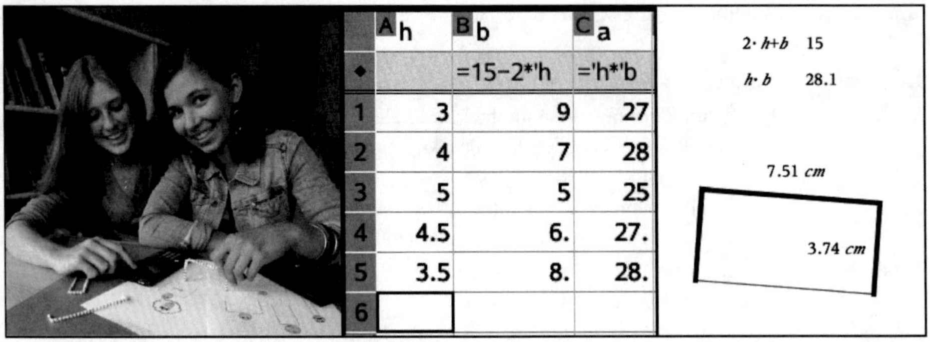

	A h	B b	C a
◆		=15−2*'h	='h*'b
1	3	9	27
2	4	7	28
3	5	5	25
4	4.5	6.	27.
5	3.5	8.	28.
6			

2· *h*+*b*   15

h· *b*   28.1

7.51 *cm*

3.74 *cm*

Abb. 3.3 Lernende nutzen beim Problemlösen verschiedene digitale und nichtdigitale Medien, wie zum Beispiel Bleistift und Papier, Pfeifenreiniger, Tabellenkalkulation oder dynamische Geometrie-Software

paarweise aus – im Plenum werden abschließend Lösungswege vorgestellt und miteinander verglichen[14].

Als Material stehen den Lernenden Pfeifenreiniger zur Verfügung. Alle Schüler verfügen über einen graphischen Taschenrechner mit Dynamischer Geometrie-Software und Tabellenkalkulation. Es ist davon auszugehen, dass das digitale Medium ebenfalls zur Problemlösung herangezogen wird.

In Abb. 3.3 werden zwei mögliche Zugänge gezeigt, die beide zur Strategie *Systematisches Probieren* gehören. Mit der Tabellenkalkulation werden unterschiedliche Höhen eingegeben und die zugehörigen Breiten bestimmt. Daraus wird dann in Spalte C der Flächeninhalt berechnet. Bei der Geometrie-Software wurde ein Rechteck gezeichnet und Breite sowie Höhe gemessen. Mit Formeln werden dann Teilumfang und Flächeninhalt berechnet.

Auf den Spuren von Dürer

Der Kupferstich *Underweysung der Messung* von Albrecht Dürer aus dem Jahre 1538 enthält eine Menge Mathematik. Man sieht auf ihm zwei Personen, die das zweidimensionale Bild einer Laute erstellen. Und so funktioniert das Verfahren: An der Wand ist ein Haken befestigt, über dem ein Faden hängt, der von einem Gewicht gespannt wird. Die andere Seite des Fadens wird an einem Punkt der Laute gehalten. Der Faden durchstößt dabei einen Rahmen ähnlich einem Fensterrahmen, nur dass statt eines Fensters das Bild beweglich an einem Scharnier befestigt ist. Der Helfer markiert den Durchstoßpunkt des Fadens. Anschließend wird der Faden entfernt, das Bild in den Rahmen geklappt und der Punkt markiert.

---

[14] Diese Schrittfolge von Einzelarbeit, Partnerarbeit und der Arbeit im Plenum nennt man auch die Ich-Du-Wir-Methode (Barzel u. a. 2007, S. 118 ff.).

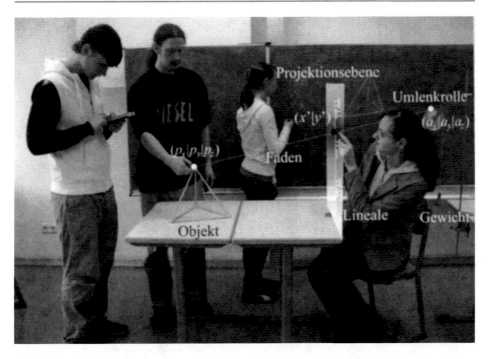

Abb. 3.4 Schüler stellen die Methode zur Zentralprojektion nach Dürer mit konkreten Materialien nach. (Aus: Praxis der Mathematik in der Schule, *Algemetrie – Algebra trifft Geometrie*, Juni 2008, Heft 21)

Dürer empfindet in seinem Kupferstich das natürliche Sehen nach. Mit dem Faden verfolgt er das Licht, das von der Laute reflektiert wird und schließlich im Auge ankommt, das hier durch den Wandhaken festgelegt wurde. Anders als beim Sehen liegt seine Projektionsebene zwischen Gegenstand und Betrachter. Pallack (2008b) beschreibt Möglichkeiten, die Zentralperspektive im Rahmen von Unterricht zur Analytischen Geometrie mit verschiedenen Zugängen zu behandeln. Einer dieser Zugänge wird im Rahmen der hier präsentierten Stundenplanung vorgestellt (vgl. Tab. 3.3).

In den letzten Stunden wurde der Schnitt Gerade-Ebene rechnerisch behandelt. Zusätzlich haben die Lernenden Dürers Methode, wie Abb. 3.4 zeigt, mit konkreten Materialien nachempfunden. In dieser Stunde können die Schüler ihr Wissen über die Berechnung des Schnitts von Gerade und Ebene mit den experimentell gewonnenen Erfahrungen verknüpfen.

Vor dem Hintergrund, dass die Schüler von der Qualität professioneller Animationen verwöhnt sind, wird zu Beginn ein kurzer Filmausschnitt gezeigt, der erklärt, wie Animationen im Film *Matrix* erstellt wurden[15]. Dies ist Ausgangspunkt, um die Automation der Zentralprojektion zu motivieren.

---

[15] In Pallack (2007c) wird ausführlich beschrieben, wie man Projektionen und Animationen mit Hilfe eines Graphikrechners mit Computeralgebrasystem erstellt. Hier finden sich auch entsprechende

Tab. 3.3 Kurzzusammenfassung sowie grober Stundenablauf zur Zentralprojektion in Anlehnung an das Berliner Modell

Kurzübersicht Entscheidungsfelder	
Voraussetzungen	Die Schüler können Zentralprojektionen mit Hilfe von Materialien erstellen und beschreiben den von Dürer in seinem Bild beschriebenen Prozess *Underweysung der Messung* mit den Fachbegriffen Punkt, Gerade und Ebene. Sie können den Schnitt von Ebene und Gerade untersuchen und Schnittpunkte rechnerisch bestimmen. Mit Hilfe einer Tabellenkalkulation können die Schüler Zellen über Formeln miteinander verknüpfen
Ziel	Die Schüler automatisieren das Verfahren der Zentralprojektion, indem sie die Berechnungen verallgemeinern und implementieren
Inhalt	Algorithmus zur Automatisierung der Zentralprojektion
Methode	Die Erarbeitung erfolgt im Plenum, das immer wieder durch kürzere Arbeitsphasen unterbrochen wird
Medien	Den Schülern stehen die Materialien aus den letzten Stunden (Kantenmodell von Körpern, Lineale, Faden, Gewicht) erneut zur Verfügung. Im Unterrichtsraum steht der fest installierte Computer, auf dem eine Tabellenkalkulation installiert ist. Auf diesem Computer wird auch ein kurzer Film gezeigt. Zusätzlich steht ein Overhead-Projektor sowie eine Folie mit Koordinatensystem zur Verfügung
Einführung	Einige Schüler wiederholen zu Beginn die zentralen Ergebnisse der letzten Stunde, indem sie die *Underweysung der Messung* nachstellen und den Projektionsprozess unter Benutzung von Fachwörtern beschreiben. Anschließend zeigt der Lehrer einen kurzen Filmausschnitt, in dem beschrieben wird, wie einige Effekte durch einen Mix von Computeranimation und Realbildern im Film *Matrix* erstellt wurden. Die Schüler sollen nun einen kurzen Text verfassen, wie man solche Animationen mathematisch erstellt. Das antizipierte Ergebnis ist, dass diese Animationen ähnlich erstellt werden wie die starren Bilder bei Dürer, nur dass eben viele Bilder in kurzer Zeit berechnet werden
Erarbeitung	In den Kern dieses Unterrichtsabschnitts wird die Frage gestellt, wie man das Verfahren der Zentralprojektion automatisieren kann. Geplant ist es, im Plenum die Möglichkeiten der Tabellenkalkulation zu diskutieren und mit den Schülern eine einfache Situation zu entwickeln. Angedacht ist ein Würfel, dessen Eckpunkte projiziert werden sollen – je nach Gang des Unterrichts kann es aber auch ein Strichmännchen oder ähnlich einfach zu Beschreibendes sein. Bevor die Situation koordinatisiert wird, bekommen die Lernenden die Frage gestellt, ob man denn die Berechnungen zur Zentralprojektion auch an einem allgemeinen Punkt $(x|y|z)$ durchführen kann. Die Platzierung des Auges $A(-2|0|0)$ bekommen sie genauso wie die Projektionsebene $(x = 0)$ vorgegeben. Die Erarbeitung der Formel erfolgt in Partnerarbeit
Präsentation und Sicherung	Einige Schüler stellen die Formel vor – das Plenum ergänzt. Nun wird die Formel mit Hilfe der Tabellenkalkulation erprobt. Die von den Schülern entwickelte Situation wird koordinatisiert und die Projektion mit Hilfe der neu entwickelten Formel automatisch berechnet. Die projizierten Punkte werden auf der Folie parallel von einem anderen Schüler eingetragen
Ausblick	Die Schüler bekommen die Möglichkeit vorgestellt, als Zusatzleistung in Gruppen kleine Animationen zu erarbeiten

Inhaltlich wird so ein Verfahren, das bis dato nur konkret behandelt wurde, verallgemeinert. Darauf aufbauend sind sicher einige der Schüler in der Lage, selbstständig Projekte zu bearbeiten. Vorschläge dazu findet man in Pallack (2007c) sowie Pallack (2009a), wo auch beschrieben wird, wie man mit Schülern 3D-Bilder, zum Beispiel in Form von Anaglyphen[16], erstellt.

Eingesperrte Rechtecke

Stellen Sie sich vor: Ein Rechteck wird im Einheitsquadrat eingesperrt. Welche Aussagen kann man über den Zusammenhang von Breite, Höhe, Umfang und Flächeninhalt treffen? Diese Frage hört sich unspektakulär an – entfaltet sich jedoch zu einem wunderbaren Beispiel, das Geometrie, Stochastik und den Umgang mit Funktionen miteinander verbindet.

Die Idee stammt ursprünglich wohl vom NCTM (National Council of Teachers of Mathematics) (2003). Ich selbst habe sie auf einer Konferenz 2006 in einem Vortrag von Björn Felsager kennengelernt (Felsager 2007), der die Fragestellung unter Einbezug digitaler Medien erweiterte. Pallack (2007a) erprobte diese Idee im Rahmen einer Schülerakademie und entwickelte das Konzept für andere Figuren weiter (vgl. Pallack 2008c). Für den alltäglichen Unterricht muss die Fragestellung notwendig reduziert werden.

Die Rechtecke haben zur Vereinfachung die Koordinaten $A(0|0)$, $B(b|0)$, $C(b|h)$ sowie $D(0|h)$ mit $0 \leq b \leq 1$ und $0 \leq h \leq 1$. Jedes Rechteck ist deswegen definiert durch

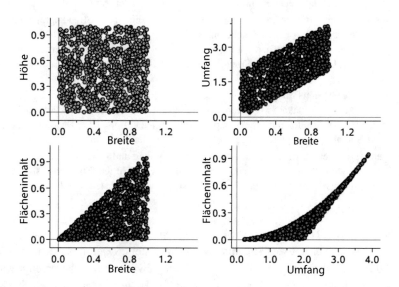

Abb. 3.5 Streudiagramme zum Zusammenhang zwischen Breite, Höhe, Umfang und Flächeninhalt bei im Einheitsquadrat eingesperrten Rechtecken

Hinweise zu Animationsfilmen wie *Matrix* oder *Jurassic Park*, zu denen man noch „Making-ofs" findet, in denen die dahintersteckende Mathematik erkennbar wird.
[16] Das sind Rot-Grün-Bilder, die mit farbigen Brillengläsern betrachtet werden.

Tab. 3.4 Kurzzusammenfassung sowie grober Stundenablauf zu den eingesperrten Rechtecken in Anlehnung an das Berliner Modell

Kurzübersicht Entscheidungsfelder	
Voraussetzun-gen	Die Schüler können den Flächeninhalt und Umfang von Rechtecken bestimmen
Ziel	Die Schüler erklären in Form schlüssiger Argumentationsketten das Aussehen von Streudiagrammen über den Zusammenhang von Breite, Höhe, Umfang und Fläche von zufällig erzeugten Rechtecken
Inhalt	Funktionale Zusammenhänge von Größen bei Rechtecken
Methode	Ein wesentlicher Teil der Erarbeitung findet in Gruppenarbeit statt. Der Austausch über die Ergebnisse erfolgt in Form einer moderierten Posterpräsentation
Medien	Als Präsentationsmedien stehen Plakate zur Verfügung. Darüber hinaus verfügt jede Lerngruppe über einen Laptop mit Statistik-Software. Zur Demonstration kann ein Laptop mit der Statistik-Software an einen Beamer angeschlossen werden

Grober Stundenablauf	
Einführung	Zu Beginn wird erläutert, was ein Einheitsquadrat ist und wie darin Rechtecke eingesperrt werden können. Im Anschluss wird eine Datei vorgestellt, in der 1000 Rechtecke zufällig erzeugt wurden. Demonstriert wird das Streudiagramm Breite, Höhe, das durch das Quadrat $(0\|0)$, $(1\|0)$, $(1\|1)$, $(0\|1)$ begrenzt wird. Durch Austauschen der Höhe gegen den Umfang entsteht vor den Augen der Schüler eine neue Figur. Diese wird genutzt, um den Arbeitsauftrag zu erläutern
Arbeitsphase	In vier Gruppen arbeiten die Schüler arbeitsteilig an den Streudiagrammen Breite, Umfang + Breite, Flächeninhalt. Die Ergebnisse werden auf DIN-A3-Plakaten gesichert. Gruppen, die ihre Arbeiten schnell abgeschlossen haben, beginnen mit der Untersuchung des Streudiagramms in Hinblick auf Umfang und Flächeninhalt
Präsentation	Die beiden Gruppen mit derselben Fragestellung vergleichen ihre Ergebnisse kurz. Die Plakate werden im Raum platziert und die Schüler erklären sich paarweise – optional in Vierergruppen, falls einige Gruppen ihre Bearbeitung nicht finalisieren konnten – das Zustandekommen der Diagramme
Ausblick und Hausaufga-ben	Im Plenum wird das Streudiagramm zu Umfang und Flächeninhalt gezeigt und erste Erklärungsansätze notiert, ohne diese zu bewerten. Eine schlüssige Argumentationskette zu notieren, ist die Aufgabe zur nächsten Stunde

ein Wertepaar (b, h). Dieses Wertepaar kann in einem Streudiagramm dargestellt werden. In Abb. 3.5 sind insgesamt vier Streudiagramme dargestellt. Oben links sieht man insgesamt 1000 Punkte, die mit Hilfe von Zufallszahlen[17] zwischen 0 und 1 erzeugt wurden. Hinter jedem Punkt stecken die Eigenschaften Breite, Höhe, Umfang und Flächeninhalt. In Statistikprogrammen wie Fathom, das abgespeckt auch im TI-Nspire enthalten ist, kann

---

[17] Natürlich kann ein Computer nicht würfeln, also echte Zufallszahlen erzeugen. Bei Grabinger und Pallack (2012) findet man eine Beschreibung, wie Zufallszahlen in einigen digitalen Medien implementiert sind.

nun an den Achsen ausgewählt werden, welche Eigenschaften angetragen werden sollen. Das Spannende dabei ist, dass sich die Punkte nach erfolgter Änderung an den Achsen bewegen[18]. Während Sie in Abb. 3.5 vier statische Abbildungen sehen, können die Schüler mit Hilfe der Software die Punkte auf dem Bildschirm verfolgen und so Ansätze zur Argumentation finden (zu einem möglichen Unterrichtsablauf vgl. Tab. 3.4). Ich illustriere das hier an einem Beispiel: Der Punkt mit den Koordinaten $(0,5|1)$ repräsentiert ein Rechteck der Breite 0,5 und der Höhe 1. Beim Wechsel zum Streudiagramm Breite + Umfang bewegt sich der Punkt zu der Koordinate $(0,5|3)$. Im Streudiagramm erkennt man die Umrisse eines Parallelogramms. Der Punkt $(0,5|3)$ befindet sich am oberen Rand der Figur. Die Begründung dafür ist, dass es kein Rechteck mit einer Breite von 0,5 gibt, das einen größeren Umfang hat. Der minimale Umfang eines Rechtecks mit der Breite 0,5 ist 1, womit sich der untere Rand erklärt. Diese Argumente können nun ausgeweitet werden auf Rechtecke der Breite b, womit sich das Aussehen des Streudiagramms erklären lässt.

Damit Sie einen Eindruck von der Dynamik bekommen können, habe ich ein Video zu diesem Abschnitt unter http://www.pallack.de/DiMe verlinkt. Eine vollständige Lösung des Problems findet man bei Pallack (2007a).

3.3   Digitale Medien in Prüfungssituationen

Eine iPad-Stunde   Die 23 Schüler des Mathematik-Grundkurses sind hoch motiviert. Als die Geräte endlich angeschaltet werden dürfen, entpuppt sich die Technik als komplizierte Mathematik-Maschine, die man erst einmal mit den richtigen Informationen füttern muss. Und so dauerte es keine 15 Minuten: „Kommt das mit dem iPad in der Klausur vor?" „Nein, warum?" Stunde erledigt![19]

So erschreckend es ist: Aber die Einführung zentraler Prüfungen[20] in vielen Bundesländern hat wohl mehr Einfluss – und damit meine ich nicht unbedingt guten Einfluss – auf den Unterricht als sämtliche Fortbildungsbemühungen der letzten zig Jahre zusammen. Vorab: Ich bin kein Gegner zentraler Prüfungen. Es ist aus meiner Sicht jedoch mehr als ungünstig für das Lernen, zu jedem Zeitpunkt auf die Prüfung zu starren. Pervers wird es, wenn die Prüfung oder der Test zusätzlich als Druckmittel eingesetzt wird. Es ist mir unerklärlich, warum wertvolle Unterrichtszeit häufig dem Diktat der Abiturklausur unter-

---

[18] Dass es ein Unterschied ist, ob die Situation dynamisch oder statisch betrachtet wird, beschreibt z. B. Schwank (1996) mit ihrem Modell funktionaler und prädikativer kognitiver Strukturen. Pallack (2007a) spricht von verschiedenen Argumentationssträngen, bei denen die funktionale oder die prädikative Sichtweise zum Tragen kam.

[19] Es muss kein iPad als Technik sein. In jedem Oberstufenkurs gibt es meiner Erfahrung nach Schüler, die strikt auf Prüfungen genordet sind und Technikeinsatz, der dem Wissenserwerb geschuldet und für die Wissensabfrage ungeeignet ist, schlicht ablehnen.

[20] Dieser Abschnitt bietet einen kleinen Einblick. Die Rolle digitaler Medien beim Diagnostizieren und Überprüfen von Kompetenzen ist umfassender in Pallack (2008d) dargestellt.

stellt wird. Natürlich: Im Kampf um Studienplätze kommt es auf jede Nachkommastelle an – aber die Abiturklausur ist nur eine von vielen Klausuren. Fachkonferenzen haben hier entsprechende Freiheiten.

Der Effekt, dass Prüfungen Einfluss auf den Unterricht haben, ist gut bekannt:

> Die normative Wirkung von zentralen Leistungsüberprüfungen auf das Lernen im Fach, der so genannte „Washback-Effekt" [...], ist seit Langem bekannt und vor allem in Nationen mit einem System zentraler Abschlussprüfungen empirisch untersucht. Für den Mathematikunterricht in Deutschland sind die „Kurvendiskussionen" in zentralen gestellten Abiturprüfungen geradezu zum Synonym für diese unerwünschte normierende Wirkung geworden: Anstelle einer inhaltlich orientierten Analysis [...] wird im Hinblick auf die Abiturklausur versucht, ein Schema zur Funktionsuntersuchung zu automatisieren, das dann häufig aus lauter unverstandenen Verfahren besteht [...]
> Es liegt die Frage nahe, ob dieser Washback-Effekt nicht auch positiv genutzt werden kann, um verstehensorientiertes, auf Nachhaltigkeit angelegtes Lernen zu unterstützen. (Büchter und Leuders 2005, S. 181)

Wie ist nun die Rolle der digitalen Medien in Prüfungen zu sehen? Hier gibt es zwei sich nahezu ausschließende, weit verbreitete Meinungen:

Statement 1 Digitale Medien gehören nicht in die Prüfung. Wichtig ist, dass Schüler das im Unterricht Erlernte abrufen können – digitale Medien nehmen den Schülern das Denken ab und man kann nichts mehr abfragen. Meine Prüfungsaufgaben stelle ich deswegen so, als wenn keine Hilfsmittel vorhanden wären.

Statement 2 Wenn digitale Medien im Unterricht eingesetzt werden, dann gehören sie auch in die Prüfung. Wichtig ist dabei, dass die Prüfungsaufgaben auf das digitale Medium ausgerichtet sind. Wurde im Unterricht ein CAS eingesetzt, dann müssen in der Prüfung auch die Möglichkeiten von CAS, wie die Arbeit mit realen Daten, ausgenutzt werden.

So ungefähr stellte sich die Situation 2003/2004 in Nordrhein-Westfalen dar. Es gab die Technikgegner und die Technikbefürworter. Ich wurde damals zum Geschäftsführer des Modellversuchs SINUS-Transfer NRW bestellt und durfte ein Projekt, das speziell auf die Oberstufe ausgerichtet war, koordinieren (vgl. MSW 2007). Das Projekt war umfassend darauf ausgerichtet, auch die Möglichkeiten digitaler Medien zu erproben. Es konnten zahlreiche Praxiserfahrungen gesammelt werden. Neben der Diskussion um die Authentizität von Aufgaben, gespeist von einem generellen Diskurs über Aufgabenkultur (siehe Pallack und Schmidt (2007) oder Büchter und Leuders (2005)), durchkreuzte die Bekanntgabe der Einführung des Zentralabiturs in Nordrhein-Westfalen die ursprünglichen Absichten des Projektes, nämlich die Möglichkeiten und Grenzen von Kontexten beim Lernen von Mathematik im Unterricht von Grundkursen in der Oberstufe auszuloten, jäh. Alle warteten nun gespannt auf die ersten Prüfungsaufgaben. 2006 stellten die zuständigen Fachdezernenten eine Probeklausur, die aufbauend auf den damals gültigen Lehrplänen Sachzusammenhänge sehr ernst nahm. Konsequenz aus der Erprobung war, dass das Aufgaben-Setting um eine innermathematische Aufgabe ergänzt wurde – 2009 wurde dann auch klargestellt, was unter Sachzusammenhängen zu verstehen ist:

> Sachzusammenhänge können durch **außermathematische Kontexte** [. . .] oder als „**inner-mathematischer Anwendungsbereich**" [. . .] in der Prüfungsaufgabe gegeben sein [. . .] Außermathematische Kontexte von Prüfungsaufgaben [. . .] erfordern wegen der hohen Komplexität des außermathematischen Kontextes i. d. R. eine starke Vereinfachung/Idealisierung, um überhaupt eine für die Prüflinge leistbare Übertragung des Realmodells in das mathematische Modell zu ermöglichen. [. . .][21]

2007 gab es das erste Zentralabitur in Nordrhein-Westfalen. Die Nutzer von Technik in Prüfungen formierten sich und entwickelten zahlreiche Aufgabenvorschläge, wie gute Prüfungsaufgaben aussehen könnten. Die meisten Aufgaben waren für Prüfungen jedoch ungeeignet, da sie spezifische unterrichtliche Voraussetzungen beinhalteten, die durch die Lehrpläne nicht gedeckt waren. Pallack (2007b) beschreibt den Prozess der Suche nach Aufgaben speziell für CAS. Dabei ging es vor allem um die Abgrenzung CAS/NON CAS. Zusammenfassend wird darin beschrieben, dass sich

CAS-Aufgaben für Klausuren und Prüfungen durch . . .

- eine höhere Komplexität (hier: kompliziertere Funktionen)
- höhere sprachliche Anforderungen (hier: mehr Text)
- den Vergleich von mehreren alternativen Zugängen bzw. Modellierungen (hier: Angabe von zwei Funktionen) und
- die Forderung, Nutzungskompetenzen [. . .] einzubringen (hier: Zeichnen von Graphen),

von NON-CAS-Aufgaben abheben.

Diese Unterschiede sind ernüchternd und bringen den Mehrwert digitaler Medien nicht zum Ausdruck. Die Bildungsstandards im Fach Mathematik für die Sekundarstufe II betonen: „Einer durchgängigen Verwendung digitaler Mathematikwerkzeuge im Unterricht folgt dann auch deren Einsatz in der Prüfung." (Konferenz der Kultusminister 2012, S. 13) Diese Forderung ist wichtig, damit die Nutzung digitaler Medien beim Lernen von Mathematik von den Lernenden ernst genommen wird – sie impliziert jedoch nicht, dass der Einsatz digitaler Medien in der Prüfung notwendig relevant für die Aufgabenstellung sein muss.

> These: Das eigentliche Potenzial der CAS-Funktionalität neuer Technologien kommt in Klausur- und Prüfungsaufgaben nicht zum Tragen. Der tatsächliche und eigentliche Mehrwert liegt in der Nutzung der Technologie im Unterricht [. . .]
> Um Klausur- und Prüfungsaufgaben zu entwickeln, die Kompetenzen nahezu unabhängig vom eingesetzten Werkzeug überprüfen, muss mit der bisherigen Prüfungs- und Klausurkultur gebrochen werden. Dabei bietet sich die hervorragende Chance, verständnisorientierte

---

[21] http://www.standardsicherung.schulministerium.nrw.de/abitur-gost/fach.php?fach=2, Stand 19.08.2013.

Aufgaben zu entwickeln und zu etablieren, womit auch Impulse zur Unterrichtsentwicklung gegeben werden könnten (vgl. Pallack 2007b).

Dieses Statement unterschreibe ich auch heute noch: Die gute technikaffine Aufgabe für die Prüfung gibt es nicht. Die Art und der Umfang der Nutzung digitaler Medien in Prüfungssituationen werden wohl häufig überschätzt. Pallack (2011a) beschreibt den Umstand, dass Schüler wegen äußerer Umstände (Vorgaben einer zentralen Klausur) in einer schriftlichen Prüfung auf im Unterricht genutzte Werkzeuge verzichten mussten. Im Anschluss wurden sie befragt, wofür sie die Technik (in diesem Fall CAS-Handhelds) eingesetzt hätten. Im Kern wurde nur der Funktionenplotter mit der Möglichkeit, Ergebnisse zu überprüfen, genannt. Pallack (2011a) leitet daraus drei Thesen ab:

1. Der Einsatz eines CAS-Handhelds in einer Klausur fördert, dass Prüflinge verstärkt verschiedene Darstellungsformen (Graph, Tabelle, Term) verwenden.
2. Der Einsatz eines CAS-Handhelds in einer Klausur schränkt das mögliche Aufgabenspektrum nicht notwendig ein.
3. Der Einsatz eines CAS-Handhelds in einer Klausur fördert eine stärker inhaltlich orientierte Klausurvorbereitung.

Es ist wichtig, zukünftig in Prüfungen andere Akzente zu setzen – Verstehensorientierung erscheint mir wie wohl auch Büchter und Leuders (2005) eine geeignete Maxime zu sein. Verbinden möchte ich das mit der Forderung, Prüfungsaufgaben so zu entwickeln, dass jegliche Werkzeuge[22] eingesetzt werden können. Beispiele für solche Aufgaben findet man in Pallack (2008a) sowie Greefrath u. a. (2008).

Einige – besonders innovative – Lehrkräfte fordern mit der Prüfungskultur zu brechen. Das würde ich nicht empfehlen. Ich hoffe nicht, dass sich hier bereits mein Altern, verbunden mit einer gewissen Trägheit, bemerkbar macht. Grund ist – so hoffe ich zumindest – vielmehr eine nachhaltig gewonnene Einsicht: In Zeiten zentraler Leistungsüberprüfung stellt sich schnell heraus, wer unter solchen Umstellungen leidet: Es sind die Schwächsten im System, die Schülerinnen und Schüler. Es sollte also Evolution statt Revolution angestrebt werden.

Abschließen möchte ich diesen Abschnitt mit einer These, die die Rolle digitaler Medien in Prüfungen nochmals unterstreicht.

These 1
Der Mehrwert digitaler Medien liegt im Lernen von Mathematik. Bei der Überprüfung (z. B. in Klausuren) müssen geeignete digitale Medien zugelassen sein – inhaltlich sollten sie hier jedoch eher eine untergeordnete Rolle spielen, da es darum geht, mathematische und nicht technische Kompetenz zu überprüfen.

---

[22] An dieser Stelle benutze ich bewusst den Terminus „Werkzeuge", da digitale Medien viele Formen umfassen, die für Prüfungen – zumindest nach heutigem Verständnis – nicht geeignet sind.

3.4   Stufen der Medienkompetenz

Der Kompetenzbegriff war im letzten Jahrzehnt in aller Munde. Beim Lesen von Publikationen aus den Jahren 2003 bis ungefähr 2008 (auch bei meinen eigenen) fällt auf, wie schnell sich neue Sprechweisen einbürgern und wie schwierig es ist, eine angemessene Balance zwischen inhaltlicher Richtigkeit und sprachlicher Verständlichkeit zu erreichen. Das gilt auch für die Entwicklung von Bildungsstandards, die den Kompetenzbegriff im Bereich Schule letztendlich populär gemacht haben. Während in den Bildungsstandards für den mittleren Abschluss keine Aussage zum Kompetenzbegriff selbst gemacht wird[23], wird in den Bildungsstandards für die Sekundarstufe II eine pragmatische Interpretation angeboten: „Unter einer Kompetenz wird dabei die Fähigkeit verstanden, Wissen und Können in den jeweiligen Fächern zur Lösung von Problemen anzuwenden." (Konferenz der Kultusminister 2012, S. 2) Unter Medienkompetenz im Fach Mathematik würde dann die Fähigkeit verstanden, Wissen und Können über Medien zur Lösung von Problemen anzuwenden. Doch ist diese Auffassung nicht zu eng?

3.4.1   Medienkompetenz definieren

Die Bachelor-Studentin Pia   Bei Studierenden der ersten Semester mache ich immer wieder die Erfahrung, dass ihre schulische Sozialisation in vielen Situationen handlungsleitend ist. Gut kann ich mich an eine hervorragende Studierende – nennen wir sie hier Pia – erinnern, die mein Seminar zu digitalen Medien interessiert besuchte und auch mit Bravour absolvierte. Sie konnte die digitalen Medien technisch hervorragend bedienen und auch zur Lösung von Problemen einsetzen. Immer wenn es jedoch darum ging, verschiedene Lösungsansätze miteinander zu vergleichen, stockte die Diskussion: Stets sah sie händische Lösungswege als höherwertig an, ohne es explizit begründen zu können. Es war ein gegebener, nicht diskutierbarer Fakt.

Wissen und Können alleine reichen also nicht aus, um medienkompetent zu sein. Der Fall Pia ist sicher ungewöhnlich. Der Zusammenhang zwischen Bereitschaft und Fähigkeit mit einer Sache umzugehen, ist gut belegt (siehe dazu Ziener 2008, S. 21) – danach hätte Pia aber wenig Interesse und gering ausgeprägte Fähigkeiten bei der Rechnerbedienung an den Tag legen müssen. Das Gegenteil war der Fall.

Ein geeigneter Kompetenzbegriff muss Einstellungen und Haltungen der Lernenden berücksichtigen. Ich verschone den Leser hier mit einer langen Abhandlung zum Kompetenzbegriff[24] und verweise auf Baake (1998), um tiefer einzusteigen. Mit Blick auf

---

[23] Anmerkung: In der Regel wurde in Vorträgen und anderen Publikationen auf die Definition von Weinert verwiesen (Weinert 2001, S. 27 f.).

[24] Passend erscheint mir dazu folgendes Statement: „Wer auf *die* Kompetenzdefinition hofft, hofft vergeblich." zitiert nach Gapski (2006a, S. 15).

den Begriff der Medienkompetenz möchte ich einen kritisch-diskursiven Beitrag hervorheben: Sutter und Charlton (2002) beleuchteten den damaligen Stand des Medienkompetenzbegriffs und kamen zu dem Schluss, dass es in den vergangenen Jahren einige kompetenztheoretische Fehler gegeben hatte, die in Zukunft vermieden werden sollten. Sie empfahlen mit Blick auf Medienkompetenz einen klaren und fassbaren Kompetenzbegriff zu verwenden, wichtige Bedingungen (z. B. soziale) des Lernens nicht auszublenden, auf ein rückläufiges Verfahren zu verzichten, das mit einer Kompetenztheorie beginnt und im Anschluss nach empirischen Korrelaten sucht, auf die Unterscheidung von Kompetenz und Performanz zu verzichten, sowie den Verzicht auf die Untersuchung performanzbestimmender Faktoren, mit dem Kompetenztheorien gegen Falsifizierungsmöglichkeiten immunisiert werden können (Sutter und Charlton 2002, S. 138). Interessant – und anschlussfähig zur mathematikdidaktischen Diskussion – ist Sutters und Charltons Fazit, dass der von ihnen favorisierte Begriff der Medienkompetenz mit der Erwerbsfrage eng verbunden ist. Der Hinweis darauf, wichtige Bedingungen des Lernens nicht auszuklammern, erscheint mir zentral.

Weinerts Definition[25] umschließt das alles, ist jedoch für den alltäglichen Gebrauch recht unhandlich. Eine weitere Definition, die sogar kompetenzorientierten Unterricht erfasst, liefert Ziener:

> Kompetenzen geben Auskunft über das, was jemand kann, und zwar in dreifacher Hinsicht: im Blick auf seine Kenntnisse, seine Fähigkeit, damit umzugehen, und seine Bereitschaft, zu den Sachen und Fertigkeiten eine eigene Beziehung einzugehen. Kompetenzorientierter Unterricht zielt auf die Ausstattung von Lernenden mit Kenntnissen, Fähigkeiten/Fertigkeiten sowie die Bewusstmachung und Reflexion von Einstellungen/Haltungen. Kompetent ist, wer sich darauf einlassen kann, mit Sachverstand mit Dingen umzugehen. Kompetenzen sind Fähigkeiten unter dem dreifachen Aspekt von Kenntnissen, Fertigkeiten und Einstellungen. Kompetenzen äußern sich in konkreten Handlungen. (Ziener 2008, S. 20)

Sein Vorschlag ist mir sympathisch, da er einerseits meine eigenen Beobachtungen, wie das Verhalten von Pia, berücksichtigt und andererseits alltagstauglich erscheint. Er ist für die Zwecke in diesem Buch hinreichend exakt. Darauf aufbauend schlage ich die folgende Definition vor:

Definition 3.2
Unter Medienkompetenz wird die Bereitschaft und Fähigkeit verstanden, zeitgemäßes medienbezogenes Wissen und Können zur Lösung von Problemen anwenden zu können. ◆

Diese Definition ist enger angelegt als die populäre von Tulodziecki, die Medienkompetenz als Fähigkeit und Bereitschaft zu einem sachgerechten, selbst-bestimmten,

---

[25] Der Vollständigkeit halber sei sie hier zitiert: „Dabei versteht man unter Kompetenzen die bei Individuen verfügbaren oder durch sie erlernbaren kognitiven Fähigkeiten und Fertigkeiten, um bestimmte Probleme zu lösen, sowie die damit verbundenen motivationalen, volitionalen und sozialen Bereitschaften und Fähigkeiten, um die Problemlösungen in variablen Situationen erfolgreich und verantwortungsvoll nutzen zu können." (Weinert 2001, S. 27 f.).

kreativen und sozial verantwortlichen Handeln in einer von Medien mitbestimmten Welt definiert (vgl. Herzig u. a. 2010, S. 84) – sie deckt jedoch zentrale Aspekte ab und ist vergleichsweise griffig.

3.4.2 Operationalisierung und Stufung von Medienkompetenz

Es gibt zahlreiche[26] Ansätze zur Operationalisierung von Kompetenzen. Zur Medienkompetenz liefern Rosebrock und Zitzelberger (2002) sowie Gapski (2006a) gute Übersichten zu den gängigsten Konzepten. Die populärste stammt meiner Einschätzung nach von Baake (1998). Sie lässt sich in ihren wesentlichen Grundzügen auf das Lernen von Mathematik mit digitalen Medien übertragen.

Medienkompetenz umfasst nach Baake die *Medienkritik*, die *Medienkunde*, die *Mediennutzung* sowie die *Mediengestaltung*. Jeder dieser Bereiche gliedert sich in weitere Subdimensionen. Baake hatte dabei den Diskurs der Informationsgesellschaft im Blick und hob Medienkompetenz als zentrale Entwicklungsaufgabe des Informationszeitalters hervor (Baake 1998, S. 27).

Für unsere Zwecke ist dieser Ansatz zu weitreichend – allerdings sind die von Baake benannten Bereiche von Medienkompetenz hilfreich bei der Suche nach einer angemessenen Operationalisierung der hier zu Grunde gelegten Definition. Ich setze im Folgenden voraus, dass sich Medienkompetenz mit Blick auf konkrete Medien und Techniken entwickelt: Eine Formel im Internet zu suchen, ist etwas anderes als sie in der Formelsammlung zu lokalisieren. Kompetenz im Umgang mit einem Taschenrechner ist nicht gleichzusetzen mit Kompetenz bei der Programmierung eines Computers. Es gibt *Domänen* – wie zum Beispiel das Erstellen dynamischer 2D-Konstruktionen – die für sich gesehen eigene Medienkompetenzbereiche bilden. Unterstellt wird zum Beispiel, dass jemand, der sich gut mit einer Dynamischen Geometrie-Software auskennt, die Bedienung einer weiteren Software der gleichen Domäne vergleichsweise leicht erlernt. Eine Domäne ist also ein für sich stehender Bereich digitaler Medien:

Definition 3.3
Eine Domäne digitaler Medien ist ein gut abgrenzbarer, für sich stehender Bereich digitaler Medien. ◆

Medienkompetenz entwickelt sich schrittweise. Der erste Schritt ist notwendig, etwas über die Existenz von digitalen Medien zu wissen. Mit Blick auf das Lernen von Mathematik sollte dieses Wissen mindestens so weit ausgeprägt sein, dass man über mögliche Szenarien zur Nutzung eines Mediums Bescheid weiß. Darauf aufbauend folgt schlicht die Bedienung von Medien; ich spreche hier davon, den richtigen Knopf in der richtigen Situation zu drücken[27].

---

[26] Gapski (2006a) spricht von 100 Ansätzen, die er in einer Arbeit analysiert hat.

[27] Diese Stufe wird durchaus kontrovers diskutiert. Einige Aus- und Fortbilder vertreten die Auffassung, dass mit der Bedienung immer auch eine didaktische Idee transportiert werden muss. Ich bin

These 2
Digitale Medien zum Bearbeiten von mathematischen Fragestellungen einsetzen kann nur,
wer diese digitalen Medien auch bedienen kann.

Zu Recht weisen Rosebrock und Zitzelberger (2002, S. 156) sowie Haug (2012,
S. 21 ff.) darauf hin, dass technisches Wissen nur die Grundvoraussetzung für Medien-
kompetenz bildet. Es folgt der Bezug zum Fach: Kompetent im Umgang mit digitalen
Medien kann nur sein, wer in der Lage ist, diese zum Lösen von Problemen einzusetzen.
Auf dieser Ebene ist auch die Werkzeugkompetenz[28] angesiedelt – also die Fähigkeit,
mit Blick auf ein Problem ein geeignetes Werkzeug auszuwählen. Für eine umfassende
Medienkompetenz benötigt man darüber hinaus die Bereitschaft und das Wissen, sich
von den eigenen Erfahrungen zu distanzieren und den Einsatz digitaler Medien auf einer
Metaebene zu reflektieren. In diesem Kontext stellt sich auch die Frage der Wirksamkeit
des digitalen Mediums beim Lernen von Mathematik.

Ich gehe im Folgenden davon aus, dass die Entwicklung von Medienkompetenz in den
zentralen Domänen digitaler Medien mit Hilfe von sechs Stufen beschrieben werden kann
(im Folgenden mit *MK-Modell* abgekürzt):

MK 0: Es ist keinerlei Wissen über das digitale Medium vorhanden.
MK 1: Es ist Wissen über das digitale Medium vorhanden.
MK 2: Das digitale Medium kann bedient werden.
MK 3: Das digitale Medium kann selbstständig genutzt werden.
MK 4: Der Einsatz des digitalen Mediums wird reflektiert.
MK 5: Das digitale Medium wird kreativ eingesetzt und weiterentwickelt.

Diese bzw. ähnliche Stufungen findet man sowohl in der Literatur[29] als auch in prag-
matisch angelegten Projekten zur Entwicklung von Medienkompetenz wie dem NRW-

---

der Ansicht, dass es zentrale Schritte der Bedienung gibt, die man beherrschen sollte, bevor man sich
inhaltlich mit dem darauf implementierten digitalen Medium auseinandersetzt. Das Gleiche gilt für
die Nutzung digitaler Medien: Die Bedienung sollte in Grundzügen beherrscht werden (siehe dazu
auch Zeller und Barzel 2010, S. 778):„In any case, the handling of the technology should be known
beforehand or supported by a reference book"). Schließlich soll es beim Lernen von Mathematik
um Mathematik gehen und nicht um die Bedienung von Rechnern.
[28] In einer Stellungnahme von MNU und GDM wird der Begriff „Werkzeugkompetenz" mit Blick
auf das Lernen von Mathematik umschrieben: „Im Mathematikunterricht erwerben Schülerinnen
und Schüler die Fähigkeit, geeignete Werkzeuge zur Bearbeitung von mathematischen Problemen
auszuwählen, diese zur Unterstützung beim Erkunden, Präsentieren, Visualisieren, Experimentieren, Berechnen, Algebraisieren, Strukturieren, Kontrollieren sowie beim Recherchieren nutzbar
zu machen (Werkzeugkompetenz) und den gewählten Weg zu reflektieren, was weit über das
technische Beherrschen oder Hanhdhaben eines Gerätes hinausgeht." (http://madipedia.de/wiki/
Stellungnahmen).
[29] Kabakçi (2009) beschreibt ein Modell zur Nutzung digitaler Medien durch Lehrer, dessen Entwicklung bereits in den 90er Jahren begann. Sie benennt die Stufen *Survival Stage, Mastery Stage,
Impact Stage* sowie *Innovation Stage.*

Medienpass[30] (http://www.medienpass.nrw.de). Ebenfalls passt das Modell zu den Bildungsstandards für die Sekundarstufe II (Konferenz der Kultusminister 2012, S. 19). Im Bereich der Kompetenz K5 (Mit Mathematik symbolisch/formal/technisch umgehen) heißt es im Anforderungsbereich I *digitale Mathematikwerkzeuge direkt nutzen*, im Anforderungsbereich II *digitale Mathematikwerkzeuge je nach Situation und Zweck gezielt auswählen und effizient einsetzen* und im Anforderungsbereich III *die Möglichkeiten und Grenzen [. . .] digitaler Mathematikwerkzeuge reflektieren*, wobei das MK-Modell keine Beschränkung auf Mathematikwerkzeuge vornimmt, sondern allgemein für digitale Medien im Mathematikunterricht geeignet ist.

Kreijns u. a. verweisen auf Studien, die zeigen, dass Wissen und Fähigkeiten zur Bedienung (*perceived knowledge and skills to use digital learning media*) Voraussetzungen dafür sind, Zutrauen zur und Souveränität in der Nutzung digitaler Medien (*self-efficacy towards using digital learning materials*) in pädagogischen Kontexten zu gewinnen. Die Offenheit und Bereitschaft für die Nutzung im pädagogischen Kontext alleine reichte bei den genannten Untersuchungen nicht aus (Kreijns u. a. 2013, S. 218). Diese Erfahrungen decken sich im Wesentlichen mit der pädagogischen Praxis: Bevor man digitale Medien bedient, muss man ein wenig Wissen über sie haben (zumindest über ihre Existenz); bevor man sich Gedanken über die Nutzung machen kann, muss man die wesentliche Bedienung beherrschen. Ohne das digitale Medium genutzt zu haben, erscheint die Reflexion seines Einsatzes eher schwierig.

Die Stufung MK0 bis MK5 soll primär als Heuristik verstanden werden und erhebt nicht den unbedingten Anspruch, ein empirisch valides Modell zu sein. Vielmehr hilft das Modell, sich selbst wie auch das Gegenüber mit Blick auf eine konkrete Domäne digitaler Medien zu verorten. Zur Herausforderung, Medienkompetenz messbar machen zu können, verweise ich auf das Buch von Gapski (2006b) oder entsprechende Beiträge in Herzig u. a. (2010).

Offensichtliche Grenzen des MK-Modells

Prof. Dr. Dr. h.c. Tross und seine Folien Rund 250 Lehrer warten mit Spannung auf den Vortrag von Prof. Tross, der neueste Ergebnisse von Leistungsstudien präsentieren wird. Es gibt lobende Worte des Staatssekretärs – die Erwartungen sind hoch. Sein erster Satz: „Da ich etwas zu sagen habe, nutze ich kein PowerPoint" – zustimmendes Gelächter im Raum. Es folgt die 60-minütige Vorstellung eines Folien-Jockeys an einem Overhead-Projektor, der die beste Zeit hinter sich hat. Keine einzige der verkratzten Folien ist gut zu lesen. Die meisten Zahlen sind zu klein gedruckt und können auch vom Vortragenden nur mit Mühe entziffert werden.

---

[30] Nach eingehender Recherche zur wissenschaftlichen Fundierung dieses Projektes erhielt ich in mündlicher Kommunikation die Auskunft, dass die Zusammenführung praktischer Ansätze zur Entwicklung des Konzeptes genutzt wurden. Der Erfolg gibt dem Projekt recht – dieser Ansatz erscheint mit Blick auf die schulische Praxis legitim.

Es gibt zahlreiche Beispiele für Äußerungen, die zwar reflektierend verstanden werden sollen, in Wirklichkeit aber versuchen, die eigene Inkompetenz in einer Domäne digitaler Medien zu überspielen.

Selbstkritisch ist einzuräumen, dass ich solche Züge in Ansätzen auch bei mir entdecke: Obwohl ich bis heute kein Mitglied von Facebook bin[31], beziehe ich als Pädagoge Stellung zu den Gefahren dieses Mediums und stelle die Chancen nur mäßig in den Vordergrund. Dieses Spannungsfeld kann ich nicht auflösen, womit eine Grenze des MK-Modells klar benannt ist: Es wird unterstellt, dass eine Reflexion ohne das Wissen und die Fähigkeit, ein digitales Medium angemessen nutzen zu können, nicht möglich ist.

These 3
Den Einsatz digitaler Medien einer bestimmten Domäne kann nur authentisch reflektieren, wer diese digitalen Medien mit Blick auf die pädagogische Praxis genutzt hat.

Diese These steht nicht im Widerspruch dazu, dass digitale Medien thematisiert werden können, ohne sie explizit einzusetzen:

Die „aufklärende" Behandlung Neuer Medien im Sinne von Medienkunde und Medienerziehung erfordert aber nicht immer deren Unterrichtseinsatz. (Hischer 2013, S. 23)

Hoffnung auf Gesetzesänderung Eine kleine Zeitreise in die Vergangenheit, sagen wir das Jahr 2012. In zwei Jahren sollen in Nordrhein-Westfalen graphische Taschenrechner verbindlich eingeführt werden. In der Fachkonferenz spricht das Mathematik-Kollegium über Chancen und Risiken. StD Leermann lässt aber keine Diskussion zu, da die Kinder ohnehin kaum noch rechnen können. Nach 15 Minuten wird die unangenehme Diskussion abgebrochen, was Herrn Leermann Gelegenheit gibt, die Eltern davon zu überzeugen, dass ihr Geld für solche Geräte zu schade ist und man nicht alles glauben müsste, was die Regierung sagt. Gesetze würden ja häufig auch noch gekippt.

Hier wird eine zweite Grenze des Modells aufgezeigt. Es wird davon ausgegangen, dass fachliche Diskurse auf rationalen Argumenten beruhen. Die Stufe MK4 fordert sogar, dass man von den eigenen Erfahrungen abstrahiert. Ob das wirklich in jedem Fall nötig ist, wird hier nicht gesagt. Diskussionen, die das eigene Unterrichten betreffen, sind aber nicht immer rational – die Anwendbarkeit des Modells ist entsprechend eingeschränkt. Die Gültigkeit der folgenden These ist entsprechend notwendige Voraussetzung zur lokalen Gültigkeit des MK-Modells.

---

[31] Meine Sorge ist schlicht, dass mir Zeit verloren ginge. Im Allgemeinen bin ich an diesem Medium interessiert – Bekannte erklären mir auch regelmäßig, dass ich leider nicht wüsste, *was läuft*. Das muss ich aushalten, da ich tatsächlich nicht weiß, welche für mich relevanten Inhalte und Informationen über Facebook kommuniziert würden. Schulisch nutze ich Facebook mittlerweile – aber nur als digitale Pinnwand.

These 4
Die Diskussion über den Einsatz digitaler Medien kann in der pädagogischen Praxis rational, orientiert am Lernen der Schüler, geführt werden.

Unterschiedliche Taschenrechnermodelle Der Umzug war aufregend – doch nun ist Alina endlich in der neuen Stadt angekommen. Alles ist noch unbekannt und spannend. In der 4. Stunde hat sie Mathematik. Nett wird sie begrüßt – in Mathematik war Alina immer ganz gut. Es geht um die *Filonialverteilung*, zumindest hat sie das verstanden. Die Hausaufgaben werden besprochen und der Lehrer erklärt, wie man den Binomialkoeffizienten berechnet. Doch die Tasten gibt es auf Alinas Rechner gar nicht. In der Pause geht sie zum Lehrer: „Wie macht man das damit?" „Das Modell kenne ich auch nicht. Hast du dazu ein Handbuch?"

Sicher hat Alina schon Werte mit ihrem Gerät berechnet. Aber eine spezielle Funktion zu finden, kann eine echte Herausforderung sein. Der Lehrer kann trotz seines Erfahrungsvorsprungs ebenfalls nicht so schnell umschalten. Das MK-Modell findet hier seine Grenze, da Nutzungskompetenzen nicht immer ohne Weiteres übertragbar sind. Man müsste viele Subdomänen anlegen, was in diesem Fall übertrieben wäre. Ich formuliere die Grundvoraussetzung zur Anwendung des MK-Modells deswegen nochmals als These:

These 5
Domänen digitaler Medien unterscheiden sich zwischen verschiedenen Techniken (Produkten) nicht so stark, als dass die Nutzung (nicht die Bedienung) vollständig neu erlernt werden müsste.

Diese Voraussetzung des MK-Modells ist am schwächsten belegt und tatsächlich meines Wissens nach auch kaum erforscht. Die Nutzungsphilosophien von Techniken, aber auch von Softwareprodukten unterschieden sich in den letzten Jahrzehnten zum Teil dramatisch (siehe dazu auch für dynamische Geometrie-Systeme Hischer 2002, S. 279). Jedoch haben sich auch in den letzten Jahren implizite Standards entwickelt. Nutzer stellen an digitale Mathematikprodukte bestimmte Anforderungen – es wird einfach verlangt, dass bestimmte Funktionalitäten vorhanden sind, funktionieren und intuitiv zu bedienen sind. Es handelt sich also sowohl um eine Voraussetzung des MK-Modells als auch um ein Forschungsdesiderat: Wie stark darf sich eine Nutzerumgebung ändern, damit die Nutzer sie einerseits erkennen und andererseits auch bedienen können und akzeptieren?
Schulmeister sieht die Möglichkeit zur Typisierung von Software – hier mit Blick auf Hypermedia – eher kritisch:

> Schon die Zuordnung der jeweiligen Software zu einem bestimmten Typ dürfte solche Schwierigkeiten machen, daß es zu Artefakten bei der Evaluation kommt. [...] Die breite Varianz im Design und in den Lernmethoden führt zu einem so geringen Grad an Ty-

pisierungsfähigkeit, daß letztlich keine Generalisierung der Aussagen über das einzelne untersuchte Produkt hinaus möglich ist. (Schulmeister 2002, S. 395)

Diese Aussage extrapoliert auf digitale Medien im Allgemeinen. Sie zu akzeptieren käme einer pädagogischen Kapitulation gleich: Es würde bedeuten, dass Mathematikunterricht produktorientiert gestaltet werden muss, was mit Blick auf die Ausbildung von Lehrern einer Katastrophe gleichkäme. Es gäbe dann den GeoGebra-Lehrer, den CASIO-Lehrer, den TI-Lehrer, den HP-Lehrer, den MuPAD-Lehrer, . . .

Entsprechend ist die zuletzt genannte These eine unbedingt notwendige Voraussetzung für gelingende Ausbildung zur Gestaltung von Mathematikunterricht mit digitalen Medien.

Konkretion des MK-Modells

Für das Lernen und Lehren von Mathematik benötigt man notwendig zwei Interpretationen des MK-Modells: eine für den Lehrenden und eine für den Lernenden. Die Stufe MK0 wird hier nicht weiter genannt, da sie voraussetzt, dass ein digitales Medium nicht bekannt ist. Ebenso wird die Stufe MK5 ausgespart. Sicher ist es ein wünschenswertes Additum, mit digitalen Medien kreativ und innovativ umzugehen, allerdings ist das nicht der Anspruch dieses Lehrbuches.

Das MK-Modell für Lehrende

Die folgenden Fragen können Lehrenden helfen, sich selbst und damit die Ausprägung ihrer Medienkompetenz in einer Domäne digitaler Medien einzuschätzen:

L-MK 1 Was sind zentrale Informationen über das digitale Medium? Wo wird es eingesetzt? Welche Zielsetzung wird mit ihm verfolgt?

L-MK 2 Wie wird das digitale Medium technisch genutzt? Wie werden Funktionalitäten genutzt?

L-MK 3 Wo ist das digitale Medium mit Blick auf das Lernen von Mathematik anzusiedeln? Bei welchen Aufgaben kann es eingesetzt werden?

L-MK 4 Welche Erfahrungen zum Einsatz des digitalen Mediums gibt es? Was weiß man über Chancen und Risiken beim Einsatz des digitalen Mediums und welche Konsequenzen kann ich daraus mit Blick auf mein eigenes pädagogisches Handeln ziehen?

Für Lehrkräfte sowie angehende Lehramtsstudierende wurde die Struktur dieses Buches konzipiert. Im nächsten Kapitel werden die derzeit für das Lernen von Mathematik wichtigen Domänen digitaler Medien ausführlich behandelt. Die Beschreibungen sind entlang der vier Stufen des MK-Modells gegliedert. Zentral sind aus meiner Sicht vor allem die Stufen MK 2 und MK 3. Hier geht es darum, den Umgang mit digitalen Medien zu erlernen. Das Lesen dieses Buches verschafft Ihnen zwar einen Überblick; einsetzen werden Sie digitale Medien jedoch erst dann können, wenn Sie die Stufen MK 2 und MK 3 durchlaufen haben, also das digitale Medium bedienen und zum Lösen von Problemen einsetzen können.

Das MK-Modell für Lernende

Die folgenden Fragen können Lehrenden helfen, die Ausprägung der Medienkompetenz ihrer Schüler in einer Domäne digitaler Medien einzuschätzen:

S-MK 1 Ist das digitale Medium bekannt?

S-MK 2 Kann das digitale Medium angeleitet bedient werden?

S-MK 3 Kann das digitale Medium selbstständig bei der Lösung eines mathematischen Problems genutzt werden?

S-MK 4 Wird der Einsatz des digitalen Mediums sowie sein Nutzen zur Lösung von Problemen reflektiert?

Mit Hilfe dieser Indikatoren, die natürlich vor dem Hintergrund der Domänen digitaler Medien inhaltlich gefüllt werden müssen, können die Voraussetzungen der Schüler geklärt werden. Darauf aufbauend kann dann Unterricht mit digitalen Medien geplant werden.

Das MK-Modell bei der Planung, Durchführung und Reflexion von Unterricht

In Abb. 3.1 ist das reduzierte Berliner Modell dargestellt und beschrieben. Hier wird auch betont, dass die Voraussetzungen entscheidend sind für das, was im Unterricht passieren kann. Mit dem MK-Modell wurde eine Heuristik vorgestellt, die es erlaubt, Lehrende und Lernende zu verorten. Dadurch werden im Entscheidungsfeld *Medien* Potenziale sichtbar.

In Tab. 3.5 wurden die Stufen der Medienkompetenz von Lehrern und Schülern gegeneinander angetragen. Gemeint sind jeweils die MK-Stufen bezogen auf eine bestimmte Domäne, wie zum Beispiel das Plotten von Funktionsgraphen. Zwar sind einige Einträge mit Beispielen konkretisiert, diese dienen aber nur der besseren Lesbarkeit. Alle Einträge sind konstruktiv formuliert, d. h., Differenzen werden als Chancen begriffen.

Den Umgang mit der Tabelle möchte ich an einigen Beispielen in Form von Fallerläuterungen beschreiben.

Ben hat ein Lernprogramm bekommen   Herr Winter schaut, bevor er den Computer herunterfährt, noch einmal in seine E-Mails. Ben, einer seiner Schüler, schreibt: „Hallo Herr Winter, ich habe gerade das Programm MatheSicher geschenkt bekommen. Da finde ich aber unser Thema Statistik gar nicht. Können Sie mir da helfen? Viele Grüße – auch von meinen Eltern – Ben." MatheSicher – davon hat Herr Winter noch nie etwas gehört. Schnell in die Suchmaschine eingetippt, findet er alles Mögliche, aber nicht direkt ein Lernprogramm. Andere Lernprogramme kennt er. Aber zum Thema Statistik gibt es tatsächlich kaum etwas auf dem Markt.

Herr Winter ist in der Domäne *Nutzung von Lernprogrammen* auf Stufe L-MK-1. Er weiß, dass Lernprogramme für das Fach Mathematik existieren, und kann sich entspre-

Tab. 3.5 Interaktion zwischen Lehrer und Schüler im Unterricht im Rahmen des MK-Modells

	L-MK 0	L-MK 1	L-MK 2	L-MK 3	L-MK 4
S-MK 0	Keine Interaktion zum digitalen Medium, entsprechend keine Auswirkungen auf den Unterricht	Unverbindliche Verweise auf die Funktionalität eines digitalen Mediums, z. B., wenn es im Rahmen von Aufgaben genannt wird. (S-MK 1)	Vorstellen der technischen Möglichkeiten des digitalen Mediums, z. B. indem der Zugmodus demonstriert wird. (S-MK 1)	Nutzung des digitalen Mediums im Rahmen einer Präsentation zur Bearbeitung mathematikhaltiger Fragestellungen, z. B. Kontrollieren einer Rechnung. (S-MK 1)	Hinweise auf den Nutzen und die Grenzen des digitalen Mediums, z. B. zu implementierten Näherungsalgorithmen. (S-MK 1)
S-MK 1	Schülerbeiträge zum digitalen Medium sind möglich, z. B. zu einem bestimmten Forum oder einer noch nicht etablierten Kommunkationstechnik. (L-MK 1)	Sprechen über das bzw. Thematisieren des digitalen Mediums im Unterricht, z. B. im Rahmen von Aufgaben	Vorerfahrungen der Schüler zum digitalen Medium aufgreifen und die technischen Möglichkeiten des digitalen Mediums vorstellen	Vorstellungen der Schüler zum digitalen Medium aufgreifen und deren Wissen erweitern, indem mathematikhaltige Fragestellungen durch die Schüler angeleitet bearbeitet werden. (S-MK 2)	Ideen zu den Möglichkeiten des digitalen Mediums aufgreifen sowie Grenzen und Möglichkeiten des digitalen Mediums angeleitet erfahren lassen. (S-MK 2)
S-MK 2	Schülerdemonstrationen des digitalen Mediums sind möglich, z. B. zur Funktionsweise eines digitalen Mediums. (L-MK 1)	Gezielt angefragte Schülerdemonstrationen des digitalen Mediums sind möglich, z. B. zur Abgrenzung gegen andere digitale Medien	Bedienen des digitalen Mediums im Unterricht, z. B. nach einer Schritt-für-Schritt Anleitung	Einbindung des digitalen Mediums in mathematikhaltige Fragestellungen, um Schüler die Nutzung des digitalen Mediums bei diesen Fragestellungen nahezubringen. (S-MK 3)	Einbindung des digitalen Mediums in mathematikhaltige Fragestellungen, um den Schülern die effiziente Nutzung des digitalen Mediums nahezubringen. (S-MK 3)

Tab. 3.5 (Fortsetzung)

	L-MK 0	L-MK 1	L-MK 2	L-MK 3	L-MK 4
S-MK 3	Schüler, die Infos zu einem digitalen Medium in den Unterricht einbringen, können beauftragt werden, ein digitales Medium bei der Bearbeitung von Aufgaben zu erproben. (L-MK 1)	Gezielter Einsatz durch Schüler bei der Bearbeitung von Aufgaben ist möglich. Schüler können die Bedienung lokal erklären. (L-MK 2)	Schüler können angeregt werden, ein digitales Medium bei der Bearbeitung einer Aufgabe zu erproben und ihre Ergebnisse vorzustellen	Nutzung des digitalen Mediums bei der Bearbeitung mathematikhaltiger Fragestellungen wie z. B. Aufgaben zum Modellieren	Nutzung des digitalen Mediums bei der Bearbeitung mathematikhaltiger Fragestellungen und anschließende Reflexion des Medieneinsatzes. (S-MK 4)
S-MK 4	Schüler können als Experten zu den Grenzen und Möglichkeiten digitaler Medien eingebunden werden, falls sie das digitale Medium in den Unterricht einbringen. (L-MK 1 möglich)	Schüler können gezielt als Experten eingebunden werden und die Bedienung auch lokal erklären. (L-MK 2)	Schüler können angeregt werden die Grenzen und Möglichkeiten eines digitalen Mediums bei der Bearbeitung von Aufgaben zu erproben	Schüler können als Experten eingebunden werden, um die technischen Grenzen eines Mediums bei der Bearbeitung mathematikhaltiger Fragestellungen zu erklären	Reflexion des Einsatzes des digitalen Mediums z. B. mit Blick auf die Frage, ob der Medieneinsatz gerechtfertigt war, indem man Alternativen gegenüberstellt. Möglichkeit zum Erwerb von domänenbezogener Medienkompetenz

chend auch ungefähr vorstellen, was so ein Programm leistet. Er weiß auch, dass es für die Statistik wenige Angebote gibt. Ob er ein Lernprogramm schon einmal benutzt hat, bleibt offen. Der Schüler Ben ist auf Stufe S-MK 2: Augenscheinlich hat er das Programm schon benutzt und sucht nun den Zusammenhang zum Unterricht. Durch seine höhere Stufe (mindestens L-MK-3 im Bereich *Nutzung von Suchmaschinen*) kann der Lehrer sein Wissensdefizit bedingt ausgleichen und erfährt zumindest, dass es wohl kein sehr populäres Programm ist. Er hat verschiedene Möglichkeiten, mit dieser Situation umzugehen. Um andere Schüler vor dem Kauf solcher Programme beraten zu können, wäre es möglich, Ben zu bitten, es kurz im Unterricht vorzustellen. Er kann Ben auch um Geduld bitten, um sich das Programm vorab selbst zu besorgen oder sich noch näher zu informieren. Natürlich bestünde auch die Option nicht zu antworten.

Nie wieder Funktionenplotter Frau Reißmann ist nun laut Vorgabe angehalten, den Funktionenplotter des graphischen Taschenrechners im Mathematikunterricht zu nutzen. Sie hat sich die Bedienung im Rahmen einer Fortbildung angeeignet, konnte ihr Unterrichtskonzept aber noch nicht anpassen. Sie unterrichtet heute die Einführungsphase, die Schüler führen ihre erste vollständige Kurvendiskussion durch. „Frau Reißmann, eine Sache verstehe ich nicht", sagt Marie. „Wir haben jetzt die notwendige Bedingung geprüft und es kann nur ein Extremum geben, an der Stelle 2. Das haben wir uns nun mit dem Funktionenplotter angesehen – und es ist ein Maximum. Warum sollen wir denn jetzt noch die eine hinreichende Bedingung prüfen?" „Na, sonst ist es mathematisch nicht exakt."

Während Frau Reißmann noch auf Stufe L-MK 2 ist, bewegen sich ihre Schüler im Bereich S-MK 3 bis S-MK 4. Das Argument von Marie ist tatächlich ausreichend: Ist eine Funktion überall stetig und differenzierbar und es gibt nur eine mögliche Extremstelle, reicht auch ein Blick in die Wertetabelle. Wahrscheinlich äußert Marie das aus dem Bauch heraus, allerdings ist es mathematisch tatsächlich exakt, wenn man unterstellt, dass der Funktionenplotter richtig rechnet[32]. Mit der Aufgabe ist Frau Reißmann über eine Schritt-für-Schritt-Anleitung hinausgegangen, weswegen inhaltliche Fragen auftauchen können. Ihre Reaktion ist die denkbar ungünstigste: Behauptungsvollmacht durch eine qua Amt gegebene Autorität. Hätte Frau Reißmann vor der unterrichtlichen Erprobung einige Schüler angeregt, den Einsatz digitaler Medien bei der Lösung von Aufgaben zu erproben, hätte sich die Lehrerin eine Möglichkeit verschafft, sich erst einmal intensiver mit den unterrichtlichen Möglichkeiten auseinanderzusetzen. Ebenso hätte sie die Schüler an dieser Stelle bitten können, die Grenzen und Möglichkeiten des digitalen Mediums

---

[32] Aus dem Graphen selbst darf man ohne weitere Rechnung nicht so viel folgern. Hischer beschreibt den Funktionenplotter ausführlich und führt augenzwinkernd Hauptsätze ein, welche die Eigenschaften von Funktionsplots unterstreichen (Hischer 2002, S. 307 f.).

Funktionenplotter zu recherchieren. Um eine vertiefte Auseinandersetzung mit dieser Domäne digitaler Medien wäre sie natürlich nicht umhin gekommen.

YouTube verwirrt Kai Kai war drei Wochen krank. Die Hausaufgaben hat er sich wohl bringen lassen. Auf jeden Fall ist Herr Brüggemann interessiert, ob, und wenn ja, wo Kai Lücken hat. Die beiden treffen sich auf dem Flur. „Hallo Kai, geht es dir wieder gut?" „Klar, war ja nix Schlimmes, konnte nur eben nicht laufen. Wo ich Sie gerade treffe: Sie haben doch in der letzten Woche diese … wie heißt es noch … ach ja, Varianz durchgenommen. Ich hab mir dazu ein Video bei YouTube angeschaut, und da berechnen die das mit Wurzel und dann $E(X^2) - E(X)^2$ oder umgekehrt. Von Anna habe ich mir die Hausaufgaben angeschaut, und das war voll verwirrend, da sie das ganz anders rechnet als ich. Die Ergebnisse sind aber gleich. Kann ich das dann auch so rechnen?" „Kannst du mir den Link einmal senden? Das würde ich mir gerne auch anschauen. Wir sprechen dann im Unterricht darüber, O. K.?"

Herr Brüggemann hat wohl die Streuung behandelt, wie es üblicherweise geschieht, als Summe der quadrierten absoluten Abweichungen der einzelnen Werte vom arithmetischen Mittel. Diese Formel sieht natürlich ganz anders aus, als die ebenso richtige aus dem Internet. Ob der Lehrer die Richtigkeit der Formel sofort erkannt hat, bleibt offen. Er befindet sich jedoch augenscheinlich auf der Stufe L-MK 3 oder L-MK 4, während Kai höchstens auf Stufe S-MK 3 sein kann. Für ihn wäre es wohl optimal, wenn einfach kurz bestätigt würde, dass man auch diese Formel nutzen kann. Dabei bleibt natürlich das Verständnis auf der Strecke. Durch die Rückfrage eröffnet Herr Brüggemann die Möglichkeit, im Unterricht den Einsatz von YouTube-Videos – oder besser Tutorials – zu reflektieren und die Schüler so auf Stufe S-MK 4 zu heben, was letztendlich auch seinem Unterricht zugutekommen wird.

Diese Liste von Fällen könnte ich lange, lange fortsetzen. Sie illustrieren, dass eine Einordnung in das MK-Modell in vielen Fällen möglich und nützlich ist. Ob und inwiefern sich das Modell praktisch etablieren kann, muss notwendig offen bleiben.

3.5 Das MK-Modell aus mathematikdidaktischer Perspektive

In der Didaktik hat sich seit Aufkommen des Computers viel getan. Die zahlreichen Pioniere der damaligen Zeit haben hervorragende Ideen auf den Weg gebracht – letztendlich haben sie die Entwicklung von Produkten beeinflusst und dazu beigetragen, dass man heute das Lernen von Mathematik unter Berücksichtigung digitaler Medien breiter und in einigen Fällen tatsächlich auch anders denken kann.

3.5.1 Genese des Computereinsatzes im Mathematikunterricht

Weigand (2006) beschreibt die Entwicklung für Computeralgebrasysteme[33], die durchaus auch auf andere digitale Medien im Mathematikunterricht übertragbar ist, in drei Phasen: Die Möglichkeiten von Programmen wie Derive führen zu einer Vielzahl von Vorschlägen für den Unterricht, die Wirkung der digitalen Medien wird allerdings nur selten systematisch untersucht. Mitte der 90er Jahre beschleunigte sich die Entwicklung durch die Verfügbarkeit erster Taschenrechner mit Computeralgebrasystemen. Erwartet wurden tiefgreifende Veränderungen des Mathematikunterrichts – es herrschte Goldgräberstimmung. Die didaktische Diskussion kreiste um die Frage des Einsatzes der Technik in Prüfungen sowie die zukünftige Bedeutung händischer Fertigkeiten. In der dritten Phase, zu Beginn des neuen Jahrtausends, trat Ernüchterung ein. Computeralgebrasysteme hatten sich nicht in dem Maße verbreitet, wie man es annahm. Die Gründe dafür sind vielfältig. Exemplarisch genannt werden die umständliche Handhabung, die Einstellung der Lehrer, verbunden mit der Sorge um händische Fertigkeiten, die fehlende Integration in Lehrpläne und damit verbunden die fehlende Veränderung von Lerninhalten sowie die äußeren Vorgaben, wozu schnelle Versionswechsel oder auch der hohe Preis zählen.

> Insgesamt wurde sicherlich die Komplexität der Integration Neuer Technologien und vor allem von Computeralgebrasystemen in den „normalen" Unterricht unterschätzt, welche durch die wechselseitige Beziehung von Veränderungen auf verschiedenen Ebenen entsteht: der technischen, inhaltlichen und methodisch didaktischen Ebene. (Weigand 2006)

Stand der Unterrichtsentwicklung

Heute, 10 Jahre nach dem Artikel von Weigand, 15 Jahre nach umfangreichen Untersuchungen und fast 30 Jahre nach den ersten Gehversuchen, stehen wir in vielen Ländern nach wie vor am Anfang. Deutlich wird das, wenn man in Schulen geht und mit Lehrern spricht. Auch wenn digitale Medien vorhanden sind, ist deren Potenzial für das Lernen von Mathematik im Wesentlichen unbekannt oder wird ignoriert[34].

Pruzina resümiert über 30 Jahre Taschenrechner im Mathematikunterricht:

> **Ein Blick in die Zukunft**
> Auf die eingangs zugespitzte Frage „Wie viel CAS braucht ein Abiturient?" antworte ich ebenso zugespitzt: „Ein Abiturient braucht gar kein CAS!" Eine Begründung dafür ist, dass jeder Abiturient mit einer soliden mathematischen Grundbildung prinzipiell in der Lage ist, CAS nach kurzer „technischer" Einarbeitung verständig zu nutzen. Dabei wird jeweils nur so viel CAS genutzt, wie es der mathematische Ausbildungsstand erlaubt. Sehr viele Menschen in Berufen, bei deren Ausübung insbesondere mathematisches Wissen und Können erforderlich sind, haben das in dem letzten Jahrzehnt bewiesen! (Pruzina 2011, S. 284)

---

[33] Gemeint sind Techniken, die es auch erlauben, ein Computeralgebrasystem zu nutzen.
[34] Das ist sicher zugespitzt, dürfte aber von der Realität nicht allzu weit entfernt sein.

Diese Einschätzung mit Blick auf die Domäne *Nutzung von Computeralgebrasystemen* überrascht auf den ersten Blick. Auf den zweiten Blick offenbart sich eine Binsenweisheit: Ohne Vorgabe der Bildungsadministration müssen notwendig Diskussionen über den Sinn und Unsinn digitaler Medien geführt werden. Unterricht entwickelt sich im Spannungsfeld von Didaktik, Bildungsadministration und Unterrichtspraxis. Unterrichtsentwicklung ist ein Prozess, der auf schulischer Ebene abläuft und von außen nur in Ansätzen durch Vorgaben steuerbar ist. Mit Blick auf digitale Medien zeigt das die Studie von Kreijns u. a. (2013) mehr als deutlich. Lehrern muss die Freiheit zugestanden werden, Unterricht mit Blick auf die Lerngruppe zu planen, die konkret vor ihnen sitzt. Und hier besteht die Gefahr, Potenzial zu verschenken, wenn man die Möglichkeiten digitaler Medien nicht mitdenkt.

Laura und die Spidercam In der Einführungsphase der Oberstufe hatte Laura im Alter von 15 Jahren das erste Mal mit einem Computeralgebrasystem gearbeitet. Sie war kreativ und entwickelte auch den Ehrgeiz, sich über das normale Maß hinaus damit zu beschäftigen. Rund zwei Jahre nach dieser Erstbegegnung mit dem digitalen Medium Computeralgebrasystem untersuchte sie mathematische Fragestellungen rund um die Spidercam, das ist eine fliegende Kamera, die bei Fußballspielen oder Konzerten eingesetzt wird. Mit moderner Mathematik-Software entwickelte sie ihre Hypothesen zum Schnitt von Quadriken, bei der Gleichungen 4. Grades zu lösen waren, und wendete sie in vielfältiger Weise auf ihr Ursprungsproblem an. Ihre Mühen wurden mehrfach belohnt: Ein Sonderpreis bei *Jugend forscht* auf Bundesebene, verbunden mit Einladungen zu zahlreichen Forschungscamps im In- und Ausland, zahlreiche Zeitungsmeldungen (u. a. in *Bild* und der Zeitschrift *Glamour*), ein Treffen mit dem Bundespräsidenten und schließlich die Einladung zur ISEF nach Arizona, USA.

Der Fall Laura ist sicher besonders[35], jedoch illustriert er: Nur wer die Möglichkeiten digitaler Medien kennt, wird Ideen entwickeln, sie einzusetzen – digitale Medien beherbergen das Potenzial, die eigene Sicht und das eigene Verhalten im Umgang mit mathematischen Fragestellungen zu verändern.

Den Ansatz von Pruzina (2011) möchte ich jedoch nicht völlig in Abrede stellen. In seinem Aufsatz verweist er auf die Arbeit Flade und Pruzina[36]:

> Trotz anwenderfreundlicher Software und leistungsfähiger Hardware wird der Mensch kein mathematisches Problem mit Computern lösen können, wenn er keine oder zu wenig mathematische Begriffe, Sätze oder Verfahren kennt bzw. diese nicht anwenden kann. (Flade und Pruzina 1989, S. 114)

---

[35] Ich kenne jedoch viele weitere solcher – wenn auch nicht ganz so ausgeprägter – Fälle.
[36] Mit Lothar Flade darf ich seit einiger Zeit gemeinsam in einem Schulbuchprojekt arbeiten – in diesem Kontext haben wir auch über den Einsatz von Computern und Taschenrechnern im Mathematikunterricht diskutiert und reflektiert.

Abb. 3.6 Die Schülerin Laura Mähler entwickelte mit
Unterstützung eines Computeralgebrasystems eine Theorie
zur Steuerung von fliegenden
Kameras, die national wie auch
international viel Anerkennung
fand (© Verena Kathrein)

Weiter heißt es in diesem Beitrag – und diese Weitsicht finde ich schon beeindruckend:

Es ist davon auszugehen, daß jedes Werkzeug – also auch der Computer – erst durch den
Nutzer und sein Können im Umgang mit ihm wirksam wird. Die Schüler sind also zu be-
fähigen, das Hilfsmittel Computer (mit vorgefertigter Software) beim Lösen von Aufgaben
sicher einzusetzen, d. h.,

- die Schüler sollten selbstständig entscheiden können, ob und in welcher Weise der Computer zur Lösung „ihrer" Aufgaben zu nutzen ist;
- sie sollen in der Lage sein, mit dem Computer einen Dialog zu führen und
- das Computerergebnis mit Blick auf die zu lösenden Aufgaben interpretieren können.

Das ist im Kern auch der Stand der mathematikdidaktischen Diskussion zu digitalen
Medien: Zahlreiche didaktische Ansätze wie das Black-Box-White-Box-Prinzip oder die
Gerüstdidaktik sind nur noch unterschwellig präsent – eine gute Übersicht dazu liefern
Reichel (1995) sowie Hole (1998), andere Konzepte haben sich mit der Entwicklung der
Technik gewandelt und werden stetig aktualisiert. Einer dieser aktuellen Ansätze, der ins-
besondere auf die Rolle digitaler Medien beim Lernen abzielt und tatsächlich zu o. g. Zitat
passt, wird nun näher vorgestellt.

3.5.2 Die Theorie der Instrumentellen Entwicklung

Ein Blick in aktuellere didaktische Literatur[37] zeigt, dass die Theorie der *Instrumentellen Entwicklung* (Vollrath und Weigand 2006, S. 157 f.) zur Beschreibung der Interaktion zwischen Technik und Benutzer erfolgreich angewendet werden kann[38]. Eine erste Annäherung an diese Theorie versuche ich über einen Fall:

Martina und die Lebensmitteldose Diese Ausführungen einer Studierenden bekam ich zufällig mit: „Letzte Woche habe ich mir diese Dose besorgt. Die ist toll. Da läuft in der Tasche nichts aus und die Lebensmittel bleiben echt frisch. Allerdings war die Dose sehr teuer. Aber das Tolle: Seit ich die Dose habe, esse ich viel gesünder. Jetzt habe ich das Geld ausgegeben, und da nutze ich die Dose natürlich auch."

Martina hat hier in einfachen Worten die Theorie der Instrumentellen Entwicklung erläutert: Sie hat ein Gerät gekauft – das nennt man in der Theorie Artefakt. Diese Dose kann sie nutzen, um darin Nahrung (das Objekt) zu transportieren – das bedeutet, sie instrumentalisiert die Dose. Da die Dose existiert, hat sich aber auch Martinas Verhalten verändert – die Dose instrumentiert. Fortan ist sie ein Instrument zur Einnahme gesünderer Lebensmittel für Martina. Der Begriff Instrumentation fasst als Oberbegriff die Prozesse Instrumentalisierung und Instrumentierung zusammen (vgl. Abb. 3.7).

Die Theorie wird zurückgeführt auf die Arbeit von Rabardel (siehe dazu auch Verillon und Rabardel 1995). Unterschieden wird mit Blick auf digitale Medien zwischen einem Artefakt, also einer Technik im Verbund mit digitalen Medien, und einem Werkzeug – im Folgenden *Instrument* genannt. Man geht davon aus, dass ein Artefakt erst einmal kein Instrument ist, sondern sich erst zu einem solchen entwickeln muss. Dazu bedarf es des Nutzers, in unserem Fall in der Regel Schüler – im Folgenden *Subjekt* genannt, sowie z. B. einer Aufgabe – im Folgenden *Objekt* genannt.

Das Subjekt kann das Artefakt instrumentalisieren. Bei der Domäne *Computeralgebrasysteme nutzen* kann das bedeuten, dass der Nutzer herausfindet, wie man mit Hilfe eines Befehls einige Gleichungen lösen kann. Durch die Existenz des Artefakts ändert sich nun möglicherweise auch das Verhalten des Subjekts beim Umgang mit Objekten. Es entstehen neue Gebrauchsschemata. Wenn der Schüler zum Beispiel zu einer Gleichung 3. Grades keinen Lösungsansatz findet, könnte er jetzt zum Computeralgebrasystem greifen.

---

[37] Exemplarisch seien Haug (2012), Weigand (2006), Vollrath und Weigand (2006), Zeller und Barzel (2010), Drijvers u. a. (2010) genannt.
[38] Haug (2012) hat die Theorie z. B. eingesetzt, um die Rolle des Computers beim Problemlösen zu untersuchen.

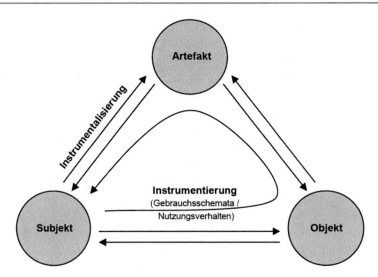

Abb. 3.7 Haug (2012) schlägt diese aus meiner Sicht gut zugängliche Visualisierung zur „Theorie des Instrumentation" vor

Instrumentation und das MK-Modell

Die Stufung des MK-Modells passt sich gut in die Theorie der Instrumentellen Entwicklung ein. Auf Stufe MK 1 wird sich in der Regel beim Subjekt nichts verändern, da es beim Umgang mit Objekten keine Chance hat, auf das Artefekt zurückzugreifen. MK 2 sagt nichts anderes aus, als dass das Subjekt in der Lage ist, das Artefakt zu instrumentalisieren. Der Übergang von MK 2 zu MK 3 entspricht dem Übergang vom Artefakt zum Instrument (siehe auch Haug 2012, S. 21). Durch den Umgang mit Artefakt und Objekt instrumentiert das Subjekt das Artefakt. Es entstehen Handlungsschemata. Diese Handlungsschemata können einen Beitrag zum kompetenten Umgang mit digitalen Medien leisten – oder auch nicht. Das Instrument kritisch zu betrachten und sich letztendlich bewusst für die Nutzung zu entscheiden, entspricht der Stufe MK 4.

Während die Instrumentalisierung auf die Domäne digitaler Medien abzielt, richtet sich die Instrumentierung auf das Handeln des Schülers. Mit Blick auf Unterricht kann beides vom Lehrer gesteuert werden: Er entscheidet, wann welche Domäne digitaler Medien in welcher Form unterrichtlich zum Tragen kommt, und kann die Schüler sowie die Entstehung ihrer Handlungsschemata beobachten und auch beeinflussen[39].

---

[39] McCulloch weist in ihrer Fallstudie zu Recht darauf hin, dass nicht nur der Lehrer, sondern auch Eltern Einfluss auf die Einstellung und das Verhalten der Lernenden nehmen. Interessant ist, dass nicht nur die jetzigen Lehrer, sondern auch Lehrer, die Schüler in der Vergangenheit hatten, und sogar diejenigen, die sie in Zukunft noch haben werden, Einfluss nehmen: „The students in this study were influenced not only by their current and past teachers, but also by parents and future teachers. This suggests that this is an area in need of further study." (McCulloch 2011, S. 177).

Abb. 3.8 Das Tetraeder-Modell zur Interaktion zwischen Lehrer, Schüler, dem Gegenstand Mathematik und dem Artefakt, das hier mit Rücksicht auf die US-amerikanischen Sprechweisen mit „Technology" bezeichnet wurde

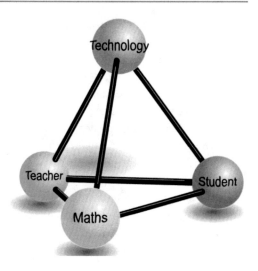

Orchestrierung

In einem der vorhergehenden Abschnitte wurde ein vereinfachtes Berliner Modell vorgestellt, das bereits die digitalen Medien berücksichtigte. An dieser Stelle geht es nun tiefer in das Detail: Neben den Entscheidungsfeldern ist beim Einsatz der digitalen Medien zu berücksichtigen, wie und mit welcher Absicht die Lernenden mit dem digitalen Medium interagieren werden.

Im ersten Schritt muss das Modell aus Abb. 3.7 erweitert werden. Der Lehrer hat natürlich erheblichen Einfluss auf die Instrumentation (siehe Abb. 3.8[40]). Diesen Einfluss nimmt er durch die Gestaltung des Unterrichts wahr.

Drijvers u. a. definieren den Begriff der Instrumentellen Orchestrierung (instrumental orchestration), der von Weigand (2006) mit *Lernumgebung* übersetzt wird:

> An *instrumental orchestration* is defined as teacher's intentional and systematic organisation and use of the various artefacts available in a – in this case computerised – learning environment in a given mathematical task situation, in order to guide student's instrumental genesis. (Drijvers u. a. 2010, S. 214 f.)

Die Entwicklung von Medienkompetenz im Sinne des MK-Modells wird hier erfasst durch die Instrumentelle Entwicklung (*instrumental genesis*). Bei der Instrumentellen Orchestrierung wird zwischen drei Elementen unterschieden (Drijvers u. a. 2010, S. 215):

1. der didaktischen Konfiguration (*didactical configuration*), die als ein Arrangement von Artefakten verstanden wird, die in eine Lernumgebung eingebunden sind. In der Metapher der Orchestrierung kann damit die Wahl und Platzierung der Instrumente eines Orchesters verglichen werden.

---

[40] Das Modell wurde im Rahmen einer internationalen T^3-Arbeitsgruppe entwickelt.

2. der Art und Weise der Nutzung (*exploitation mode*), also wie der Einsatz der Artefakte durch den Lehrer geplant wird. In der Metapher entspricht dies der Aufteilung der Instrumente (z. B. in Form einer Partitur) mit der Absicht, dass ein gutes Zusammenspiel entsteht.

3. der didaktischen Umsetzung (*didactical performance*), was der Begleitung des Lernprozesses der Schüler durch den Lehrer entspricht. Gemeint ist damit auch der Umgang mit Unvorhergesehenem oder der Art und Weise der Kommunikation im Unterricht. Dies entspricht in der Metapher dem Dirigenten, der das Spiel der Musiker genau verfolgt und darauf achtet, dass das Zusammenspiel tatsächlich funktioniert.

Diese Metapher hat Grenzen und man darf sie nicht überinterpretieren. Drijvers u. a. (2010) schlagen vor, sich nicht ein Orchester von Profimusikern vorzustellen, sondern eine Jazz-Band, die aus Anfängern und Fortgeschrittenen besteht, wobei der Lehrer der Bandleader ist. Es bleibt Raum für die Interpretation jedes Einzelnen, und da der Bandleader natürlich jedes Konzert verfolgt, wird er auch den weiteren Prozess jedes Einzelnen begleiten können, indem er eben genau hinhört, wie die Bandmitglieder mit ihren Instrumenten das vorgegebene Musikstück interpretieren.

Anmerkungen zur Herleitung des MK-Modells

Das MK-Modell ist zu den Theorien aus der Mathematikdidaktik kompatibel, wurde aber mit Mitteln der Mediendidaktik hergeleitet. Das hat in mehrfacher Hinsicht Vorteile. Zum einen ist der heutige Umgang von Kindern und Jugendlichen mit digitalen Medien nicht vergleichbar mit der Situation vor vier bis fünf Jahren. Viele haben bereits universelle Techniken, die ohne Weiteres mit digitalen Medien für das Lernen von Mathematik bestückt werden können, verinnerlicht.

> Ein bisheriges und künftiges Problem stellt die schnelllebige Technik sowie die Vielfalt an Soft- und Hardwarelösungen für CAS dar. Dabei zeichnen sich zwei Entwicklungslinien ab. Erstens ist für den Mathematikunterricht nur ein „Werkzeug" [41] praktikabel, das analog dem TR jederzeit verfügbar ist. Bereits jetzt scheiden m. E. Vorhaben aus, die auf punktuellen Unterricht in einem Computerkabinett setzen. Zweitens wird es nicht nur die technische Entwicklung ermöglichen, sondern auch ein zeitgemäßer Unterricht fordern, dass ein „multivalentes Werkzeug" zum Einsatz kommt, das nicht nur im Mathematikunterricht (und hier nicht nur CAS), sondern auch in anderen Fächern (z. B. Textverarbeitung, Internet, ...) genutzt werden kann. (Pruzina 2011, S. 286)

Das Fach Mathematik ist sicher nicht das Leitfach, das den Umgang mit Textverarbeitung oder Internetrecherche einübt. Die Besonderheiten des Fachs Mathematik (z. B. der Umgang mit Formeleditoren oder das Niveau sowie die Richtigkeit von Quellen aus

---

[41] Anmerkung von Andreas Pallack: Gemeint ist hier wohl eine Technik und nicht ein Werkzeug im Sinne von Instrument.

dem Internet angemessen einzuschätzen) erfordern es jedoch, diese Medien auch fachspezifisch zu thematisieren. Grundlage muss jedoch notwendig ein fächerübergreifendes Medienkonzept auf einer mediendidaktischen Grundlage sein. Die Anschlussfähigkeit an die schulische Ausbildung der Schüler insgesamt ist unverzichtbare Voraussetzung für den gelingenden und nachhaltigen Aufbau von Medienkompetenz.

3.6 Ordnung im digitalen Medien-Dschungel

Digitale Medien werden im Spannungsfeld zwischen pädagogischen und wirtschaftlichen Interessen entwickelt. Es gibt nur sehr wenige universitär getragene Entwicklungen, die sich nachhaltig in der Schule etabliert haben[42]. Ein Vergleich verschiedener Systeme, wie es bis zu Beginn dieses Jahrtausends auch in Buchform geschah, ist heute wohl eher nutzlos: Kaum installiert, wartet schon das nächste Update mit neuen Funktionalitäten auf seinen Download. Wenn es um die Ausbildung zum Mathematiklehrer geht, sollte man sich nicht auf ein Produkt festlegen[43]. In diesem Lehrbuch wird der Weg gegangen, Bereiche – sogenannte Domänen – digitaler Medien festzulegen, die gut gegeneinander abgegrenzt werden können. Anlass zur Hoffnung, dass dieser Ansatz vergleichsweise zeitlos ist, gibt ein Blick in die Vergangenheit[44].

> Unabhängig von der jeweils neuesten Hardware haben sich aber mittlerweile einige Anwendungen etabliert, die im Kern und in ihren Grundfunktionen seit vielen Jahren unverändert sind und zunehmend Eingang in den Mathematikunterricht gefunden haben. Es handelt sich dabei im Wesentlichen um Tabellenkalkulationsprogramme (seit ca. 1985[45]), Dynamische

---

[42] Ein beeindruckendes Projekt ist das mittlerweile weit verbreitete GeoGebra (siehe z. B. Kaenders und Schmidt 2011).

[43] Seit dem Jahr 2004 wurden die Software TI-InterActive sowie auch Derive nicht weiter gepflegt. Einige Lehrkräfte, die mit mir zusammen die Ausbildung zum Beginn dieses Jahrtausends durchlaufen haben, berichteten, dass anschließend die Computernutzung im Mathematikunterricht an ihrer Schule auf null zurückging. Der Grund: Alle Arbeitsblätter und Materialien waren auf diese Software abgestimmt. Auch eine nachhaltige Unterrichtsentwicklung ist entsprechend bei übermäßig starker Produktfokussierung nicht möglich.

[44] In der Medienpädagogik wird die Strukturierung von Medien auch aktuell noch diskutiert (vgl. dazu zahlreiche Beiträge in Herzig u. a. 2010). Häufig genannt wird die Möglichkeit einer Strukturierung nach Feldern oder Bereichen von Medienkompetenz (wie z. B. Baake (1998) sie vorschlägt, nach Medienkunde, Mediennutzung, . . .), einer Strukturierung nach Dimensionen (kognitiv, moralisch, . . .), nach Funktionen (z. B. nach Prozesskompetenzen wie Präsentieren, Kommunizieren, . . .) sowie nach Medienarten (Hörmedien, Zeitungsmedien, . . .). Der hier gewählte Zugang entspricht am ehesten dem über Medienarten. Er beinhaltet einige Vorteile, wie einen intuitiven Zugang von Lehrkräften zu Medienfragen sowie auch Vorgaben zu Lehrplänen (Herzig u. a. 2010, S. 87 f.).

[45] Jeweils in Klammern angegeben ist die Jahreszahl, zu der erste pädagogische Ansätze für den Einsatz im Unterricht dokumentiert sind. Dies sind vorsichtige Schätzungen – Pioniere haben diese Systeme sicher auch schon deutlich früher eingesetzt.

Geometrie-Software (seit ca. 1992), Funktionenplotter (seit ca. 1985) sowie Computeralgebrasysteme (seit ca. 1990). (Pallack 2012a, S. 10)

Aus solchen Anwendungen lassen sich Funktionalitäten ableiten, auf deren Basis die Domänen digitaler Medien definiert werden. Ich nähere mich dem Ordnungsversuch mit einer Frage, die medienaffine Mathematiklehrer vielleicht zum Schmunzeln bringt: Was ist ein CAS, also ein Computeralgebrasystem?

3.6.1 Beispiel für die Definition einer Domäne digitaler Medien

Über diese – schulpraktisch durchaus wichtige – Frage habe ich bereits zahlreiche Diskussionen erlebt. Schließlich unterscheiden derzeit (Stand 2017) viele Bundesländer im Abitur zwischen CAS und NON-CAS. Oft hilft ja ein Blick in die Literatur:

> Beside the graphic capabilities, the main feature of CAS is the possibility to carry out algebraic manipulations. (Zeller und Barzel 2010, S. 775)

Also ist ein CAS eine Technik, mit der man auch Graphen darstellen kann? Ich muss sämtliche Autoren, die über CAS schreiben (einschließlich mir selbst), in Schutz nehmen: Eigentlich ist unklar, ob ein CAS ein digitales Medium oder eine Technik ist. Denn oft werden Techniken, die neben vielen anderen digitalen Medien auch CAS implementiert haben, als CAS bezeichnet.

In diesem Buch wird ein Ansatz favorisiert, der Technik und digitales Medium trennt. Doch wie legt man nun fest, was ein CAS ist?

> Stellen Sie sich vor: Ein System bekommt die Aufgabe, $\sqrt{2}$ und $\sqrt{3}$ miteinander zu multiplizieren, und gibt $\sqrt{6}$ als Ergebnis aus; handelt es sich dann bei diesem System um ein CAS? Schließlich scheint dieses System ja intern mit Wurzeln exakt zu rechnen, was bedeutet, dass im System ein Regelwerk zum Umgang mit symbolischen Ausdrücken hinterlegt sein muss. Solche Berechnungen können mittlerweile von Systemen durchgeführt werden, die eindeutig nicht zu den CAS-Systemen gezählt werden. Ein Beispiel ist der Taschenrechner CASIO FX-991ES. (vgl. http://www.casio.de). (Pallack 2008e, S. 43)

Tatsächlich zeichnen sich CAS durch die implementierten Regeln aus. Viel wichtiger sind jedoch die Funktionalitäten. Mit CAS können:

1. viele Gleichungen exakt gelöst werden,
2. algebraische Ausdrücke verglichen oder manipuliert werden,
3. viele Funktionen differenziert werden,
4. in vielen Fällen Stammfunktionen ermittelt werden.

Dies sind einige Funktionalitäten, die man von einem CAS erwartet. Diese Aufzählung stellt meiner Einschätzung nach auch die Haupteinsatzgebiete eines Computeralgebrasystems in der Schulpraxis dar. Die Nutzung dieser Funktionalitäten definiert also eine Domäne: *CAS nutzen*.

3.6.2 Zur Technik für digitale Medien

Ein digitales Medium wird erst konkret, wenn es mit einer Technik kombiniert wird. Für die Schule typische Techniken sind wohl:

- Computer (stationär oder mobil, PC oder Mac oder ...), ggf. in Kombination mit einem Whiteboard[46] **CW**
- Taschenrechner[47] **TR**
- Tablet-Computer[48] **TC**
- Browser im Online-Betrieb **BO**

In dieser Aufzählung gibt es augenscheinlich Überschneidungen, da Browser natürlich auf Tablet-Computern laufen wie auch auf einem Computer. Jedoch macht es einen Unterschied, ob ein digitales Medium nur lokal oder online betrieben werden kann[49]. Mittlerweile gibt es auch viele digitale Medien, die man online betreiben muss[50]. Diese Aufzählung von Techniken lässt sich nicht herleiten, sondern wird an dieser Stelle als Vorschlag gesetzt. Bezeichnungen wie DMS für Dynamische Mathematiksysteme (Vollrath und Roth 2012, S. 169) oder MRS für Multirepräsentationssysteme (Barzel und Weigand

---

[46] Eine weitere Differenzierung ist schwierig. Zum einen sind mobile Computer heute ähnlich leistungsfähig wie stationäre Geräte. Bei den Betriebssystemen gibt es eine ständige Weiterentwicklung. Manche Programme (wie zum Beispiel Dynasis) gibt es nur für ein Betriebssystem – jedoch ist zum einen die Entwicklung rasant und zum anderen gibt es wieder Lösungen, um auf Computern auch Programme anderer Betriebssysteme laufen zu lassen. Programme, die auf Desktop-Computern oder Laptops funktionieren, laufen in der Regel auch mit Whiteboards.

[47] Gemeint sind Techniken, auf denen vom Werk aus keine Computer-Betriebssysteme laufen. Im Wesentlichen gibt es vier Hersteller von Taschenrechnern: CASIO, Hewlett-Packard, Sharp und Texas Instruments.

[48] Hier konnten nur Techniken mit iOS- oder Android-Betriebssystem berücksichtigt werden. Es gibt viele weitere Tablet-Computer über die schlicht nichts ausgesagt werden kann, da für sie kaum Software vorhanden ist.

[49] Zurzeit wird der Einsatz von Chromebooks im schulischen Bereich diskutiert. Das sind sehr günstige Geräte, durchaus vergleichbar mit dem Preis von Tablet-Computern, die primär im Netz bzw. in der Cloud Sinn machen. Programme wie GeoGebra laufen dort im Browser.

[50] Ein Beispiel sind Filme von YouTube, die man zwar live aus dem Netz anschauen darf, die jedoch nicht lokal gespeichert werden dürfen. CW, TR und TC sind hier entsprechend „offline" zu verstehen.

2008, S. 6) haben sich nicht durchgesetzt – Kategorien wie CAS oder auch PC sind zu unscharf und führen eher zu Missverständnissen. Im Folgenden werden die verwendeten Kategorien durch CW, TR, TC und BO abgekürzt.

3.6.3   Domänen digitaler Medien im Mathematikunterricht

Um im Unterricht digitale Medien nutzen zu können, müssen diese notwendig mit einer bestimmten Technik umgesetzt sein. Die Tab. 3.6 digitaler Medien im Mathematikunterricht liefert eine Übersicht der in diesem Buch behandelten Domänen digitaler Medien. Sie wurden grob geordnet nach der Notwendigkeit der Interaktivität sowie der Komplexität der Bedienung. Letztendlich sollte die Stufe MK 3 also bei den zuerst genannten Domänen in der Regel leichter zu erreichen sein als bei den zuletzt genannten. Zu jeder Domäne wird exemplarisch ein Produkt genannt.

Die Tabelle ist wie folgt zu lesen: In den Zeilen sind die Domänen aufgeführt, in den Spalten die Techniken. Das × wird gesetzt, wenn die Funktionalitäten der Domäne ohne Einschränkung auf der Technik mit entsprechender Software möglich ist, wie zum Beispiel das Erstellen einer Präsentation auf einem Laptop. (×) wird gesetzt, wenn Einschränkungen vorhanden sind. So kann Filmmaterial zwar auf einem Computer gesehen werden, aber für Anwendungen wie YouTube benötigt man einen Online-Zugang. Auf einem Tablet-Computer oder in einem Browser können nicht alle Formate abgespielt wer-

Tab. 3.6 Übersicht zu Domänen digitaler Medien im Mathematikunterricht

Bezeichnung der Domäne	CW	TR	TC	BO
Hypertexte lesen (Wikipedia, . . .)				×
Film- und Tonmaterialien nutzen und gestalten (YouTube, . . .)	(×)		(×)	(×)
Digitale Schulbücher nutzen (Unterrichtsmanager, . . .)	×		(×)	(×)
Interaktive Applets und digitale Arbeitsblätter nutzen (Mathe-Prisma, . . .)	(×)		(×)	(×)
Lernprogramme nutzen (LernCoachies, . . .)	(×)		(×)	(×)
Rechenoperationen durchführen (CASIO FX-82, . . .)	×	×	×	×
Präsentationen erstellen (PowerPoint, . . .)	×		×	(×)
Foren und Blogs nutzen (http://www.matheraum.de, . . .)				×
WIKIs mitgestalten (http://www.zum-wiki.de, . . .)				×
2D-Graphen darstellen (TI-Nspire, . . .)	×	(×)	×	×
Listen verarbeiten und Tabellenkalkulation nutzen (TI-Nspire, . . .)	×	(×)	×	×
Daten grafisch auswerten (GeoGebra, . . .)	×	(×)	×	×
2D-Konstruktionen erstellen (GeoGebra, . . .)	×	(×)	×	×
Punkte, Geraden und Ebenen darstellen (GeoGebra, . . .)	×		(×)	(×)
Computeralgebrasysteme nutzen (WIRIS, . . .)	×	(×)	×	×

den usw. Viele Funktionalitäten sind nur auf einigen Taschenrechnern verfügbar. Auch das wird durch ein (×) markiert.

Zur Interpretation der Tab. 3.6 muss also jeweils die Definition der Domäne mit berücksichtigt werden. Diese Tabelle wird – wie jede konkrete Zusammenstellung zu digitalen Medien – vergleichsweise schnell veralten. Meine Empfehlung ist, vor dem Hintergrund der vorhandenen digitalen Medien jeweils zu entscheiden, ob es sich um neue Domänen handelt oder um eine Erweiterung vorhandener.

In dieser Tabelle werden Sie vielleicht einige Bereiche vermissen. Nach vielen (guten) Gesprächen mit Lehrkräften und Lehrerausbildern habe ich, zum Teil schweren Herzens, einige Möglichkeiten digitaler Medien nicht oder nur am Rande beschrieben:

- Ursprünglich waren für das *Berechnen von Funktionswerten* und dem *Erstellen von Wertetabellen* zwei Einheiten vorgesehen. Zum Erstellen von Wertetabellen, obwohl dies meiner Einschätzung nach eine der meistgenutzten Funktionalitäten bei den weit verbreiteten wissenschaftlichen Taschenrechnern ist, gab es nur wenig aktuelle Literatur. Das ist insofern unglücklich, als zum Beispiel in Bayern gerade Techniken, die das automatisierte Erstellen von Wertetabellen erlauben, nicht zugelassen sind. Es handelt sich entsprechend um ein Merkmal zur Abgrenzung digitaler Medien voneinander.
- Die geplante Einheit zu *3D-Graphen erstellen* wurde im Buch nicht aufgenommen. Zwar gibt es zahlreiche schöne Aufgaben, bei denen Funktionen in Abhängigkeit von zwei Variablen eine Rolle spielen – genutzt werden diese Möglichkeiten unterrichtlich aber nur selten. Ergänzt wurden jedoch Aufgaben im Kapitel *2D-Graphen erstellen*, die einen Ausblick sowohl für Lehrende als auch für Lernende erlauben.
- Die Einheiten *Listen verarbeiten* und *Tabellenkalkulation nutzen* wurden zusammengefasst. Bildungsstandards und Lehrpläne sprechen in der Regel von Tabellenkalkulation. Auf graphischen Taschenrechnern implementiert – und häufig genutzt – sind jedoch Listeneditoren. Zur Verarbeitung von Listen gibt es nur wenig aktuelle Literatur. Ich gehe in dieser Einheit einen Mittelweg, da ein Programm ausgewählt wurde, das beides erlaubt: die Verarbeitung von Listen sowie die Nutzung von Tabellenkalkulation. Zusätzlich wird die Verarbeitung von Listen in der Einheit *Daten graphisch auswerten* thematisiert.
- Nach langer Abwägung habe ich auf eine Einheit *Dynamische Systeme modellieren* verzichtet. Ich selbst habe Programme zur Modellierung dynamischer Systeme sowohl in der Schule als auch in meinen ersten Jahren als Lehrer genutzt. Die Beratung mit vielen in der Mathematiklehrerausbildung tätigen Kolleginnen und Kollegen ergab jedoch, dass diese Domäne eine eher nachgeordnete Rolle spielt – für viele Betriebssysteme gibt es wohl auch keine geeignete Software mehr.
- Auf dem Markt gibt es zahlreiche Produkte zur Auswertung von Daten. Kostenlose Programme wie R oder GrafStat sind durchaus beliebt – jedoch auch in ihrem Charakter absolut unterschiedlich. Auf eine Einheit zu Statistikprogrammen (gemeint sind Softwarepakete wie R oder SPSS) wurde wegen der offensichtlich sehr geringen Verbreitung in der Schule verzichtet.

- Ebenfalls schweren Herzens entfielen die Einheiten *3D-Animationen erstellen* sowie *Programme erstellen* aus Platzgründen.
- In einzelne Einheiten integriert wurde das *Erstellen mathematischer Texte* – der Umgang mit Textsatzsystemen wie LaTeX ist in der Schule nicht hinreichend verbreitet und eine Beschreibung der Möglichkeiten einer Textverarbeitung führt sehr weit vom Mathematikunterricht weg.
- Auf eine eigene Einheit zum automatisierten *Aufnehmen und Verarbeiten von Messwerten* wurde verzichtet, da die technischen Voraussetzungen sehr speziell sind. In einigen Einheiten gibt es jedoch entsprechende Querverweise zu diesem Bereich.
- Immer weitere Verbreitung finden Audience-Response-Systeme. Allerdings gibt es derzeit nur wenige deutsche Inhalte und entsprechend wenig fachspezifische Erfahrung. Für eine eventuelle erweiterte Neuauflage ist aber wohl eine Domäne *Live-Feedback einholen* vorzumerken.

3.7   Verbünde digitaler Medien

Die beschriebenen Domänen sind in der schulischen Praxis kaum isoliert anzutreffen. Vielmehr wird dort mit konkreten Produkten gearbeitet. Die Produkte definieren sich über ihre Funktionalitäten und damit wieder über die Domänen digitaler Medien.

Definition 3.4
Unter einem Verbund digitaler Medien wird die Vereinigung von zwei oder mehr Domänen digitaler Medien verstanden.   ◆

Dazu ein Beispiel (vgl. Abb. 3.9): Einige moderne Taschenrechner beinhalten die Domänen *Listen verarbeiten* und *Tabellenkalkulation nutzen*, *2D-Konstruktionen erstellen* und *Daten graphisch auswerten*. Schmidt (2008b) hat mit einem solchen System einen Unterrichtsvorschlag zur Erkundung der Kreiszahl π entwickelt. Es beginnt damit, dass Umfang und Durchmesser von Münzen konkret gemessen werden. Diese Ergebnisse wer-

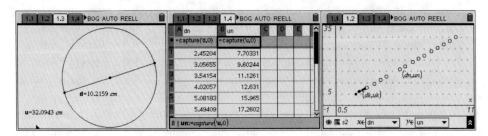

Abb. 3.9 Neuere Techniken erlauben die Nutzung von Funktionalitäten mehrerer Domänen sowie deren Verknüpfung, hier am Beispiel der Bestimmung von π (siehe dazu Schmidt 2008b)

den in einem Streudiagramm graphisch dargestellt. Anschließend wird ein Kreis sowie dessen Durchmesser konstruiert, der Durchmesser sowie der Umfang gemessen und diese Messwerte anschließend gespeichert. Das verwendete Produkt kennt einen Befehl =capture(„,), mit dem jede Veränderung der gemessenen Größen registriert und gespeichert wird. Verändert man nun den Umfang des Kreises, wird auch der Umfang neu gemessen. Das Messwertepaar wird in Listen gespeichert. Die Wertepaare aus der Liste werden wiederum graphisch in einem Streudiagramm dargestellt.

Hier zeigt sich auf den ersten Blick eine unglaubliche Komplexität, die für Benutzer eines solchen Systems (es handelt sich hier um den TI-Nspire) schnell in Fleisch und Blut übergeht. Nutzer einer Tabellenkalkulations-Software[51] wie dem populären Excel würden nicht erwarten, dass ihre Software auch die Konstruktion geometrischer Objekte erlaubt. Es zeigt sich ein Kernproblem, das ich in Form eines Falls illustrieren und anschließend in einer These festhalten möchte.

Wir sind CASIO-Schule Als Nutzer von Texas Instruments- und Apple-Produkten habe ich in den letzten Jahren einige Ideen für den Unterricht mit digitalen Medien aufgeschrieben. Vor einigen Jahren wurde ich zu einem Vortrag in das Saarland eingeladen – wenn ich mich recht entsinne, ging es im Kern um das Modellieren mit digitalen Medien. Natürlich wurden dabei auch einige Beispiele vorgeführt. Die Einladenden haben sich explizit einen praktischen Vortrag gewünscht. Man ließ mich rund 20 Minuten vortragen und erinnerte mich dann an meine einleitenden Worte, in denen ich darum gebeten hatte zu unterbrechen, wenn es Verständnisschwierigkeiten gäbe. Es ging gerade darum, einen Punkt zu greifen und zu bewegen. „Meinen Sie nicht, dass das mit dem CASIO ClassPad und einem Stift besser geht?" „Ich weiß nicht", antwortete ich und fuhr fort. Bis zu einer Stelle, wo ich mögliche Schülerfehler ansprach. „Mit CASIO passiert das aber nicht, denke ich", erhielten ich als Kommentar aus dem Auditorium. Spannend war, was dann passierte: Es entwickelte sich eine Diskussion über Produkte und Schulen, die sich bestimmten Produkten verschrieben sahen. Ich sah mich genötigt, die Notbremse zu ziehen: „Eines würde ich nun doch gerne wissen: Was glauben Sie, wer stärker ist: Superman oder Spiderman?"

Dieses Phänomen beschreibt auch Elschenbroich (2012), der auf den Erlass zur Einführung graphischer Taschenrechner des nordrhein-westfälischen Schulministeriums reagiert:

> In dem Erlass sehe ich auch eine nicht unproblematische Geräte-Fixierung. Wenn von „Werkzeug" die Rede ist, sind offensichtlich nur GTR bzw. CAS-TR als Hardware, als Geräte gemeint. Das wird natürlich die beiden marktbeherrschenden Produzenten freuen. Ich finde es jedoch bedauerlich, dass im Erlass das Adjektiv „digital" im Zusammenhang mit Werkzeug überhaupt nicht auftaucht. (Elschenbroich 2012, S. 387)

---

[51] Nicht zu verwechseln mit der Domäne *Tabellenkalkulation nutzen.*

Das zeigt, dass die Diskussion in Expertenkreisen weiter gediehen ist – aber gerade an Schulen noch auf dem Niveau der Produktdiskussion verharrt.

These 6
In der Schule wird viel zu häufig über Produkte und viel zu wenig über das Lernen von Mathematik und die dafür nützlichen Funktionalitäten digitaler Medien gesprochen.

Mit den Begriffen *Domäne digitaler Medien* und *Verbünde digitaler Medien* verbinde ich die Hoffnung, den pädagogischen Diskurs über die Nutzung digitaler Medien im Mathematikunterricht zu rationalisieren oder zumindest einen Beitrag zur Rationalisierung zu leisten. Ob das gelingt, werden die nächsten Jahre zeigen.

3.8 Herausforderung Wirksamkeitsmessung

Mathematikunterricht als ein großer Versuch mit ungewissen Ausgang, geplant von Ministeriellen und Didaktikern? Das ist unvorstellbar. Doch wie werden die Vorgaben für den Unterricht, also Lehrpläne, eigentlich entwickelt? Nahe liegt die Vorstellung, dass in Lehrplänen und anderen Vorgaben nur Änderungen vorgenommen werden, wenn durch wissenschaftliche Studien belegt werden kann, dass sie zu Verbesserungen beim Lernen führen. Exemplarisch zitiere ich hier aus einem Vorwort von Bärbel Barzel – ähnliche Forderungen findet man in zahlreichen Texten zum schulischen Lernen:

> Immer müssen Medien sich daran messen lassen, welchen Beitrag sie zum Erwerb mathematischer Kompetenzen leisten können oder welche Bedeutung sie für den Lernprozess haben. Das gilt insbesondere beim Einsatz „Neuer Medien". Gerade hier muss kritisch beleuchtet werden, welchen didaktischen Mehrwert Neue Medien für den Lernprozess bieten können. Weder darf die bloße Existenz von neuen Möglichkeiten ausschlaggebend für ihren Einsatz im Unterricht sein, noch sollten sie ohne sorgfältige Prüfung rundweg abgelehnt werden. (Barzel 2012, S. 7)

Faktisch sind *sorgfältige Prüfungen* jedoch schwierig: Die Lernbiografien von Schülern sind immer einzigartig. Bei bestimmten Gegenständen – und der Einsatz digitaler Medien gehört augenscheinlich dazu – fordert man gerne Belege und argumentiert mit der eigenen Erfahrung, während andere Lehrplanänderungen eher ohne Klagen hingenommen werden. Auch Barzel exponiert die Rolle der digitalen Medien – ich persönlich würde den Einsatz von Übungsheften gerne ähnlich kritisch beleuchtet sehen und erkenne die Notwendigkeit einer Sonderstellung nicht. Dazu ein Beispiel, das nur bedingt auf den Einsatz digitaler Medien abzielt:

Das Modellieren, das im deutschsprachigen Raum meist auf Arbeiten von Blum (1996) zurückgeführt wird, ist zurzeit in aller Munde. Anwendungsbezüge im Mathematikunterricht gab es faktisch immer – kurzfristig eingedämmt wurden sie meines Wissens nur von der Strengewelle der 70er und 80er Jahre. Spätestens seit 2003 findet man das Modellieren explizit als eingeforderte Kompetenz in den Bildungsstandards für das Fach Mathematik – also viele Jahre Zeit, um das Modellieren zu erforschen. Was ist in diesen Jahren passiert? Was weiß man über das Modellieren im Mathematikunterricht? Zöttl und andere schreiben im Jahr 2010:

> Trotz umfangreicher Forschungen zur Entwicklung und Dissemination von Modellierungsaufgaben gibt es kaum empirische Ergebnisse dazu, wie diese Aufgaben im Mathematikunterricht integriert werden sollen. (Zöttl u. a. 2010, S. 144)

Doch warum ist es scheinbar so schwierig, konkreten Unterricht zu erforschen?

3.8.1   Digitale Medien nutzen: Die Einstellung ist entscheidend

Reaktionen auf einen Beitrag zur Sicherung von Basiskompetenzen: Als Fachreferent für Mathematik des Deutschen Vereins zur Förderung des mathematisch-naturwissenschaftlichen Unterrichts bekam ich im Jahr 2012 in Folge eines Diskussionsbeitrags in den Mitteilungen der Deutschen Mathematiker Vereinigung[52] zahlreiche Zuschriften von Lehrern – insbesondere von pensionierten. Einige berichteten von ihrem Unterricht und den Schwierigkeiten, die digitale Medien beim Lernen von Mathematik verursachen. In der Folge hatte ich einige sehr gute Diskussionen, die aber leider in der Regel nicht zielführend waren. Denn das eigene Erleben[53] kann durch keine Studie widerlegt werden.

Tatsächlich ist der Wirksamkeitsbeleg im schulischen Kontext in den meisten Fällen schwierig. Ich behaupte sogar, dass sämtliche global formulierten Aussagen zur Wirksamkeit pädagogischer Konzepte – wozu auch der Einsatz digitaler Medien zählt – keine allgemeine Gültigkeit haben können. Die pädagogische Praxis ist geprägt von einem hohen Maß an Komplexität. Äußere Bedingungen aber auch Kleinigkeiten können entscheidend sein, ob die Umsetzung eines Konzepts lokal erfolgreich ist oder nicht. Hierzu zwei Fälle:

Frau Liese und die Strohhalmwaffen Die Lehramtsanwärterin Frau Liese macht heute Mathematikunterricht im Computerraum. In der Arbeitsphase beschwert sich eine Schülerin angeekelt über einen durchgefeuchteten Taschentuchfetzen, der auf ihrem Bildschirm

---

[52] Pallack (2012b).

[53] Man bewegt sich bei der Frage der Wirkung digitaler Medien in einem Bereich, in dem häufig vermeintliche allgemeingültige Aussagen getroffen werden: „Nach Einführung des Taschenrechners werden derartige Übungen nicht mehr für sinnvoll gehalten. Stattdessen setzen nun alle Schüler sofort den Taschenrechner ein, ohne zu prüfen, ob durch Vereinfachung und Vermeidung das Rechnen wesentlich verkürzt werden könnte." (Schröder 2012, S. 197) Tatsächlich kann das lokal so beobachtet worden sein, wer will dem widersprechen? Aus meiner Perspektive ist diese Aussage jedoch falsch – es reicht streng genommen ein Schüler, um sie zu widerlegen.

haftet und sich nun langsam den Weg in Richtung unterer Bildschirmrand bahnt. Als Frau Liese auf den Bildschirm schaut, erschallt Gelächter – die angehende Lehrerin hat nun einen nicht minder durchgefeuchteten Taschentuchfetzen an der Hose. Noch einmal das verräterische Geräusch 'theh' – „Danke, das war es. Wir waren bestimmt das letzte Mal im Rechnerraum.", ruft sie wutschnaubend und beendet die Arbeitsphase abrupt.

Kein Kabel – kein Unterricht Es ist Donnerstagfrüh, 7:40 Uhr. Mein Mathematik-Leistungskurs packt seine iPads aus und eigentlich soll es nun losgehen: Online wurden Dokumente hinterlegt mit den Arbeitsaufträgen für diese Stunde. Mit dem Netz wird zwar eine Verbindung hergestellt – aber es werden keine Daten geladen. Leider mögen iPads keine Daten, die auf Sticks liegen. 7:50 Uhr – auch Max, unser Computerspezialist, ist ratlos. Die Doppelstunde muss vollständig umgeplant werden. Am Nachmittag stellt sich heraus, dass die Technik am drahtlosen Internet gearbeitet hatte – das Kabel war vom Administrator für Testzwecke herausgezogen worden.

Solche Szenen sind durchaus typisch für den Einsatz digitaler Medien. Wie manchmal der Kreidekarton im Sekretariat leer ist oder die Birne des Overhead-Projektors streikt, hat auch die Technik der digitalen Medien Schwachstellen – es läuft nicht immer reibungslos.

> Auch die innovativen Lehrpersonen sehen Einschränkungen in der Unterrichtsqualität. Sie weisen aber gleichzeitig darauf hin, dass diese nicht auf das Medium, sondern auf die Rahmenbedingungen zurückzuführen sind. (Eickelmann 2010, S. 186)

Dies ist eine Möglichkeit, mit solchen Erfahrungen oder anderen Schwierigkeiten umzugehen (Eickelmann spricht in diesem Zusammenhang zum Beispiel von schwierigen Schülern oder zu großen Klassen). Eine andere ist die weitgehende Ablehnung und Vermeidung des Einsatzes digitaler Medien[54]. Viele Argumente gegen den Einsatz digitaler Medien beruhen auf subjektiven Theorien:

> Subjektive Theorien sind ähnlich wie wissenschaftliche Theorien aufgebaut und strukturiert, ohne allerdings deren Gütekriterien (wie Systematik, Explizitheit, Falsifizierbarkeit usw.) aufzuweisen, geschweige denn Ergebnis einer wissenschaftlichen Überprüfung zu sein. [...] In komplexen, wissenschaftlich erst ansatzweise erschlossenen Lebensbereichen wie dem von Erziehung und Unterricht leiten sie darüber hinaus das Handeln meist sehr viel stärker als wissenschaftliche Theorien. (Helmke 2009, S. 117)

---

[54] Ohne die Mitwirkung der Lehrer wird man ihre Haltung nicht verändern können – allerdings hängen Wissen über und Erfahrung im Umgang mit digitalen Medien zusammen mit der Bereitschaft, selbige zu nutzen, wobei der kausale Zusammenhang durchaus interpretationswürdig ist (Kreijns u. a. 2013, S. 219). Ein Schlüssel ist jedoch nach Meinung von Kreijns u. a. die Fortbildung im Umgang mit digitalen Medien: „Although the advice to provide skills based training programs seems to be an open door, tight budgets usually prevent schools to let all teachers participate in these training programs, with the result that only few teachers are allowed to attend these programs." (Kreijns u. a. 2013, S. 223).

Im Kontext mathematikdidaktischer Forschung spricht man im Zusammenhang mit subjektiven Theorien von *beliefs* – was frei übersetzt *verinnerlichte Glaubenssätze* bedeutet.

Kreijns u. a. (2013) entwickelten – unter Berücksichtigung der *beliefs*-Forschung – ein Design, mit dem die Gründe, warum Lehrer bereit sind, digitale Medien in ihrem Unterricht einzusetzen (*Intention to use DLM*), klarer zu benennen sind. Sie konzentrierten sich dabei auf den Einsatz digitaler Lernmaterialien im Klassenraum (*DLM: digital learning material*), wobei der Begriff nicht zu eng gefasst wurde, sondern auch Medien wie YouTube-Videos berücksichtigte. Insgesamt wurden 1209 Fragebögen ausgewertet – die Autoren schreiben, dass es sich um eine repräsentative Stichprobe niederländischer Lehrer aus der Primar- und den Sekundarstufen handelt (Kreijns u. a. 2013, S. 220). Als theoretisches Konzept nutzten sie ein Integratives Modell zur Vorhersage von Verhalten (*Integrative Model of Behavior Prediction: IMBP*).

Sie betrachteten die indirekt wirkenden Variablen (*distal variables*), die vorherige Nutzung von DLM (*previous use of DLMs*), die eigene Einschätzung der Erfahrung im Umgang mit DLM (*perceived knowledge and skills to use DLMs*) sowie die Einschätzung, in welchem Maße die Kollegen an der Schule DLM nutzen (*descriptive norm: colleagues' usage of DLMs*).

Als direkt wirkende Variablen (*proximal variables*) wurden die persönliche Haltung gegenüber dem Einsatz von DLM (*attitude towards using DLMs*) die Erwartungshaltung des Umfelds zum regelmäßigen Einsatz von DLM (*subjective norm towards using DLMs*) sowie die eigene Souveränität beim regelmäßigen Einsatz von DLM (*self-efficacy towards using DLMs*) betrachtet. Die Ergebnisse sind in Abb. 3.10 zusammengefasst.

Ein interessantes Ergebnis ist, dass Lehrer umso weniger äußeren Druck empfinden, je besser sie sich mit DLM auskennen: „The more teachers feel they are sufficiently skilled in using ICT the less they seem to experience external pressure in using DLMs." (Kreijns u. a. 2013, S. 222) Der äußere Druck selbst wirkt aber nur schwach auf die Bereitschaft DLM, einzusetzen. Durch die Nutzung in der Vergangenheit erhöht sich der gefühlte Druck, auch in Zukunft regelmäßig DLM einzusetzen. Ein möglicher Grund dafür ist die Erwartungshaltung der Schüler, die einen regelmäßigen Einsatz erwarten. Die Haltung gegenüber der Nutzung von DLM hat den stärksten Einfluss auf die Bereitschaft, DLM zu nutzen: „Attitude was found to have the strongest relationship with intention to use DLMs, followed by self-efficacy". (Kreijns u. a. 2013, S. 223)[55] Die Ergebnisse unterstreichen auch die Wichtigkeit von Kooperation im Kollegium. So wirkt es sich sowohl positiv auf die Einstellung, als auch auf die Souveränität im Umgang mit DLM aus, wenn Kollegen DLM regelmäßig nutzen. Kreijns u. a. (2013) betonen jedoch auch, dass notwendig jemand mit

---

[55] Was lässt sich aus diesen Ergebnissen praktisch folgern? Immer wieder gibt es seitens der Bildungsadministration Bemühungen, auch Verweigerer zu gewinnen, sich an geltende Richtlinien und Lehrpläne zu halten. Das bedarf viel Energie, und die Wirksamkeit solcher Bemühungen ist vor dem Hintergrund der Ergebnisse von Kreijns u. a. (2013) zumindest fraglich. Schließlich kann man sich auch verweigern, ohne äußere Kriterien wie die Häufigkeit der Nutzung zu verletzen.

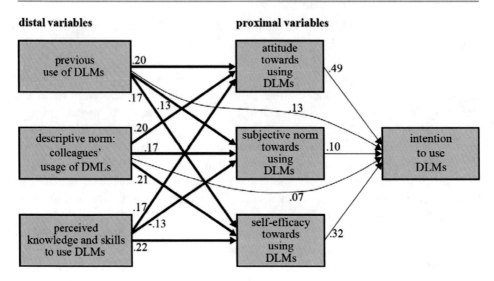

Abb. 3.10 Pfadmodell von Kreijns u. a. (2013) zu der Frage, was Lehrer anregt, digitale Medien in ihrem Unterricht einzusetzen

der Nutzung von DLM beginnen muss, damit die positiven Effekte greifen – es braucht also auch Pioniere.

Durch die Untersuchung von Kreijns u. a. (2013) wird ein breites Feld aufgespannt. Unsere Ausgangsfrage war, warum es scheinbar so schwierig ist, konkreten Unterricht zu erforschen. Mit Blick auf die Nutzung digitaler Medien ist der Lehrer sehr entscheidend[56]. Überträgt man die Ergebnisse von Kreijns u. a. zur Nutzung von DLM behutsam auf digitale Medien per se im Mathematikunterricht, bietet sich die Hypothese an, dass Lehrer mit einem hohen Maß an Medienkompetenz (wozu auch die Einstellung zählt) die Bereitschaft haben, digitale Medien im Unterricht regelmäßig einzusetzen. Wer die Techniken im Verbund mit digitalen Medien bedienen kann, wird auch im Unterricht souverän damit umgehen können.

Alleine aus der Beobachtung von Unterricht Schlüsse, zu ziehen ist also schwierig. Stellen Sie sich vor: Ein Forscherteam untersucht, ob Schüler, wenn ihnen eine Tabellenkalkulation zur Verfügung steht, ein bestimmtes Set von Aufgaben besser oder zumindest anders lösen. Die Vorgespräche mit dem Lehrer zeigen, dass er natürlich – wie besprochen – die Nutzung von Tabellenkalkulation eingeführt hat. Doch welche Rolle spielte dabei seine Einstellung gegenüber den digitalen Medien? Eine der folgenden Szenen spielte sich drei Wochen zuvor ab.

---

[56] McCulloch (2011) belegt in einer Fallstudie, dass Schüler in ihrem Verhalten zusätzlich von Lehrern beeinflusst werden, die sie in der Vergangenheit hatten oder auch in der Zukunft haben werden.

Zwei Szenen im Computerraum

Szene 1: „So, heute sind wir im Rechnerraum, weil es die Lehrpläne so wollen. Unser Praktikant übt heute mit euch die Arbeit am Computer – es geht um den Stoff der letzten Stunde. Im Buch findet ihr auf den Seiten 20 und 21 eine Einführung in den Umgang mit Tabellenkalkulation – am Ende der Stunde sollte jeder die Aufgabe 2 und vielleicht sogar 3 gelöst haben."

Szene 2: „Heute könnt ihr eure Ideen aus der letzten Stunde an beliebig vielen Beispielen erproben. Die Tabellenkalkulation erleichtert euch das Rechnen – auf den Seiten 20 und 21 bekommt ihr erklärt, wie man Formeln eingibt. Wenn ihr glaubt, alles verstanden zu haben, löst die Aufgabe 2 – mit Aufgabe 3 könnt ihr euch dann selbst testen. Unser Praktikant Herr Brünne kennt sich mit dem Programm gut aus – auch ihn könnt ihr fragen."

Gemessen würde von der Forschergruppe also kein objektivierbares Konstrukt, sondern in erster Linie das Rauschen der Einführung: Die Bereitschaft der Schüler, sich auf die Nutzung der Tabellenkalkulation einzulassen, wird natürlich auch von der Erstbegegnung geprägt. Gerne verweise ich in diesem Zusammenhang nochmals auf den Fall Pia (siehe Abschnitt 3.4.1), die trotz hervorragender technischer und mathematischer Kenntnisse den Einsatz digitaler Medien in pädagogischen Kontexten ablehnte.

3.8.2 Leistungssteigerung bedeutet nicht Qualitätssteigerung

So überzeichnet die Situationen aus dem letzten Abschnitt erscheinen – darin zeigt sich ein wichtiges Datum von Wirksamkeitsstudien: Zwei Gruppen sind nur vergleichbar, wenn sie unter ähnlichen Voraussetzungen unterrichtet wurden und werden. Es dürfen nicht zu viele Variablen verändert werden. Und der Lehrer und seine Einstellung ist augenscheinlich entscheidend, wenn es um den Einsatz digitaler Medien geht. Nun gibt es viele Möglichkeiten, das zu gewährleisten. Die wohl effektivste ist die Erprobung unter Laborbedingungen[57]. Probanden werden zufällig in Gruppen aufgeteilt. Die Gruppen durchlaufen kontrolliert unterschiedliche Maßnahmen, z. B. tradiert vs. rechnergestützt. Es gibt einen Vor- und einen Nachtest. Aus dem Leistungszuwachs lässt sich dann auf die Wirksamkeit der Maßnahmen schließen. Doch was kann man in einem solchen Vor-

---

[57] In einem Modell zur fachdidaktischen Entwicklungsforschung, das von seinen Autoren *Dortmunder Modell* getauft wurde, wird vorgeschlagen, Designexperimente durchzuführen, die nicht im regulären Klassenraum stattfinden. Der Fokus wird hier auf Denkprozesse gelegt (Prediger u. a. 2012, S. 455). Die Rolle der Lehrkraft beim Umgang mit Materialien, die im Rahmen solcher Experimente entwickelt werden, erschließt sich nicht unmittelbar. Auch hier bliebe die Frage der Gültigkeit des Modells vor dem Hintergrund des Medieneinsatzes bei einer konkreten Lerngruppe bestehen.

und Nachtest abfragen? Es gibt seitens vieler Medienpädagogen konzeptionelle Einwände gegen Untersuchungen, die nach diesem oder einem ähnlichen Schema durchgeführt wurden:

> Während in Evaluationsstudien der Lernerfolg weiterhin primär mit Behaltensleistung gleichgesetzt werde, betone die theoretische Diskussion des didaktischen Designs ganz andere Lernergebnisse. Statt über Wissen werde nun vielmehr über die Prozesse des Verstehens und Anwendens sowie des Handelns diskutiert. Thematisiert werden dabei neben strategischem Wissen auch Fragen der Selbstregulation und Planungskompetenz. (Breiter u. a. (2010, S. 25); vgl. dazu auch Kerres (2001, S. 112))

Ich folgere daraus, dass es eben nicht reicht, Vor- und Nachtest zu vergleichen, wenn man das Wirksamkeitsspektrum digitaler Medien in seiner Breite erfassen möchte. Denn auch wenn im Vergleich zu anderen Gruppen kein größerer Lernzuwachs gemessen wurde, kann sich die Qualität des Lernens positiv verändert haben. Auch ein signifikant besserer Lernerfolg kann zu lasten der Qualität gehen.

Ergebnisse einer (fiktiven) Studie zur Wirkung unangekündigter Tests Man hat untersucht, ob regelmäßige unangekündigte Tests die Leistung in Klassenarbeiten steigern. Dazu nahm man zwei Gruppen, die vom gleichen Lehrer unterrichtet wurden. Das Ergebnis: Nicht angekündigte Tests steigerten die Leistung in den Klassenarbeiten – nur leider klagen jetzt viele der Lernenden aus der Gruppe mit Leistungssteigerung über Probleme beim Einschlafen.

3.8.3   Ei oder Huhn – über Ursache und Wirkung

Welche Wirkung haben wohl mobile Computer auf das Lernen? Wie bereits eingangs erwähnt, habe ich bis 2013 einen Kurs unterrichtet, der vollständig mit iPads ausgestattet war. Was man über die Wirkung der ständigen Verfügbarkeit digitaler Medien im Unterricht liest, kann ich nur bestätigen: Schüler arbeiten selbstständiger – es wird häufig kooperativ und wenig frontal unterrichtet. Allerdings:

> Inwieweit dies auf den Einsatz der Laptops zurückzuführen ist oder ob die beteiligten Lehrkräfte ohnehin schon andere Unterrichtsformen präferieren, bleibt unklar. (Breiter u. a. 2010, S. 27)

Nähert man sich also mehr der pädagogischen Praxis und beschreibt deskriptiv, was man dort vorfindet, handelt man sich notwendig das Problem ein, kausale Zusammenhänge nicht oder nicht unmittelbar erschließen zu können. Man steht zumindest in Gefahr, Kausalzusammenhänge zu sehen, die faktisch nicht existieren.

Zu Gehhilfen und Computeralgebrasystemen Die meisten Menschen, die Gehhilfen benutzen, sind gehbehindert. Sollten wir andere uns deswegen auf keinen Fall Gehhilfen kaufen? Oder mit fachlichem Bezug: Die meisten Schülerinnen und Schüler, die Computeralgebrasysteme benutzen, können quadratische Gleichungen nicht von Hand lösen. Ein Blick in die Ergebnisse großer Vergleichsstudien zeigt: Quadratische Gleichungen sicher lösen[58] können eben die wenigsten Schüler. Die quadratische Gleichung $4x + 4 = 3x^2$ konnten bei PISA 2000 in Deutschland 6 % und mit Blick auf das Gymnasium 17 % der Schüler richtig lösen (Neubrand 2004, S. 262).

3.8.4 Beispiele aus der Forschung

In den letzten Absätzen wurde beschrieben, was bei der Beurteilung von Wirksamkeit zu beachten ist. Viele gängige Argumente aus der pädagogischen Praxis sind wissenschaftlich kaum haltbar – die Komplexität pädagogischer Arbeit ist mit den Werkzeugen wissenschaftlichen Arbeitens nur schwer zu erfassen. Trotzdem wird auf diesem Gebiet geforscht und es werden auch Ergebnisse gewonnen. Einige davon zum Einsatz digitaler Medien möchte ich hier ausführlicher vorstellen.

Ich schicke mein Gesamtfazit vorweg: Trauen Sie dem Ergebnis einer Studie nicht, wenn Sie nicht verstanden haben, was überhaupt gemessen wurde. Wissenschaftliche Artikel argumentieren meist vorsichtig und bescheiden – deutlich anders als verkürzte Darstellungen in der Presse. Persönliche Schlussfolgerungen sollten vor dem Hintergrund einer pädagogischen, ganzheitlichen Sichtweise gezogen werden – theoretisches Hintergrundwissen sowie Studien zur Wirksamkeit, auch wenn sie nur eine beschränkte Aussagekraft haben können, helfen dabei, ein geeignetes pädagogisches, rationales Professionsverständnis zu entwickeln. Auf keinen Fall sollten jedoch Wirkungsstudien auf die Fahnen pseudo-pädagogischer Kreuzzüge geschrieben werden: Die Beziehung zwischen Lehrer und Schüler ist für das Lernen zigmal wichtiger als eine allgemeine Aussage zur Wirksamkeit von Konzepten. Darüber hinaus können nicht alle Fragen empirisch beantwortet werden:

> Unfortunately, not all fears can be addressed empirically. The fear that time spent teaching with technology is time not spent teaching mathematics must be addressed philosophically. (Risser 2011, S. 100)

In den späteren Abschnitten dieses Buches werden Sie mit zahlreichen Studien zur Wirkung des Einsatzes digitaler Medien konfrontiert. Mein Bestreben ist es, diese Darstellungen so nüchtern wie nötig, doch so informativ wie möglich zu halten. Ich lasse in

---

[58] Dies ist übrigens eines meiner Lieblingsbeispiele, da es von meinem ehemaligen Vorgesetzten Gerd Möller, der selbst in der PISA-Expertengruppe war, regelmäßig genüsslich zitiert wurde.

der Regel Befürworter wie auch Kritiker zu Wort kommen – beziehe aber natürlich auch an einigen Stellen explizit Position.

Zur Illustration grundsätzlich verschiedener Forschungsansätze stelle ich hier exemplarisch drei Studien vor, bei denen digitale Medien implizit oder explizit genutzt wurden. Es handelt sich dabei um:

- das KOMMA-Projekt, in dem eine Lernumgebung systematisch untersucht wurde. Der Einfluss des Lehrers wurde weitgehend eingeengt und so während der Untersuchung ausgeschlossen. Gemessen wurde die Modellierungskompetenz der Probanden zu zwei Zeitpunkten.
- das CAYEN-Projekt, bei dem der Einfluss von CAS auf das Lernen von Algebra untersucht wurde. Beobachtet wurden drei Klassen – aus den Beobachtungen wurden schließlich Hypothesen generiert. Der Einfluss des Lehrers wurde nicht explizit gemessen.
- eine Nachhaltigkeitsstudie zum SITES M2-Projekt. Diese Studie bezieht sich nicht explizit auf das Fach Mathematik. Vielmehr wird untersucht, welche Bedingungen förderlich und welche eher hemmend für den Einsatz digitaler Medien sind. Es wird davon ausgegangen, dass das gesamte System Schule einen Beitrag an der erfolgreichen Implementierung hat. Entsprechend breit wird in dieser Arbeit das System untersucht.

Diese Studien stehen damit repräsentativ für drei grundverschiedene Ansätze[59], die jedoch allesamt wichtig sind, um die Herausforderungen in der Wirksamkeitsmessung zu verstehen. Gemessen werden unterschiedliche Aspekte, nämlich

- die Wirksamkeit einer konkreten Lernumgebung, wobei der Einfluss der Lehrkraft weitgehend unterdrückt wurde, auf die Leistung der Schüler (Leistungsorientierte Studie),
- die Auswirkungen unterschiedlicher digitaler Medien auf die Art und Weise, wie Schüler im (fast) alltäglichen Unterricht lernen (Prozessorientierte Studie) sowie
- die Messung des Konstrukts „erfolgreiche Implementierung digitaler Medien" und der zugehörige Rückschluss auf die vor Ort gefundenen Bedingungen (Systemorientierte Studie).

3.8.5 Das KOMMA-Projekt

Es handelt sich bei diesem Projekt (KOMpendium MAthematik) um eine vergleichsweise breit angelegte Studie (316 Schülerinnen und Schüler von Gymnasien) zum Erwerb von

---

[59] Natürlich erhebe ich hier keinen Anspruch auf Vollständigkeit.

Modellierungskompetenz, die durch das BMBF sowie das nationale Bildungsministerium gefördert wurde. Im Kern wurde erforscht, ob und inwiefern heuristische Lösungsbeispiele die Ausbildung von Modellierungskompetenz fördern. In der vorliegenden Arbeit aus dem Jahr 2010 von Zöttl u. a. konzentrierte man sich auf das Themengebiet Geometrie und untersuchte einen Lehrgang mit Computer-Unterstützung. Die Leistung des Projektes besteht darin, die bisherige Forschung zum Lernen mit Beispielen so zu erweitern, dass Rückschlüsse auf Unterricht legitim erscheinen:

> Most research on worked examples was performed in well structed domains and on relatively simple tasks. However, much learning takes place in less-structed or ill-structed domains. (Zöttl u. a. 2010, S. 146)

Ein wichtiger Kern der Konzeption war es, entsprechend die Intervention in normalen, bereits existenten, Schulklassen durchzuführen. Allerdings handelte es sich auch in diesen Studien nicht um „normalen" Unterricht, sondern die Lehrkräfte wurden zu bestimmten Verhaltensweisen angehalten.

> In this study, KOMMA was implemented as a computer environment for geometry learning. Students were presented worked examples and exercise examples in a specific order. The sample consisted of 316 students of grade 8 from 18 classrooms in nine high-track schools, the German „Gymnasium". There were 171 female and 145 male participants who took part on a voluntary basis. The students joined at least four learning units and participated in all three tests, namely a pretest, a posttest right after treatment, and follow-up test about six month later. The treatment took place during the regular mathematics lessons. The teachers were advised to give no additional mathematics lessons during this period. Moreover, their role was restricted to organisational instructions. In particular, they were asked not to give advice concerning the content of the learning material but to guide their students' work according to the instruction of the program if necessary. (Zöttl u. a. 2010, S. 156 f.)

Die Probanden wurden mittels des Computers instruiert. Die Lernumgebung enthielt eine Einführung in das Modellieren, gefolgt von vier heuristischen Lösungsbeispielen, die als Dialog zwischen zwei fiktiven Personen mit unterschiedlichem Wissensstand gestaltet wurden (siehe Zöttl u. a. 2010, S. 150 f.). Die Probanden konnten selbst entscheiden, welche Teile der Lösung sie detailliert betrachten. Das Programm bot dazu Hilfe-Buttons an. So wurde auch garantiert, dass der Lehrer in der ihm zugeschriebenen Rolle verbleiben konnte. Am Ende der Lektion wurden Selbsttests angeboten, um den Lernenden eine Reflexion und den Rückblick auf einer Metaebene zu ermöglichen (siehe Zöttl u. a. 2010, S. 154).

Das Ergebnis der Studie ist, dass die Modellierungskompetenzen der Lernenden während der Intervention zunahmen – langfristige Effekte fielen jedoch klein aus und waren nicht signifikant.

3.8.6 Das CAYEN-Projekt

Die Abkürzung CAYEN steht für die Ausgangsfrage des Projektes[60]: *CAs, YEs or No?*. Zeller und Barzel beschreiben das Ziel der Studie, die im Rahmen des Projektes durchgeführt wurde, wie folgt[61]:

> However, the specific role of computer algebra systems (CAS) in early algebra in contrast to graphic calculators (GC) ist still unclear. The CAYEN project is researching this field by comparing 13-year-old pupils – one GC class and two CAS classes have been observed while acquiring elementary algebraic competences with nearly the same teaching sequence.
> [...] leads to the following research questions:
>
> 1. How do both technologies influence the pupils' perspective on algebra and their perception of its relation to arithmetic?
> 2. How do both technologies influence the pupils' evaluation of algebra compared to other representations?
> 3. How does the availability of CAS influence the pupils' cognitive activities and conceptual understanding in the field of algebra?

(Zeller und Barzel 2010, S. 775)

Diese Frage ist mit Blick auf die derzeitige Entwicklung in den Ländern tatsächlich wichtig. In Nordrhein-Westfalen wurde der Graphikrechner ab 2014 verpflichtend – CAS ist optional möglich. Ähnliche Situationen findet man auch in anderen Bundesländern vor. Eine Studie zum Effekt von CAS beim Lernen von Algebra erscheint damit gut legitimiert.

Die Auswahl an Grafik- und CAS-Rechnern ist groß. Um herstellerbezogene Effekte zu minimieren, wurden in dieser Studie zwei vergleichbare Geräte der Firma Texas Instruments eingesetzt: TI-Nspire sowie TI-Nspire CAS. Die beiden Techniken unterscheiden sich in ihrer medialen Ausstattung tatsächlich nur im Computer-Algebra-System[62].

Die Studie wurde in drei Phasen gegliedert. In der ersten Phase wurde das Material in einer Klasse erprobt. Die zweite Phase wurde genutzt, um Hypothesen zu generieren. In der dritten Phase sollen die Hypothesen dann an einer größeren Zahl Probanden verifiziert werden (Zeller und Barzel 2010, S. 778 f.). Die drei Lehrkräfte in der zweiten Phase, die

---

[60] Eine deutsche Kurzzusammenfassung finden Sie unter Barzel und Zeller (2010): http://www.mathematik.tu-dortmund.de/ieem/cms/media/BzMU/BzMU2010/BzMU10_ZELLER_Matthias_Cas.pdf.

[61] Zeller und Barzel (2010) benutzen den Technologiebegriff, der in diesem Buch mit Blick auf die nachvollziehbaren Ausführungen (Hischer 2002, S. 65 ff.) vermieden wird.

[62] An dieser Stelle greife ich nochmals ein wenig vor. Viele Autoren verstehen CAS als eine Software, die auch CAS beherrscht, und gehen davon aus, dass andere Funktionalitäten wie der Funktionenplotter grundsätzlich enthalten sind. Diese Sicht ist m. E. durch die verfügbare Technik motiviert: Geräte, die eine CAS-Ausstattung haben, wurden von den Herstellern meist als CAS-Geräte verkauft. In diesem Buch wird der Begriff des CAS exakter gefasst, um ihn in der Kommunikation besser nutzen zu können.

alle an derselben Schule arbeiteten, hatten bei der Gestaltung des Unterrichts[63] wohl recht freie Hand und wurden von der Forschergruppe via Video begleitet. Zusätzlich wurden Materialien, die von den Schülern produziert wurden, gesammelt[64].

Zeller und Barzel (2010) führen dann an einigen Beispielen (*exemplary observations*) aus, wie die Schüler auf das fehlende CAS reagierten. Jedoch wird nicht explizit geklärt, welche Möglichkeiten die Schüler kannten, Terme mit einem digitalen Medium ohne CAS zu verarbeiten.

Zusammenfassend werden die folgenden Ergebnisse mit Blick auf die oben vorgestellten Forschungsfragen präsentiert:

1. Aus vier exemplarischen Beobachtungen wird gefolgert, dass die Lernenden ihren Rechner automatisch auch für algebraische Manipulationen nutzen wollen (Zeller und Barzel 2010, S. 783). Die Sicht der Nicht-CAS-Schüler auf das Zusammenspiel von Arithmetik und Algebra könnte beeinflusst werden: „As a consequence, the non-CAS pupils perception of the relation between arithmetic and algebra could be disturbed." (Zeller und Barzel 2010, S. 786)
2. Einige Schüler vermieden algebraische Zugänge, weil sie ihren Taschenrechner verwenden wollten. (Zeller und Barzel 2010, S. 786)
3. Hier kontrastieren die Autoren nicht zu den Nicht-CAS-Schülern und ziehen das Fazit: „Generally, the introduction of CAS as a tool seems to be beneficial in elementary algebra." (Zeller und Barzel 2010, S. 786)

Die zentrale Aussage dieser Studie zur Wirkung von CAS ergibt sich also durch die Kontrastierung zu der Nicht-CAS Gruppe: Einige Schüler ohne CAS brachen algebraische Lösungswege ab und wählten andere Wege, während die Schüler mit CAS weniger Schwierigkeiten hatten, algebraische Lösungswege zu verfolgen. Einen Ausblick zu weiteren Studien geben die Autoren in Zeller und Barzel (2012).

3.8.7 Nachhaltigkeitsstudie zum SITES M2-Projekt

Eickelmann untersucht in ihrer Arbeit die Nachhaltigkeit von Innovationen:

> Die Folgeuntersuchung greift das Methodenrepertoire, die nationale Stichprobe, nationale und internationale Forschungsergebnisse und auch die Instrumentierung der SITES M2 auf. Mit einem Abstand zum Erhebungszeitpunkt von fünf Jahren erforscht die vorgestellte Teilforschung der umfassenderen Fallstudienfolgeuntersuchung zu deutschen SITES M2

---

[63] Bis auf die Vorgabe des Materials und der digitalen Medien: „The teachers were told to avoid revealing their personal preferences and to assign tasks in which all representations and all media were presented as equally useful." (Zeller und Barzel 2010, S. 780).

[64] Dieses Vorgehen wird in Bereichen benutzt, wo das Bilden von Hypothesen ohne Daten schwierig erscheint. Die Grounded Theory untermauert diese Methode theoretisch (vgl. Glaser und Strauss 2010).

Abb. 3.11 Zentrale Bedingungsfaktoren der nachhaltigen Implementation digitaler Medien in Schulen nach Eickelmann (2010)

die Nachhaltigkeit der Implementation digitaler Medien in den Fallschulen und zielt auf die Identifikation hemmender und förderlicher Bedingungsfaktoren (Eickelmann 2010, S. 18).

In der Arbeit wird das Instrumentarium der Schulentwicklungsforschung benutzt. Zentrale Begriffe (wie Innovation oder Nachhaltigkeit) werden exakt gefasst und operationalisiert. Den Schwerpunkt der Arbeit bilden die Fallbeschreibungen von sechs Schulen (A–F), die kriterienorientiert ausgewählt wurden. So verfügten alle untersuchten Schulen über ein pädagogisches Gesamtkonzept. Als Methode wurden leitfadengestützte Interviews, problemzentrierte Interviews, Fragebögen sowie bereits vorliegende Materialien, wie zum Beispiel Schulprogramme, verwendet. Erhoben wurden Daten von Schulleitungen, Computerkoordinatoren, Lehrern und den Schülern der Abschlussklassen.

Eickelmann entwickelt auf Basis ihrer Untersuchung ein Modell zur nachhaltigen Verankerung digitaler Medien an Schulen (siehe Abb. 3.11).

Um das Spektrum der gesammelten Informationen und die damit verbundenen Interpretationsmöglichkeiten zu illustrieren, stelle ich eine der Fallschulen etwas näher vor: die Fallschule C, eine integrierte Gesamtschule in Nordrhein-Westfalen. Der Schulleiter, auf den die Initiative zur Implementierung digitaler Medien zurückging, versuchte nicht alle Lehrenden einzubinden, sondern vielmehr alle Schüler zu erreichen. Wie bei allen Schulen ist die Verbreitung auf die Unterrichtsfächer eher schwach ausgeprägt. Damit die Umsetzung gewährleistet war, setzte er in allen Klassen auch medienaffine Lehrer ein. Die

Lehrkräfte an dieser Schule waren bereit, sich ohne zusätzliche Freistellung fortzubilden. Für das Funktionieren der Technik sorgte unter anderem ein schuleigener Techniker. An der Schule gibt es durchaus auch relativierende Erfahrungen mit der Nutzung digitaler Medien: 80 % der Lehrkräfte haben negative Erfahrungen mit Copy-Paste-Phänomenen gemacht. Die Arbeit kommt mit Blick auf die Einbindung digitaler Medien an dieser Schule zu dem Fazit: „Die Gesamttendenz der Falldaten geht in die Richtung, dass der Unterricht mit digitalen Medien zu einer Selbstverständlichkeit geworden ist, sich aber durch die kontinuierliche Einbindung weitere Potenziale und Vorteile digitaler Medien ergeben haben, die eine dauerhafte Integration digitaler Medien in der Breite fördern." (Eickelmann 2010, S. 187)

Diese Schule war – gemessen am Modell von Eickelmann – die nachhaltigste (Eickelmann 2010, S. 272). Natürlich können diese Daten nicht kausal interpretiert werden, trotzdem beeindruckt im Vergleich zu anderen Schulen die exponierte Rolle des Schulleiters: „Nachdrücklich ist das außerordentliche Engagement des Schulleiters, der sich als Macht-, Prozess- und stellenweise auch als Fachpromoter vielfältig einsetzt" (Eickelmann 2010, S. 189).

Die Studie zeigt eindrucksvoll, dass der Mehrwert der digitalen Medien im Unterricht nur einer von vielen Faktoren ist, die erfüllt sein sollten, um digitale Medien in Schulen nachhaltig zu verankern. Diese Ergebnisse relativieren fachdidaktische Argumente. Gleichzeitig bietet diese Breite Sicht auf die Implementierung digitaler Medien die Chance, sich auf fachdidaktische Arbeit zu konzentrieren. Mögliche Störungen können ausgeschaltet oder zumindest abgemildert werden.

3.9   ... die Kirche im Dorf lassen

Die letzten Abschnitte beschrieben Studien mit generell unterschiedlichen Ansätzen. Mein Fazit habe ich bereits vorweggeschickt, gerne wiederhole ich es hier noch einmal: Trauen Sie dem Ergebnis einer Studie nicht, wenn Sie nicht verstanden haben, was überhaupt gemessen wurde. Schulmeister bringt es anders auf den Punkt:

> Es gibt tausende von Reports von Lehrern über Experimente in der Schule, größtenteils mit unzulänglichen Versuchsanordnungen, teils aber auch mit ausgefeilten kontrollierten Versuchsdesigns. Fast alle berichten am Ende einen Lernzuwachs. Immer wieder kommt man als Leser in Versuchung, wenn das Thema stimmt, wenn die Arbeit im Einklang mit den eigenen Vorurteilen steht, sich auf solche Resultate zu berufen [...]. Doch wir brauchen gar nicht jene „careful studies of the impact of ... on ...". Was wir brauchen, sind Lehrer und Dozenten, die hochmotiviert sind, die ihre Schüler und Studenten mitreißen können, und Programme, die interessant, spannend, hochinteraktiv und ästhetisch gestaltet sind. (Schulmeister 2002, S. 410)

Der schlimmste Fall tritt ein, wenn die Ergebnisse von Studien zusammen mit pädagogischen Moden überbewertet werden. In meinen ersten Seminaren zum Computereinsatz im Mathematikunterricht stellten Studierende in Referaten einzelne digitale Medien orientiert an Inhalten des Mathematikunterrichts vor. Sie glauben nicht, wie oft in einer Sitzung Sätze wie *„Der Lehrer ist dann nur Moderator."* oder *„Die Schüler entdecken so den Zusammenhang XY."* fielen. Solche Glaubenssätze machen Unterricht nicht besser – im Gegenteil: Existieren augenscheinliche erwünschte Haltungen, entwickelt sich eine Sprache, die jeder Fachentwicklung kontraproduktiv entgegensteht.

Deswegen lohnt es, die Kirche im Dorf zu lassen: Keine Studie wird auf absehbare Zeit absolute Belege liefern, wie Unterricht nun final zu gestalten ist. Studien sind wichtig – keine Frage, aber jede einzelne ist nur ein bescheidener Beitrag zur Generierung einer Wissensbasis, die Lehrer vor dem Hintergrund ihrer Profession rezipieren und reflektieren.

Auch im vorliegenden Buch werden die Ergebnisse von Studien verwendet, um Hypothesen und Standpunkte zu untermauern. Mein Rat ist jedoch, die Essenz dieses Kapitels im Hinterkopf zu halten: Letztendlich handelt es sich auch bei den Aussagen dieses Buches um Hinweise, die jede Lehrkraft für sich verarbeiten und umsetzen muss.

Digitale Medien im Mathematikunterricht

4

Inhaltsverzeichnis

4.1 Hypertexte lesen und erstellen

Durch die Verwendung des Internets sind Hypertexte, also Texte, die auf verschiedenste Art miteinander verbunden sind, intuitiv Schülern und Lehrern bekannt. Welche Rolle können solche Hypertexte beim Lernen von Mathematik spielen?

4.1.1 MK1: Infos zu Hypertexten

Die Geschichte des Hypertexts beginnt in der ersten Hälfte des letzten Jahrhunderts:

> Vannevar Bush, Berater von Präsident Roosevelt, beschrieb 1945 mit *Memex* eine Maschine zum Blättern und Anfertigen von Notizen in riesigen Textmengen [...]. Mit *Memex* hatte

© Springer-Verlag GmbH Deutschland, ein Teil von Springer Nature 2018

A. Pallack, *Digitale Medien im Mathematikunterricht der Sekundarstufen I + II*,
Mathematik Primarstufe und Sekundarstufe I + II, DOI 10.1007/978-3-662-47301-6_4

Bush eine Analogie zwischen dem „assoziativen" Arbeiten des menschlichen Gehirns und dem assziativen Vernetzen von Texten im Auge. Die Vision blieb unrealisiert, aber nicht ohne Folgen [...]. Allgemein wird die Hypertext-Idee auf Vannevar Bush zurückgeführt [...]. (Schulmeister 2002, S. 225)

Von diesen ersten Schritten bis zu ersten implementierten Programmen verging einige Zeit[1] – man darf nicht vergessen, dass das Internet noch nicht geboren war. Recht bekannt geworden ist das Produkt HyperCard, das kostenlos für Macintosh-Rechner angeboten wurde (Schulmeister 2002, S. 229 f.). Die zentralen Eigenschaften von Hypertext sind bis heute erhalten geblieben:

Hypertext- und Hypermediasysteme sind durch eine nichtlineare (vernetzte) Repräsentation von Informationseinheiten in der Datenbasis, der sog. Hypertextbasis, gekennzeichnet. (Tergan 2002, S. 99)

Mit Blick auf das Fach Mathematik gab es ebenfalls Bemühungen, Wissen in Hypertext-ähnlichen Strukturen zu organisieren. Deutlich praxisrelevanter sind jedoch Angebote von Lehrenden oder kommerziellen Anbietern, die im Internet bereitgestellt werden.

4.1.2 MK2: Hypertexte kennenlernen

Wohl die aktuellste Hypertext-Sammlung ist Wikipedia (http://www.wikipedia.de). Sucht man den Begriff „Parabel" und betrachtet die entsprechende Seite, findet man erst einmal einen linearen Text. Dieser Text ist jedoch mit zahlreichen Vernetzungen, sogenannten Hyperlinks, versehen. Am besten lässt sich meiner Einschätzung nach das Prinzip vernetzter Texte verstehen, indem man sie bewusst auf zwei Arten nutzt: einmal als linearen Text mit Zusatzinformationen, d. h., man liest den linearen Text und holt sich bei Interesse oder Verständnisschwierigkeiten Informationen aus der nächsten Ebene. Die zweite Art besteht darin, die Webseite als Ausgangspunkt einer Websuche zu nehmen, d. h., man sucht auf der Seite einen interessanten Link und folgt diesem. Auf der nächsten Seite folgt man einem weiteren Link usw. – dieses Vorgehen bezeichnet man auch als Surfen.

Spannend für den Einsatz im Unterricht sind sogenannte Lernpfade (http://wiki.zum. de/Mathematik-digital bzw. die umfassendere, gut gepflegte Linksammlung http://www. mathematik-digital.de, siehe auch Eirich und Schellmann (2009)). Dabei handelt es sich um fertig erstellte Einheiten, die offen sind und unmittelbar genutzt werden können. Diese Art des Angebots ist unter der Domäne *Apps und digitale Arbeitsblätter* näher beschrieben – die Möglichkeit, Webseiten in Wikis zu erstellen, wird in Abschnitt 4.9 erklärt.

Eine weitere Möglichkeit sind WebQuests. Moser zitiert eine Erklärung, welche die Intention dieser Angebote gut umfasst:

Ein WebQuest ist eine entdeckungsorientierte Aktivität, bei welcher die meisten oder alle Informationen, die von den Lernenden benützt werden, aus dem Web stammen. WebQuests

---

[1] Diese Entwicklung wird von Schulmeister gut dargestellt (Schulmeister 2002, S. 225–233).

werden geplant, um die Zeit der Lernenden gut zu nutzen, den Akzent auf die Nutzung der Informationen und nicht auf die Suche nach ihnen zu legen, und um das Denken der Lernenden auf den Ebenen der Analyse, der Synthese und der Evaluation zu unterstützen. (Moser 2000, S. 26)

Für den Mathematikunterricht hat sich Christine Bescherer intensiv mit dieser Art Lernumgebung beschäftigt – ich empfehle daher den Besuch ihrer Seite http://www. mathe-webquests.de.

Zum Erstellen von Hypertexten empfehle ich die bereits etwas ältere, aber nach wie vor gut organisierte Webseite http://www.hypermedia-texte.de. Um Hypertexte zu erstellen, ist es heute nicht mehr notwendig, eine Programmiersprache[2] zu beherrschen. Sogenannte Content-Management-Systeme (CMS) oder Programme zur Gestaltung von Webseiten erleichtern den Einstieg immens[3].

4.1.3   MK3: Hypertexte nutzen

Man kann heute sicher sein, dass Lernende Informationen im Internet nachschlagen. Dabei werden sie auch die Seiten von Wikipedia nutzen. Vollrath und Roth haben einige dieser Texte geprüft und bescheinigen eine verblüffend gute Qualität (Vollrath und Roth 2012, S. 156). Es kann sich durchaus anbieten, einzelne Seiten im Unterricht zu thematisieren. Dabei sollten auch Schwierigkeiten angesprochen werden. Wikipedia-Texte sind keine pädagogischen Texte. Schnell werden Texte formal und überschreiten das Schulniveau. Zudem kommt es vor, dass – wenn auch häufig nur kurz – Fehler auf den Seiten zu finden sind, die von Lernenden in der Regel nicht bemerkt werden (können).

Fertige WebQuests können leicht erprobt werden. Zu beachten sind dabei technische und pädagogische Voraussetzungen.

Selbst WebQuests oder ähnliche Angebote zu erstellen – oder sogar von Schülern erstellen zu lassen –, sollte gut überlegt und vor allem gut vorbereitet sein. Ich empfehle Einsteigern dringend betreute Angebote wie das ZUM-Wiki zu nutzen (siehe dazu auch Abschn. 4.9) – Anfängerfehler, die z. B. bei Urheberrechtsverletzungen teuer werden, lassen sich so vermeiden.

4.1.4   MK4: Den Einsatz von Hypertexten reflektieren

Bei Weitem nicht alle Hoffnungen des Hypertextes haben sich erfüllt. Tergan (2002) stellt Begründungen im Lehr-Lern-Kontext zusammen und relativiert auch die Bedeutung von

---

[2] Für Webseiten ist das HTML, was Hypertext Markup Language bedeutet.
[3] Leider macht es wenig Sinn hier eine konkrete Empfehlung für ein Produkt auszusprechen. Suchen Sie im Internet nach *eigene Homepage erstellen* – so finden Sie zahlreiche Möglichkeiten eigene Hypertexte online bereitzustellen.

Hypertexten für das Lernen. Bereits genannt wurde die Vorstellung, dass vernetzte Repräsentationen multicodaler und multimodaler Informationen Lernenden entgegenkommt und selbstgesteuertes Lernen unterstützt. „Zur Gültigkeit dieser Annahmen liegen inzwischen eine Vielzahl empirischer Befunde und (vorwiegend) kritische Stellungnahmen vor [...]." (Tergan 2002, S. 105) Auch die Annahmen der kognitiven Plausibilität oder die Konstruktivismus-Annahme[4] konnten durch empirische Befunde im Wesentlichen nicht gestützt werden (Tergan 2002, S. 105 ff.). Tergan betont mehrfach, dass die Wirkungen maßgeblich von den kognitiven Voraussetzungen der Lernenden abhängt und generelle Aussagen kaum möglich erscheinen.

Krauthausen beschreibt die Ergebnisse von Studien an Viertklässlern, also Schülern, die in vielen Ländern in weniger als einem Jahr in der Erprobungsstufe unterrichtet werden. Er unterstützt die Aussage von Tergan:

> In einer Analyse der Hypertext-Lesekompetenz von Viertklässlern [...], in der Navigations-strategien und Einflussfaktoren [...] untersucht wurden, zeigte sich, dass zentrale Teilkompetenzen beim Verstehen nicht-linearer Texte benötigt werden, die beim erfolgreichen Erwerb einer *Print*-Lesekompetenz aufgebaut und erst *dann* auf das Hypertext-Verstehen transferiert werden können. Inhalte von Hypertexten sind also Lesern weder unmittelbar zugänglich, noch wirkt die bloße Konfrontation mit Leseanforderungen in Form nichtlinearer Texte per se schon förderlich auf die Hypertext-Lesekompetenz und die Navigationsstrategien von Grund-schulkindern. (Krauthausen 2012, S. 10)

Entsprechend kritisch ist der mögliche Nutzen von Hypertexten beim Lernen von Mathematik zu sehen. Hinzu kommen Herausforderungen durch das Internet[5]. Da ist zum einen die Desorientierung, auch als *lost in hyperspace* bezeichnet (Tergan 2002, S. 108). Dieses Phänomen ist sicher allen bekannt, die Suchmaschinen nutzen und viel Zeit für das Studium von Webseiten investieren, die eigentlich nichts mit der ursprünglichen Suche zu tun haben. Kommerzielle Anbieter nutzen kleine Protokolle, sogenannten Cookies, um Nutzern Inhalte anzuzeigen, die sie möglicherweise interessieren könnten. Ablenkung ist hier ein Geschäftsmodell. Zum anderen gibt es die sogenannte kognitive Überlastung, worunter verstanden wird, dass ein Großteil der Gedächtnisleistung für die Navigation verwendet werden muss: „Die bisherigen Erfahrungen sowie empirische Befunde zeigen, dass man Problemen der Desorientierung und der kognitiven Überlastung mit Mitteln der Systemgestaltung nur begrenzt begegnen kann." (Tergan 2002, S. 109)

---

[4] Unter der Konstruktivismus-Annahme steckt die Idee, dass Lernende Wissen immer selbst und individuell konstruieren müssen. Die Möglichkeit der Selbststeuerung beim Lernen sollte beim Lernen mit Hypertexten stark ausgeprägt sein.

[5] Für die Verwendung des Internets im Unterricht ist Mathematik in den Sekundarstufen sicher nicht das Leitfach. Zur Vertiefung empfehle ich die Ausführungen von Krauthausen (2012, S. 194–204). Diese sind großen Teilen auf die Sekundarstufen übertragbar.

4.1.5 Anmerkungen und Fazit zum Lesen von Hypertexten

Tergan zieht folgendes Fazit:

> Die Ergebnisse bisheriger Forschung machen deutlich, dass viel anfängliche Erwartungen
> an Hypertext-/Hypermediasysteme bezüglich ihrer Möglichkeiten zur Förderung von Ler-
> nen und Wissenserwerb wissenschaftlich gesehen naiv und häufig zu hochgespannt waren.
> (Tergan 2002, S. 110)

In den Jahren 2000 bis 2003 habe ich intensiv mit Hypertexten und Hypermedia zum
Lernen von Mathematik experimentiert. In Herden u. a. (2004) wird die Essenz dieser
Bemühungen systematisch zusammengestellt. Hier wird auch die Idee beschrieben, mit
Hilfe von Hypermedia flexible Lernprogramme zu gestalten, die sich den Anforderungen
von Lehrkräften oder auch Schülern anpassen. Eine breite Entwicklung solcher flexiblen
Lernprogramme hat noch nicht stattgefunden.

> Eine Adaptierung von Hypertext-/Hypermediasystemen an individuelle Benutzercharakteris-
> tika kann sich lernfördernd auswirken. Die Entwicklung adaptiver Hypertext-/Hypermedia-
> systeme erweist sich jedoch als schwieriges Problem [...]. (Tergan 2002, S. 110)

Faktisch sind mir mit Blick auf das Lernen von Mathematik in der Schule bislang keine
Systeme im deutschsprachigen Raum bekannt, die sich nachhaltig etablieren konnten.

Schüler auf den Umgang mit Informationen, die als Hypertext organisiert sind, vorzubereiten, ist – mit Blick auf eine wissenschaftspropädeutische Ausbildung – unverzichtbar.
Die Informationen sind omnipräsent und werden gerne genutzt. Allerdings berinhaltet das
so gespeicherte Wissen auch Gefahren: Zum einen sind diese Quellen schwierig zu zitieren, zum anderen besteht die Gefahr der (unbewussten) Textübernahme – auch wenn die
Sensibilität für diese schwierige Art der Wissensübernahme in den letzten Jahren sicher
deutlich gewachsen ist.

4.1.6 Aufgaben

1. Suchen Sie nach Informationen zu Ellipsen und wie diese algebraisch beschrieben und
   geometrisch konstruiert werden können. Stellen Sie die aus Ihrer Sicht drei wichtigsten
   Suchergebnisse in einer Liste zusammen.
2. Im Text wird beschrieben, dass die Inhalte von Internetseiten Lernende überfordern
   können. Betrachten Sie die Wikipedia-Seite zu Ellipsen und beurteilen Sie die Seite
   mit Blick auf ihren potenziellen Nutzen für Schüler.
3. Studieren Sie ein WebQuest und beschreiben Sie Ziele, die mit diesem WebQuest im
   Unterricht realisiert werden könnten.

4.2   Film- und Tonmaterialien nutzen und gestalten

Es gibt nur wenige aktuelle Publikationen, die sich explizit mit dem Einsatz von Film-
und Tonmaterialien im Mathematikunterricht beschäftigen – trotz der Tatsache, dass diese
Medien eine vergleichsweise große Präsenz haben. In den 70er Jahren gab es Sendungen
wie das *Telekolleg*, wo Filmmaterial genutzt wurde, um Erwachsenen Mathematik zu vermitteln. Der Ansatz, Filme tutoriell zu nutzen, ist nach wie vor aktuell: Unter der Webseite
http://www.j3l7h.de/videos.html bietet der Bielefelder Mathematikprofessor Jörn Loviscach rund 2000 Lehrvideos an. Doch auch im schulischen Bereich gibt es Anbieter. Der
Sofatutor (http://www.sofatutor.com[6]) bietet über 12.100 Lernvideos für über 20 Fächer
an[7]. Ebenfalls prominent und erwähnenswert sind die Videos von DorFuchs (http://www.
youtube.com/user/DorFuchs), der einige Mathelieder selbst geschrieben hat.

Doch Film- und Bildmaterialien bieten im Mathematikunterricht deutlich umfangreichere Möglichkeiten, als mehr oder minder gelungene Tutoren zu sein.

4.2.1   MK1: Infos zu Film- und Tonmaterialien

Eigentlich gehören sie bereits zu den tradierten Medien – heute findet man Film- und
Toninformationen nur noch selten in nicht digitaler Form vor. Während die Nutzung von
Film- und Tonmaterial im Unterricht in den 80ern durch Techniken wie den Videorekorder
vereinfacht wurde, war die Produktion lange Zeit noch vergleichsweise aufwändig. Mittlerweile gibt es kostenlose Programme zum Verarbeiten von Film- und Tonmaterial – und
Techniken wie Tablet-Computer oder Smartphones vereinfachen die Medienproduktion
nochmals erheblich. Die Möglichkeiten dieser Medien werden jedoch auch in älteren mediendidaktischen Publikationen ausführlich beschrieben.

4.2.2   MK2: Film- und Tonmaterialien kennenlernen

Das Angebot ist vielfältig – und es lohnt sich, im Internet zu stöbern. Allerdings ist man
gut beraten, eine ungefähre Idee davon zu haben, welche Art von Material man sucht. Ich
beschränke mich hier auf vier Beispiele[8] aus den Bereichen Hörspiel, Kurzfilm, Filmprä-
sentation und Tutorien.

Sehr beeindruckt bin ich nach wie vor von einem Hörspiel, das im Rahmen einer zweiten Staatsprüfung eingesetzt wurde. Die Geschichte spielt in Paderborn – wo auch die
unterrichtspraktische Prüfung stattfand. Das selbst erstellte Hörspiel weckte Motivation,

---

[6] Stand 31.12.2014.

[7] Einige Videos des Sofatutors können Sie sich unter YouTube anschauen, indem Sie dort die Suchbegriffe *Sofatutor Mathematik* wählen.

[8] Die hier angegebenen URLs finden sich nochmals unter http://www.pallack.de/DiMe direkt verlinkt.

die natürlich bei Paderbornern besonders ausgeprägt sein wird. Erzählt wurde – im Stil
der drei Fragezeichen, dass Schmuck entwendet und versteckt wurde. Man findet ihn dort,
wo man den Stundenschlag dreier Kirchen zur gleichen Zeit hört.

Auf dem Kanal http://www.youtube.com/user/Linnemath bietet Hubert Linneweber-
Lammerskitten zurzeit rund 50 kleinere Lehrfilme an (vgl. auch Linneweber-Lammerskitten
2009). Er verfolgt damit das Ziel der Binnendifferenzierung im Mathematikunterricht,
die gerade schwächeren Schülern zugutekommen soll. Die Filme sollen als Einstieg
in Experimentier- und Explorationsphasen dienen. Viele dieser Filme wurden mit der
Stop-Motion-Animationstechnik erstellt (Krauthausen 2012, S. 212–218).

Ein Beispiel für Medienproduktion findet man unter http://youtu.be/mDnUvYJEvAc[9].
Vier meiner Schülerinnen, die jetzt bereits Abitur haben, nutzten das iPad und andere
Programme, um einen kurzen Lehrfilm zu erstellen.

Einige Beispiele für tutorielle Filme wurden bereits in der Einleitung dieses Abschnitts
vorgestellt. Lehrkräfte, die einen Einstieg in die Arbeit mit einem konkreten Produkt (z. B.
GeoGebra oder auch Schnittprogramme wie MovieMaker oder Audacity) suchen, können auf unzählige Filme zurückgreifen, die kleinschrittig erklären, wie die Bedienung
funktioniert. Solche Filme können natürlich auch eingesetzt werden, um das Erlernen
der Bedienung für Schüler zu erleichtern. Keunecke (2010) beschreibt einen Ansatz für
graphikfähige Taschenrechner, der auch mehrfach erprobt wurde, und fokussiert auf die
Bedienung der Geräte. Bichler (2010b) stellt kleine aber feine Beispiele, die das Verständnis von Schülern fördern sollen, vor. Einige dieser sogenannten *Minute Made Math* habe
ich unter http://www.pallack.de/DiMe verlinkt.

4.2.3   MK3: Film- und Tonmaterialien nutzen

Der Einsatz von fertigem Film- und Tonmaterial folgt klassischen didaktischen Kriterien.

Spannender ist die Medienproduktion. Bresges u. a. (2013, S. 60) berichten mit Blick
auf den Physikunterricht, dass die Dokumentation via Film bei Schülerinnen und Schülern
dazu führt, sich intensiver und kommunikativer mit den Inhalten auseinanderzusetzen.
Doch wie können solche Prozesse im Mathematikunterricht angeregt werden? Zum einen
müssen die technischen Voraussetzungen stimmen. Sowohl für Tablet-Computer als auch
für die meisten Smartphones gibt es Programme, mit denen sich Film- oder Tondokumente
bearbeiten lassen[10]. Aber auch ältere Kameras mit Videofunktion erfüllen ihren Zweck,
da es gute kostenlose Software zur Audio- und Videobearbeitung gibt. Zum anderen muss
ein geeigneter Inhalt gewählt werden. Der Vorteil bei einer Film- oder Tondokumentation
ist, dass im Interesse eines guten Produkts jedes Wort und Bild auf die Goldwaage gelegt
werden kann. Gerade bei Zusammenhängen, die inhaltlich schwierig zu erklären sind, wie

---

[9] Stand 11.08.2013.
[10] Exemplarisch sei iMovie genannt.

die Addition ungleichnamiger Brüche auf ikonischer Ebene, kann die Eigenproduktion von Film- und Tonmaterial helfen.

Ein einfacher, aber eindrucksvoller Einstieg in die Medienproduktion kann mit der Stop-Motion-Animationstechnik[11] gelingen. Dabei werden einzelne Bilder aufgenommen und anschließend als Film abgespielt. Damit wird z. B. die Tafel gefilmt und Aufgabe ist es, einem Dritten eine Aufgabe zu erklären, ohne dabei gesprochene Worte zu verwenden. So eine kleine Produktion lässt sich in kurzer Zeit ohne großen Aufwand im Klassenverband durchführen. Es empfiehlt sich, vorher technische Schwierigkeiten auszuschließen und das Produzieren solcher Videos selber zu erproben.

Dass sich Unterricht oder Lehrveranstaltungen durch den Einsatz von selbst produzierten Filmen ändern, unterstreicht auch eine Aussage des bereits oben erwähnten Mathematikprofessors Jörn Loviscach. In einem *Spiegel*-Interview[12] behauptet er, dass er durch den Einsatz der Videos den Frontalunterricht abgeschafft habe, da seine Vorlesungen nun eher Seminaren gleichen. Rappl (2013) beschreibt, wie man Lehrvideos mit Whiteboards erstellt; genutzt wird dazu eine ScreenCapture-Software. Auch liegen mir Berichte von Lehrkräften vor, die darauf verzichten, ihre Klausuren und Klassenarbeiten im Plenum zu besprechen, und den Schülern stattdessen einen Film anbieten. Bei den hier vorgestellten Beispielen handelt es sich jeweils um Live-Aufnahmen. Es findet also keine aufwändige Nachbearbeitung des Materials statt, was aber auch bedeutet, dass jedes „Äh" und jeder Fehler erst einmal publik sind.

4.2.4 MK4: Den Einsatz von Film- und Tonmaterialien reflektieren

Die digitalen Medien dieser Domäne bedürfen bei unterrichtlicher Nutzung einer guten Reflexion, denn der potenzielle Aufwand ist sowohl im Bereich des Konsums als auch der Produktion immens. Filme wie *21*[13] haben zwar mit Mathematik zu tun – wertvolle Unterrichtszeit zu investieren, um solche Filme vollständig zu schauen, erscheint jedoch kontraproduktiv[14]. Die Auswahl von Material ist vergleichsweise aufwändig[15] und anders

---

[11] Für Apple-Produkte habe ich die App Stop-Motion HD getestet – aber auch für PC und andere Systeme gibt es gute und in der Regel sogar kostenlose Software.

[12] http://wck.me/6Iv, (großes I, kleines v), Stand 11.08.2013.

[13] In diesem Film wird die Technik des Kartenzählens zum Betrug angewendet. Ein Mathematikprofessor nutzt dazu gute Studierende aus.

[14] Ein durchaus beeindruckendes Projekt aus dem Physikunterricht möchte ich Ihnen dabei jedoch nicht vorenthalten. Andreas Frerkes sichtete mehrere Staffeln der Serie *The Big Bang Theory* und stellte mögliche Szenen für das Lernen von Physik unter http://www.leifiphysik.de/themenbereiche/physik-und-film zusammen. Seine Idee wird auch kurz in einem Video präsentiert: http://youtu.be/RHSji7CLzFE.

[15] Material aus Filmen ist in den wenigsten Fällen fachlich geprüft. In einem Ausschnitt aus der Serie *Numbers* http://youtu.be/PVMh78jXoIE wird das Ziegenproblem erklärt. Leider wird $\frac{1}{3}$ mit „eins zu drei" übersetzt. Lehrkräfte müssen Material deswegen sowohl im Vorfeld inhaltlich als auch didaktisch prüfen.

als im Sprachunterricht fehlt dem Mathematikunterricht eine Kultur der Nutzung dieser digitalen Medien. Im Fall professionell erstellter Medien wie Kinofilmen, kommen noch rechtliche Fragen hinzu, wobei die Nutzung von YouTube-Filmen im Unterricht wohl unbedenklich ist, solange nur online geschaut wird.

Krauthausen benennt einige Kriterien, die Videoclips erfüllen sollten – wobei er sich auf das Projekt von Linneweber-Lammerskitten (2009) bezieht:

> Um so selbstständig wie möglich mit den Videos arbeiten zu können, müssen diese kurz sein (1–3 min.), prägnant auf den Punkt kommen, anschaulich und intellektuell herausfordernd, relevant und mathematisch inspirierend sein. [...] Die Verwendung natürlicher und vertrauter Materialien wie z. B. Holzwürfel ermöglicht eine direkte und bedeutungshaltige Auseinandersetzung mit der Sache. Zudem wird dadurch ermöglicht, ähnliche Szenarien oder Problemstellungen auch konkret mit dem realiter verfügbaren Material durchzuspielen. (Krauthausen 2012, S. 218)

Hier sollte ergänzt werden, dass es, wie auch schon eingangs gesagt wurde, bereits zahlreiche Anläufe gab, gutes Material für das Lernen von Mathematik zu produzieren. Wirklich durchsetzen konnte sich zumindest in der Breite aber noch kein Ansatz.

Die Video- und Audioproduktion hat sich in den letzten Jahren vereinfacht. Es gibt jedoch weiterhin auch Nachteile gegenüber Medien wie Plakaten oder Bildschirmpräsentationen: Einmal fertiggestellt, sind Änderungen nur mit großem Aufwand möglich. Der technische Aufwand ist mittlerweile überschaubar – aber nach wie vor vorhanden. Lehrkräfte benötigen schon eine gewisses Interesse für diese Art digitaler Medien, um die damit verbundenen Möglichkeiten konstruktiv zu nutzen.

4.2.5   Anmerkungen und Fazit zur Nutzung und Gestaltung von Film- und Tonmaterialien

Ich durfte zahlreichen Examensprüfungen beiwohnen, in denen Filme oder Tondokumente effektiv und motivationsfördernd eingesetzt wurden. Das Beispiel aus Paderborn ist hier mustergültig. In mindestens ebenso vielen Stunden – wenn nicht sogar mehr – gelang der Einsatz von Film- und Tonmaterialien jedoch nicht. Paradebeispiel war ein von der Lehrkraft aufwändig erstellter Trickfilm, der eigentlich das Ziel der Stunde erklären sollte – aber weder witzig noch besonders motivierend war. Was folgte, war ein Ratespiel, was man denn nun genau im Film gesehen hätte, und das Wiederholen einzelner Passagen, bis am Ende der Stunde kein inhaltlicher Lernzuwachs mehr übrig blieb. Ein toller Film macht noch keinen tollen Unterricht – kostet aber Zeit.

Davon, Schülern oder Studierenden konkrete Film- oder Tondokumente verbindlich zu empfehlen, um sich selbstständig mathematische Sachverhalte anzueignen, nehme ich mittlerweile weitestgehend Abstand und empfehle solche Medien optional. Zum einen brauchen Lernende eine gewisse Affinität zu diesen Medien, um damit effektiv lernen zu

können, zum anderen ist die Prüfung des Materials sehr aufwändig. Das gilt auch für Tutorien, die auf die Nutzung digitaler Medien abzielen. Zur Einführung einiger Produkte
haben Hersteller viel Zeit und Mühe investiert, um Lernvideos zu erstellen. Doch kaum
hat man diese Videos in seinen Unterricht eingebunden (solch ein Prozess nimmt mindestens ein bis zwei Jahre in Anspruch), erscheint eine neue Version mit neuen Icons, so
dass man mit dem reinen Imitieren nicht weiterkommt. Unkritisch erscheint hingegen eine
Empfehlung zur Suche auf Plattformen wie YouTube. Dort findet man zigtausend Tutorien
für diverse digitale Medien – gerade bei speziellen Optionen, die man eher selten benutzt,
helfen diese schnell weiter.

Das Produzieren von Film- und Tonmaterial beinhaltet meiner Einschätzung nach ein
großes Potenzial für das Lernen von Mathematik. Wichtig ist dabei, technische Hürden so
weit wie möglich zu umgehen und inhaltlich geeignete Beispiele auszuwählen. Sollen die
Filme anschließend veröffentlicht werden, empfehle ich dringend, die Schüler vor dem
Erstellen des Films auf den Umgang mit urheberrechtlich geschütztem Material[16] sowie
mit personenbezogenen Daten und Informationen[17] hinzuweisen.

4.2.6 Aufgaben

1. Im Text wurden Kriterien genannt, die für Lernvideos gelten sollten. Prüfen Sie, ob
   diese Kriterien für den Film http://youtu.be/byuiS7DNzBU gelten. Recherchieren Sie
   im Internet nach einem weiteren Film, der die Addition von Brüchen anschaulich erklärt, und prüfen Sie die Kriterien erneut.
2. Audi hat 1986 mit einer Fernsehwerbung für Aufsehen gesorgt. Ein Audi Quattro, also
   ein PKW mit Vierradantrieb, fährt eine Sprungschanze hoch. Suchen Sie das Video im
   Internet. Entwerfen und diskutieren Sie anschließend eine Unterrichtsidee, die dieses
   Video als Anlass nutzt.
3. Mit dem Programm GeoGebra können Boxplots erstellt werden. Suchen Sie im Internet nach einem Film, der Ihnen geeignet erscheint, Schülern das Erstellen von Boxplots
   mit diesem Programm zu erklären.
4. Recherchieren Sie zum Konzept *Flip the classroom* und beschreiben Sie Chancen und
   Risiken dieses auf Videos basierenden Ansatzes.

---

[16] Beliebt ist es, eigene Filme mit kommerzieller Musik zu untermalen oder Ausschnitte aus Kinofilmen zu verwenden. Das ist im Allgemeinen nicht zulässig und sollte im schulischen Rahmen
vollständig vermieden werden, wenn die zugehörigen Genehmigungen nicht eingeholt vorliegen.
[17] Schnell ist eine diffamierende Bemerkung ausgesprochen oder ein Lehrer karikiert – da das Netz
aber nur selten etwas vergisst, sollten Schüler vor solchen Fehltritten geschützt werden.

4.3   Digitale Bücher nutzen und gestalten

Diese Einheit fasse ich (heute im Jahr 2017) knapp – in schätzungsweise fünf bis zehn Jahren wird die Digitalisierung von Schulbüchern wohl die Klassenzimmer endgültig erreicht haben. Die Entwicklung ist rasant – spannend für Europa ist sicher ein Blick auf das türkische FATIH-Projekt, das vollständig auf Tablet-Computer mit Lernmaterialien setzt: http://en.wikipedia.org/wiki/Fatih_project.

4.3.1   MK1: Infos zu digitalen Büchern

Ein digitales Buch ist erst einmal nichts anderes als die Bezeichnung für Inhalte, die nicht in Printform angeboten werden. Potenziell gibt es auch Mehrwerte: So ist es durchaus möglich, Filme oder Programme einzubinden – jedoch entspricht das in den meisten Fällen nicht der Realität. E-Reader verzeichnen zurzeit guten Absatz – auf ihnen können Inhalte, die auch gedruckt erhältlich sind, auf einem Bildschirm betrachtet werden. Der Marktanteil solcher Bücher liegt derzeit bei über 10 %.

4.3.2   MK2: Digitale Bücher kennenlernen

Herausgehobene Fertigkeiten benötigt man zur Nutzung digitaler Schulbücher nicht, weswegen ich in diesem Abschnitt lediglich auf einige Projekte verweise.

Den Entwicklungsstand digitaler Schulbücher in Deutschland kann man wohl am besten unter http://digitale-schulbuecher.de einsehen. Das Konzept sieht vor, bereits in Printform erhältliche Materialien digital bereitzustellen. Dabei ist es möglich, Lesezeichen zu platzieren oder Markierungen vorzunehmen. Solche Bücher sind auf den Seiten einiger Verlage online einsehbar.

Einen Eindruck von den Möglichkeiten verschaffen Videos, die ich unter http://www.pallack.de/DiMe.html zusammengestellt habe.

Einen Schritt weiter geht ein Projekt der MUED, das in Böer und Hüster (2013) beschrieben wird. Net-Mathebuch.de erhebt den Anspruch, ein rein digitales Werk zu sein, das die Mehrwerte der Digitalisierung auch nutzt. Über den Stand des Projektes kann man sich unter www.net-schulbuch.de informieren. Die vorhandenen Einheiten können natürlich direkt eingesetzt werden.

Gute Einstiege in die Arbeit mit digitalen Schulbüchern liefern die Verlage selbst: Dort gibt es Unterrichtsplaner bzw. -manager (die Bezeichnungen variieren von Verlag zu Verlag; vgl. Abb. 4.1). Hier findet man das Schulbuch vollständig digitalisiert mit zahlreichen Zusatzinformationen wie Arbeitsblättern oder Verweisen auf Materialien für Whiteboard & Co. So können Lehrkräfte sich erst einmal einen Eindruck von dem vorhandenen Ma-

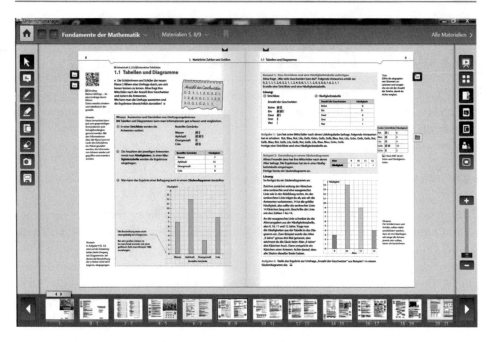

Abb. 4.1 Der Unterrichtsassistent ist eine Form digitaler Schulbücher, die mit vielen Hinweisen und Zusatzmaterialien Lehrkräfte bei der Unterrichtsplanung unterstützt

terial verschaffen und auf dieser Basis ihren Unterricht planen. Ein Mehrwert ergibt sich alleine schon durch die Möglichkeit, das Buch zu projizieren.

4.3.3   MK3: Digitale Bücher nutzen

Ein Projekt zum Einsatz eines digitalen Schulbuchs habe ich selbst durchgeführt. Die Ergebnisse einer kleinen Studie zu diesem Projekt, die ich zusammen mit Anna Kracht durchgeführt habe, findet man in Kracht (2013).

Im Rahmen des Projektes wurde eine PDF-Version des eingesetzten Schulbuchs auf Tablet-Computern genutzt. Schüler konnten (durch Autorisierung des Verlages) das Material mit Apps wie GoodReader nutzen und auch bearbeiten. Die Lernenden erhielten so die Möglichkeit, ihr Schulbuch individuell zu gestalten. Im Rahmen des Projektes wurde das Nutzungsverhalten der Lernenden mit dem Schulbuch in Papierform und in digitaler Form durch Studierende der Universität Bielefeld untersucht. Benutzt wurden Instrumente in Anlehnung an Rezat (2009). Das Ergebnis: Digitale Schulbücher haben andere Qualitäten. Bei der Arbeit mit dem digitalen Schulbuch zeigten sich deutliche Unterschiede in der Nutzung. So wurde nicht mehr geblättert und auffällige Gestaltungselemente auf Seiten bekamen mehr Gewicht (dies ist die sogenannte Salienzorientierung). Sehr positiv wurde die Suchfunktion eingeschätzt, auch wenn in der Art der Umsetzung durchaus noch Verbesserungspotenzial gesehen wurde. Unter http://www.pallack.de/DiMe.html habe ich ein Interview mit Schülern zum Thema digitales Schulbuch bereitgestellt.

Eine zweite Möglichkeit zur Nutzung digitaler Bücher, die sich m. E. langsam in der Praxis etabliert, ist das Erstellen von Büchern durch Schülerinnen und Schüler. iBooks Author von Apple bietet die Möglichkeit, vielerlei Inhalte (Texte, Bilder, Videos, Audiodateien, . . .) zu verbinden und damit eine attraktive Mediencollage zu gestalten. Einen Einblick bietet hier das Projekt *iSchulbuch* der Kölner Kaiserin-Augusta-Schule: http:// ischulbuch.wordpress.com/tag/ibook-author/. Auch andere Programme (wie GoodReader oder Notability) bieten diese Möglichkeiten, wenn auch nicht ganz so komfortabel.

4.3.4   MK4: Den Einsatz von digitalen Büchern reflektieren

Es gibt mit Blick auf den Mathematikunterricht in Deutschland noch keine abgesicherte Wissensbasis zu diesem Thema. Zu e-Books schreibt Spitzer:

> Was aber wissen wir wirklich über die Auswirkungen von E-Books auf das Lesen im Allgemeinen? Zunächst einmal muss man nach gründlicher Recherche sagen: nicht wirklich etwas, das den Standards wissenschaftlicher Beurteilung standhalten würde. [. . .] Wie die amerikanische Erziehungswissenschaftlerin Amelia Moody in einer diesbezüglichen Übersicht betont, hängt vieles von der Qualität der E-Books ab. [. . .] Etwas besser sieht es mit elektronischen Lehrbüchern aus; allerdings liegen auch hier vor allem Daten von Experimenten mit Studenten (und nicht mit Schülern) vor, und die geben keineswegs Anlass, sich vom traditionellen Buch schnell zu verabschieden. Studien zeigen zunächst einmal, dass man mittels elektronischer Lehrbücher genauso gut lernen kann wie mit traditionellen Lehrbüchern. [. . .] Das Lernen mit elektronischen Medien ist jedoch *ermüdender* [. . .]. (Spitzer 2012, S. 218 f.)

Auch diese Argumentationslinie berücksichtigt das Potenzial digitaler Bücher nur bedingt – sie unterstreicht jedoch, dass die wissenschaftliche Basis derzeit dünn ist. Einige Gefahren des Einsatzes digitaler Bücher sind offensichtlich: Sie werden auf Geräten benutzt, die mehr erlauben als nur Bücher zu öffnen. Meine Schüler haben bei den Hausaufgaben in der Regel das Buch in Papierform genutzt, da die Nachrichten sozialer Netzwerke die Arbeit immer wieder unterbrachen.

Beim Erstellen von digitalen Büchern durch Schüler ist zu beachten, dass – ähnlich wie bei der erstmaligen Nutzung von Präsentationsprogrammen – die Inhalte nicht in den Hintergrund treten. Die attraktiven Gestaltungsmöglichkeiten kosten Zeit. Lernende benötigen hier Orientierung und gut geordnete Prozesse.

4.3.5   Anmerkungen und Fazit zu digitalen Büchern

Wie bereits erwähnt, habe ich in einem Leistungskurs Mathematik konsequent ein digitales Schulbuch eingesetzt. Mein Fazit: Es erscheint lohnenswert, verstärkt über die

Möglichkeiten digitaler Schulbücher nachzudenken. Dazu ein Argument: Während die Schulbücher an den meisten Schulen (Lehrmittelfreiheit) zum Ende des Schuljahres abgegeben werden müssen, könnten Lizenzen auch über das Schuljahr hinaus tragen, so dass Lernende während ihrer Schulzeit auf die gesamte Schulbuchreihe Zugriff haben[18].

Einen echten Mehrwert sehe ich auch bei den Verlagsangeboten, in deren Genuss ich als Nutzer von Mac-Computern leider in der Regel mit erheblicher Verspätung kam.

Meine Erfahrungen beim Erstellen von E-Books sind sehr begrenzt. In zwei Projekten habe ich Schüler Materialien mit iBooks Author erstellen lassen, kann jedoch hier darüber weder positiv noch negativ berichten.

Ich bewundere Ansätze, bei denen Lehrkräfte ohne Verlagsanbindung Lehrwerke schreiben. Solche Aktivitäten gibt es seit zig Jahren – mit dem Erscheinen der Wikis erlebte man einen kleinen Boom, der mittlerweile aber wieder versandet ist. Es wird auf jeden Fall spannend sein, die weitere Entwicklung in diesem Bereich – insbesondere die von *Open Educational Resources* – zu verfolgen.

4.3.6   Aufgaben

1. Pro und Kontra: Tragen Sie – auch auf Basis der Informationen aus dieser Einheit – Argumente zusammen, die für den Einsatz digitalisierter bzw. digitaler Schulbücher sprechen, und solche, die dagegen sprechen.
2. Entwickeln Sie eine Vision, wie ein optimales digitales Schulbuch zum Thema Proportionalität aussehen würde und was es leisten sollte.
3. Recherchieren Sie, über welche Funktionalitäten Programme wie Adobe Reader, GoodReader oder Notability verfügen und welche Vorteile es hätte, digitale Bücher in Form von PDF-Dateien mit ihnen zu verarbeiten.
4. Informieren Sie sich über aktuelle Unterrichtsprojekte zum Einsatz von iBooks Author im Mathematikunterricht. Formulieren Sie einen Standpunkt zu folgender These: *Durch die neuen technischen Möglichkeiten, digitale Bücher zu erstellen und zu vertreiben, werden Verlage überflüssig. Lehrkräfte können schulübergreifend Lehrbücher erstellen – sogar Schüler und Eltern können an diesem Prozess beteiligt werden. Eine großer Schritt zur freien Bildung steht uns bevor.*

4.4   Interaktive Apps und digitale Arbeitsblätter nutzen

Während die Bezeichnung *App* (synonym verwendet werden hier Apps und Applikationen) aus dem alltäglichen Sprachgebrauch kaum noch wegzudenken ist, gibt es dazu auf den ersten Blick wenig wissenschaftliche Literatur – als nennens- und lesenswerte Ausnahme verweise ich auf Krauthausen (2012, S. 140–193), der den aktuellen Stand für die

---

[18] So ein Lizenzmodell gibt es wohl bei den unter scook.de angebotenen Büchern.

Grundschule zusammenstellte[19]. Häufiger zu finden sind schulpraktische Publikationen wie bei Drijvers und Barzel (2011). Wegen der Schnelllebigkeit[20] digitaler Arbeitsblätter oder Apps kann dieser Abschnitt nur grobe Anregungen liefern – eine Recherche vor dem Hintergrund der aktuellen Entwicklungen ist unverzichtbar.

4.4.1   MK1: Infos zu Apps und digitalen Arbeitsblättern

Eine griffige und akzeptierte Definition gibt es weder zu Applets, noch zu digitalen Arbeitsblättern. Sie lassen sich jedoch in der Regel gut von Anwendungsprogrammen abgrenzen: Ihr Einsatzbereich ist klarer abgegrenzt. Zwar gibt es auch einige universelle Apps (wie TI-Nspire, das auch für iPads verfügbar ist) – in dem großen Angebot sind dies jedoch eher Ausnahmen. Ähnlich verhält es sich mit digitalen Arbeitsblättern. Sie sind in Web-Anwendungen oder mit anderen digitalen Medien (wie z. B. GeoGebra) erstellt und bieten dem Nutzer ein auf eine Situation oder für ein Thema zugeschnittenes Angebot. Ein weiteres Merkmal dieser Domäne digitaler Medien ist ihre intuitive Bedienung. Gerade Apps werden häufig mit dem Einsatz von Tablet-Computern verbunden. Der Mehrwert von Tablet-Computern ergibt sich jedoch nicht nur durch die installierten Mathematik-Apps, sondern vielmehr durch die Möglichkeit, Mediencollagen zu erstellen (siehe dazu Kracht 2013), also verschiedene Medienquellen in Dokumenten zu vereinen. Dafür wichtige Apps, wie z. B. GoodReader (Mähler 2013, S. 23) werden an dieser Stelle nicht thematisiert – der Fokus bleibt auf Apps, die speziell auf einen begrenzten Bereich des Mathematikunterrichts ausgerichtet sind.

4.4.2   MK2: Apps und digitale Arbeitsblätter kennenlernen

Ich habe drei Angebote ausgewählt, die mit Erscheinen dieses Buches mit großer Sicherheit noch verfügbar sind[21]. Dieser Vorteil musste mit dem Nachteil erkauft werden, dass die Beispiele bereits heute einige Jahre alt sind. Es handelt sich um die Applet-Sammlung WisWeb, die digitalen Arbeitsblätter von Mathe-Prisma sowie die iPad-App *Banana Hunt*[22]. Die Beschreibungen dienen ausschließlich dem Kennenlernen dieses di-

---

[19] Doch auch Krauthausen konstantiert mit Blick auf den Einsatz von Tablet-Computern: „Insgesamt ist die Forschungslage noch denkbar dünn, denn die Geräte und ihre neuen Möglichkeiten sind noch zu neu." (Krauthausen 2012, S. 158).

[20] Das von Drijvers und Barzel (2011) vorgestellte Applet läuft nicht auf Mac-Computern mit Intel-Prozessor – mit Erscheinen der Publikation war die Software schon veraltet.

[21] Unter http://www.pallack.de/DiMe sind die Seiten verlinkt.

[22] Nennenswert sind auch die Projekte LearningApps.org von der Pädagogischen Hochschule Bern, der Universität Mainz sowie der Hochschula Zittau/Görlitz mit rund 600 Apps für Mathematik – dies wird jedoch in den Aufgaben am Ende dieses Kapitels behandelt.

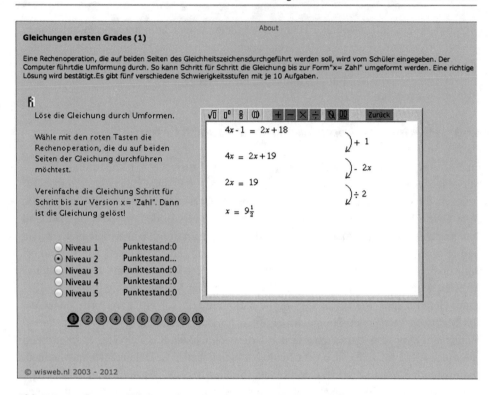

Abb. 4.2   Applet zum Gleichungslösen aus dem Projekt WisWeb, © WisWeb 2004

gitalen Mediums. Es wurde keine Auswahl nach Qualitätskriterien vorgenommen – vielmehr ist es das Ziel, eine möglichst große Breite abzubilden.

Im Rahmen des WisWeb-Projektes werden kleine Computeranwendungen zur Verfügung gestellt. Das Angebot findet man unter http://www.fi.uu.nl/wisweb/welcome.html. Die rund 100 Applets (davon knapp 40 in Deutsch) wurden in Schulen getestet – begleitende Materialien (leider nicht alle in Deutsch) sind vorhanden. Exemplarisch greife ich ein Applet zum Gleichungslösen heraus (vgl. Abb. 4.2). Das Programm bietet auf fünf Niveaustufen jeweils zehn Aufgaben. Nach Auswahl der Aufgabe kann der Nutzer schrittweise Umformungen vornehmen. Die Berechnungen werden automatisch durchgeführt. Der Nutzer kann sich auf die Auswahl der richtigen Schritte konzentrieren.

MathePrisma (http://matheprisma.de) von der Universität Wuppertal nennt sich selbst eine *wachsende Modulsammlung zur Mathematik*. Heute (Ende 2017) findet man dort über 50 Module, die unterschiedlich ausgestaltet sind. Gemeinsam ist allen Angeboten jedoch, dass sie linear angeordnete Webseiten mit interaktiven Angeboten enthalten. Neben klassischen Schulthemen findet man hier auch Themen aus jüngerer mathematischer Forschung, wie ein Modul zum Vierfarbenproblem.

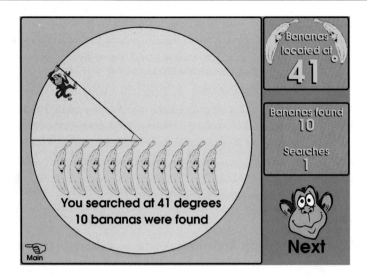

Abb. 4.3 Das Applet *Banana Hunt* – verfügbar für verschiedenen Plattformen, https://www. math10.com/

Das Applet *Banana Hunt* (vgl. Abb. 4.3) ist ein typisches Beispiel für ein kleineres Programm, das dem Nutzer sehr eingeschränkt Interaktionsmöglichkeiten bietet. Es ist als App für iPads verfügbar – ein großer Vorteil ist jedoch, dass Sie es auch auf anderen Rechnern mit aktuellen Browsern testen können (eine Version finden Sie hier: http://primarygamesarena.com/Banana-Hunt2631). Die Anwendung ist schnell erklärt. Aufgespannt wird – vom Nutzer kontrolliert – ein Winkel zwischen 0 und 360^0. Das Programm gibt nun einen Winkel vor. Wird der vorgegebene Winkel eingestellt, erhält man zehn Bananen. Für jedes Grad, das man abweicht, wird eine Banane abgezogen. Obwohl das Spiel einfach scheint: Mit Blick auf das Schätzen von Winkeln ist es eine echte Herausforderung – der Spielcharakter offenbart sich dem Nutzer recht schnell.

4.4.3   MK3: Apps und digitale Arbeitsblätter für das schulische Lernen nutzen

Die Einsatzgebiete von Apps oder digitalen Arbeitsblättern sind weit gefächert. Sie können als Inhalt, als Medium und sogar als Ziel (indem man eine App beherrscht) zur Unterrichtsplanung genutzt werden. Fatal wäre es, sich der Illusion hinzugeben, dass solche Programme den Lernprozess steuern können. Bei Apps wie *Banana Hunt* ist das offensichtlich: Integriert in ein gutes Lernarrangement entfalten sie ihr Potenzial. Als Spiel – ohne den Einsatz von Strategien zum Schätzen von Winkeln – verfehlt die App dagegen ihre Wirkung. Angebote wie MathePrisma zielen in Richtung des Lernens an Beispielen. Reiss u. a. (2008) zeigten – wenn auch in einem begrenzten Bereich –, dass Lösungsbeispiele vor allem dann sehr gut geeignet sind, wenn wenig Vorwissen vorhanden ist. Mit Blick auf digitale Arbeitsblätter bedeutet dies, dass die Lehrkraft sich auf den vorgegebenen Weg einlassen sollte, um bei den Lernenden keine Verwirrung zu stiften. Die Ergebnisse von Renkl u. a. (2001) legen es nahe, das Lernen an Beispielen gerade in den Anfangsphasen einzusetzen. Eine genaue Prüfung des Angebots durch die Lehrkraft ist deswegen unverzichtbar. Erweiterte Möglichkeiten bieten digitale Arbeitsblätter, die nachträglich bearbeitet werden können. So gibt es für Programme wie GeoGebra dynamische Applets (siehe z. B. Hölzl und Schelldorfer 2013), bei denen in der Regel zumindest textliche Veränderungen vorgenommen werden können.

4.4.4 MK4: Den Einsatz von Apps und digitalen Arbeitsblättern reflektieren

In diesem Bereich sind Lehrkräfte – wegen fehlender Erfahrung und der rasanten Entwicklung – auf sich gestellt. Deswegen ist die Gefahr groß, eine einmalige Beobachtung im Unterricht zu extrapolieren: Der Reiz einer App, die heute für Lernende eine unglaubliche Motivation darstellt, kann in zwei Jahren, wenn man das nächste Mal diese Jahrgangsstufe unterrichtet, verflogen sein. Eine weitere Gefahr ist das Überangebot. Gerade für Tablet-Computer gibt es zahlreiche Apps für das Lernen von Mathematik. Schätzungsweise 95 % dieser Angebote (die wohl in erster Linie von Einzelpersonen gekauft werden) sind es jedoch noch nicht einmal wert, dass man Zeit in ihre Sichtung investiert. Bei den verbleibenden 5 % hängt es vom Einsatzszenario ab, ob sie die intendierte Wirkung entfalten können.

Projekte wie WisWeb versuchten genau das zu verhindern – jedoch offenbart die reale Entwicklung, dass auch diese Apps eigentlich kaum wahrgenommen werden. Mit Blick auf den Einsatz von Tablet-Computern ist die Suche noch schwieriger: Gefunden wird das, was gekauft wird – und das sind meist genau nicht die Programme, die Lehrkräfte zur Gestaltung ihres Unterrichts suchen. Bei digitalen Arbeitsblättern muss man ebenfalls jeweils sehr genau überlegen, ob der Gang in den Rechnerraum wirklich lohnt – einige der Angebote eignen sich auch zum Selbstlernen, jedoch muss dann im Unterricht darauf geachtet werden, dass nicht zu viele konträre Informationen – z. B. betreffend Schreibweisen oder Erklärungen – gegeben werden. Das gilt insbesondere für Angebote aus dem Ausland, wie den Vereinigten Staaten. Dort wird zum Beispiel statt eines Malpunktes ein x gesetzt.

Auch sollten sich Lehrkräfte klarmachen, dass es gute Angebote nicht umsonst gibt. Das Angebot Mangahigh (http://www.mangahigh.com,vgl. Abb. 4.4) bietet zwar ein kostenloses Basispaket – aber der Nutzer zahlt mit seinen Daten. Und sind Informationen einer Klasse einmal im System, lässt sich kaum noch verfolgen, welche Informationen Schüler und Eltern bekommen. Diese Geschäftsmodelle sind für Schulen in Deutschland

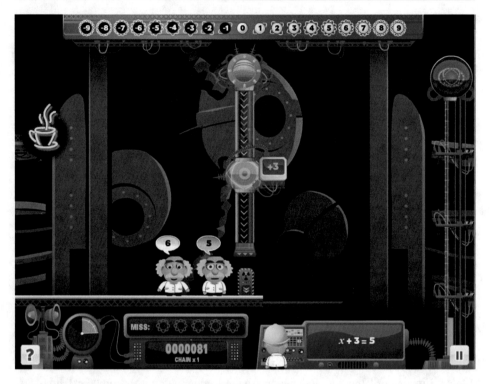

Abb. 4.4 Mangahigh ist ein umfassendes Online-Angebot, das auch Apps in Form von Spielen beinhaltet, https://www.mangahigh.com

nicht unkritisch, da die Lehrkraft durch das Einrichten des Zugangs gezielt Werbequellen eröffnet.

4.4.5   Anmerkungen und Fazit zu interaktiven Apps und digitalen Arbeitsblättern

In den letzten Jahren habe ich zahlreiche Apps im pädagogischen Kontext erprobt und durfte die Ergebnisse umfangreicher Recherchen – da ich als Fachleiter zahlreichen Examensprüfungen beiwohnte – begutachten. Nach wie vor bin ich davon beeindruckt, wie kleine, aber feine Programme Lernende motivieren und dazu anregen, die Mathematik hinter den Dingen zu explorieren. Egal ob es dabei um Apps oder digitale Arbeitsblätter geht: Zentral ist, wie diese interaktiven Elemente in den Lernprozess integriert werden. Das schlichte Auslagern in den Nachmittagsmarkt erscheint dabei wenig gewinnbringend – hier zählen andere als pädagogische Kriterien, weswegen das Verfolgen solcher Trends dem Mathematik-Pädagogen wenig nutzt.

4.4.6   Aufgaben

1. In diesem Buch wurde zwischen digitalen Arbeitsblättern und digitalen Büchern unterschieden. Nennen Sie Pro- und Kontra-Argumente dafür, dass die begriffliche Trennung zwischen Arbeitsblatt und Buch auch im digitalen Bereich sinnhaft ist.
2. Besuchen Sie die Seite http://www.mangahigh.com. Dort findet man das Lernspiel
   Algebra Meltdown. Überprüfen Sie, inwiefern hier durch Versuch und Irrtum oder
   anhand von Beispielen gelernt wird. In welcher Phase des Lernprozesses könnte die
   Einbindungen solcher kleinen Spiele sinnvoll sein?
3. Die App *Banana Hunt* wurde im Rahmen einer kleinen Studie wie folgt eingesetzt:
   Zuerst absolvieren die Lernenden zehn Durchgänge und zählen die Anzahl der Bananen. Anschließend werden Strategien zum Schätzen von Winkeln besprochen. Zum
   Abschluss werden nochmals zehn Durchgänge absolviert. Was glauben Sie: Erhöhten
   sich die Fähigkeiten, Winkel zu schätzen und die Schätzung zu begründen, durch dieses Vorgehen? Untersuchen Sie, ob es nichtdigitale Substitute gibt, die das Gleiche
   leisten wie die App in diesem Beispiel.

4.5   Lernprogramme nutzen

Digitale Lernprogramme können mittlerweile auf eine gewisse Tradition zurückblicken.
Mit dem Einzug der Computer in Privathaushalte kamen in den 80er und 90er Jahren des
letzten Jahrtausends auch Trainingsprogramme auf dem Markt (siehe dazu Pallack 2002,
S. 40 ff.). Programme zum Trainieren von mathematischen Verfahren, die häufig als Practice & Drill-Programme bezeichnet wurden, fanden eine weite Verbreitung. Mittlerweile
können Eltern, Schüler, aber auch Lehrer auf einen breiten Fundus von freien und kosten-
pflichtigen Angeboten zurückgreifen.

4.5.1   MK1: Infos zu Lernprogrammen

Eine einheitliche, anerkannte Definition für digitale Lernprogramme (oder die in der Regel synonym verwendeten Begriffe Lehr- Lern-Software, Edutainment, CAI für Computer
Aided Instruction ...) gibt es nicht (vgl. auch Weigand und Weth (2002, S. 229 f.); Krauthausen (2012, S. 110 f.)). Der Grund dafür ist leicht einsehbar: Die populären Produkte
werden in der Regel von Firmen entwickelt, die auf Nachfrage reagieren. Lernprogramme
werden entsprechend von den Erwartungen der Abnehmer genauso geprägt wie von den
technischen Möglichkeiten der Zeit, in der sie entwickelt wurden.

Einen guten Einblick in eine eher wissenschaftlich orientierte Entwicklung von digitalen Lernprogrammen erhält man bei Hilbert u. a. (2008). Lernprogramme zur Bruchrechnung konkret verglichen (aufbauend auf Kriterien von Schanda (1995)) haben z. B.
Herden und Pallack (2000). Sie unterschieden zwischen linearen Lernprogrammen, Prac-

tice & Drill-Software, Lernspielen sowie multifunktionalen Lernprogrammen. Im Kern unterscheiden sich auch die heute verfügbaren Programme zu einem bestimmten mathematischen Teilgebiet nach wie vor im Grad ihrer Hypermedialität, der Qualität ihrer Fehlerrückmeldung sowie ihrem Spielecharakter. Die Übergänge zwischen den Kategorien sind jedoch fließend und verschwimmen bei den meisten Produkten. Eine über Mathematikprodukte hinausgehende Typisierung von Lernprogrammen erscheint nahezu unmöglich (Schulmeister 2002, S. 395 f.).

4.5.2 MK2: Lernprogramme kennenlernen

Derzeit (Stand 2017) bieten alle großen Schulbuchverlage auch Lernprogramme online an. Exemplarisch werden im Folgenden die LernCoachies der Cornelsen-Schulverlage vorgestellt. Die Wahl fiel auf dieses Produkt, da es auch für ein von mir herausgegebenes Schulbuch verfügbar ist. Ich habe mich mit diesem Angebot deswegen vergleichsweise intensiv beschäftigt, war jedoch nicht an der Entwicklung beteiligt.

Zentral ist, dass die Lehrkraft die Möglichkeiten und Grenzen dieser Programme erkennt. Unabhängig von den (vielleicht sehr positiven) Erfahrungen, die man dabei macht: Computer sind mit den derzeit verfügbaren digitalen Medien definitiv nicht geeignet, Lehrkräfte zu ersetzen. Aus meiner Sicht geht es höchstens um die Frage, ob und inwiefern Lernprogramme vom Lehrer intendierte Lernprozesse unterstützen können. Verhindern kann man den Einsatz solcher Programme im Heimbereich nicht – gerade die gut situierten Eltern jüngerer Kinder sind bemüht, jede Unterstützung anzunehmen, vor allem, wenn es um das Fach Mathematik geht. Lehrkräfte sind entsprechend gut beraten, einen hinreichenden Einblick in die Konzepte verfügbarer, weit verbreiteter Produkte zu haben.

Auf meiner Webseite http://www.pallack.de/DiMe.html habe ich eine unkommentierte Linkliste zu Lernprogrammen zusammengestellt. Zum Kennenlernen bietet es sich an, in eines der Angebote hineinzuschnuppern. Der Aufbau der Interaktion innerhalb der Programme ist vergleichbar – Sie werden typische Elemente, wie ich sie im folgenden Beispiel beschreibe, wiederfinden.

Ein Beispiel: Die LernCoachies

Das Konzept dieses Produktes ist eingängig und schnell erklärt. Das Schulbuch wird digital aufbereitet angeboten. In dieser digitalen Aufbereitung werden an vielen Stellen rote Punkte angezeigt. Dahinter verstecken sich die Coachies (vgl. Abb. 4.5).

Es gibt drei Coachies: Den Erklär-Coachie, den Üben-Coachie sowie den Prüfen-Coachie. Zusätzlich gibt es noch den sogenannten Lösungschecker, der sich auf Aufgaben aus dem Buch bezieht. Interessant, da am ehesten mit klassischen Lehrprogrammen assoziiert, ist der Üben-Coachie. Der Erklär-Coachie bietet in erster Linie Filme, dafür verweise ich auf den Abschnitt zu Film- und Tondokumenten in Abschn. 4.2. Der Prüfen-Coachie hat Aufgaben in Papierform im Angebot, also weniger ein rein digitales Angebot. Ich konzentriere mich hier also auf den Üben-Coachie.

Abb. 4.5 Die LernCoachies
werden angedockt an Inhalte
des Schulbuchs

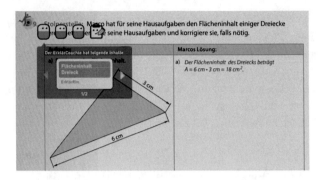

Abb. 4.6 Bei dieser Einheit
arbeitet der Lernende mit einem virtuellen Geodreieck

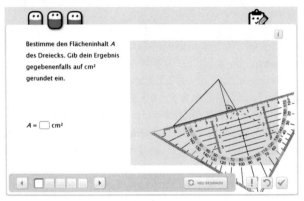

Ausgewählt habe ich ein Kapitel zu Flächen, speziell soll hier die Größe des Flächeninhalts eines Dreiecks bestimmt werden. Der Üben-Coachie stellt dem Schüler die Aufgabe vor (vgl. Abb. 4.6). Das Geodreieck kann bewegt und gedreht werden. So können Strecken gemessen werden. Nach Eingabe einer Lösung gibt das Programm an, ob die Eingabe falsch oder richtig war. Bei zweimaliger falscher Eingabe wird der Nutzer aufgefordert, sich die Lösung anzuschauen.

So – oder so ähnlich – sind die Einheiten von Lernprogrammen häufig aufgebaut. Akzeptiert werden in der Regel Falsch/richtig-Eingaben. Weitere Formen der Eingabe sind Zuordnungen, Multiple- sowie Single-Choice-Verfahren oder Lückentexte. Die Algorithmen der meisten Programme sind einfach gestrickt. Es gibt einige wenige Programme mit aufwändigen Diagnose-Tools im Hintergrund. Interessierte verweise ich auf die Ausführungen in Hennecke und Pallack (2004). Die Autoren beschreiben hier vier Programme zur Bruchrechnung. Der Umgang mit Falscheingaben wird hier kritisch beäugt und auch vertiefende Literatur zur computergestützten Analyse von Schülerfehlern genannt.

4.5.3 MK3: Lernprogramme für das schulische Lernen nutzen

Die meisten Lernprogramme sind in erster Linie darauf ausgelegt, abgegrenzte Inhalte interaktiv zu präsentieren und dem Lernenden eine einfache Möglichkeit des Trainings zu geben. Das bietet Chancen und Risiken zugleich. Einerseits können solche Programme genutzt werden, um individualisiert Verfahren zu trainieren. Andererseits ist es nach wie vor fraglich, ob und inwiefern nachhaltiges Lernen mit Hilfe von Lernprogrammen gelingen kann oder ob es sich nur um einen Behaltenserfolg handelt (vgl. Krauthausen 2012, S. 113).

An dieser Stelle möchte ich, falls Sie Lernprogramme im Klassenverband nutzen oder Lernprogramme empfehlen wollen, eindrücklich vor den Geschäftsmodellen einiger Anbieter warnen. Eine Kollegin berichtete mir, wie das kostenlose Angebot eines Anbieters binnen weniger Wochen erst zur Datenkrake und anschließend zur Gelddruckmaschine mutierte. Und so soll die Masche funktioniert haben: Lehrkräfte bekamen das Angebot, ein Lernprogramm online kostenlos gemeinsam mit den Schülern zu nutzen. Dazu musste man sich registrieren, eine Klasse einrichten und Inhalte auswählen, auf die Schüler dann zugreifen konnten. Kaum hatten die Schüler sich angemeldet, wurde von diversen Werbemails berichtet, die sich sowohl an Eltern wie auch Schüler richteten. Nach ein paar Wochen wurden dann Zusatzmaterialien angekündigt, die Schüler kaufen können – allerdings ohne dass der Lehrer davon etwas merkte. Diese Firma hat also versucht, möglichst viele Informationen über den Unterricht der Lehrkraft zu bekommen und dann mit den richtigen Angeboten zur richtigen Zeit Profit zu machen. Mit solchen Produkten Geld zu verdienen, ist grundsätzlich in Ordnung: Gute Programme zu erstellen, ist extrem kostenintensiv – und nur Firmen, die mit ihren Angeboten Geld verdienen, können auch in die Weiterentwicklung ihrer Produkte investieren und müssen nicht an allen Ecken und Enden Kompromisse eingehen[23]. Lehrkräfte dabei implizit unbewusst als Verkäufer einzuspannen, halte ich jedoch nicht für statthaft. Lieber sind mir hier die Firmen, die mit offenen Karten spielen. Dafür verzichte ich auch gerne auf Gratisangebote.

4.5.4 MK4: Den Einsatz von Lernprogrammen reflektieren

Lernprogramme, die darauf ausgelegt sind, das Beherrschen von Algorithmen zu trainieren – und das sind im Bereich Mathematik eben die meisten –, wurden seit jeher kritisch beäugt. Seymour Papert, einer der Urväter des digitalen Lernens, betrachtete auch Practice & Drill-Software. Er schildert den folgenden Fall:

> Ich beobachtete einmal ein Kind, das mit einem CAI-Multiplikationsprogramm arbeitete. Etwas Seltsames spielte sich da ab. Ich hatte gesehen, daß der Junge mehrere Multiplikationen schnell und korrekt ausführte. Dann bemerkte ich, daß er plötzlich bei einfacheren Aufgaben eine Reihe falscher Antworten gab. Ich brauchte eine Weile, um zu erkennen, daß der Junge angefangen hatte, sich bei dem Programm zu langweilen, und mehr Spaß an einem selbsterfundenen Spiel fand. Das Spiel erforderte einiges Nachdenken. Es definierte die „richtige" Antwort auf die Fragen des Computers neu als die Antwort, durch die am meisten Com-

---

[23] Lernprogramme sind in der Grundschule noch deutlich präsenter. Ich empfehle Interessierten das Studium der umfangreichen Ausführungen in Krauthausen (2012), der sich kritisch mit den verfügbaren Angeboten auseinandersetzt. Er beschreibt auch Fälle, in denen sich gute Produkte nicht am Markt durchsetzen konnten.

puteraktivität ausgelöst würde, wenn das Programm Erklärungen des „Fehlers" ausspuckte. (Papert 1994, S. 178 f.)

Ähnliches fand ich im Rahmen einer Fallstudie (Pallack 2002): Untersucht wurden Probanden beim Umgang mit einem Programm zur Bruchrechnung. Durch eine Aufgabensammlung wurden vorab Probanden ausgewählt, die den typischen Schülerfehler „Man addiert zwei Brüche, indem man Zähler und Nenner separat addiert" systematisch durchführten (siehe Herden und Pallack 2000). Eine zentrale Frage der Untersuchung war, ob der „formale Lernerfolg" also das, was auch im Rahmen typischer Klassenarbeiten abgefragt wird, durch den Umgang mit dem Programm gesteigert wird. Sämtliche Probanden konnten im Anschluss Brüche korrekt addieren – bei verständnisorientierten Aufgaben trat jedoch die alte Fehlerstrategie wieder auf. Zusätzlich wurde die Prozesskomponente betrachtet – untersucht wurde also auch, wie die Lernenden mit dem Programm umgingen. Bei zwei Probanden stieß ich auf ähnliche Beobachtungen wie Papert:

> Scheinbar bewusst nahmen beide in Kauf, den Kriterien des Programms nicht genügen zu können. Sie änderten Lernwegempfehlungen in der Weise ab, dass nach den Wertungsgesichtspunkten des Programms eine erfolgreiche Bearbeitung unmöglich wurde. [...] Trotz der Kenntnis der Kriterien des Programms, welche nicht zuletzt im Rahmen der Vorbesprechung vorgestellt wurden, versuchten die beiden Probanden das Programm *irgendwie* erfolgreich abzuarbeiten. (Pallack 2002, S. 154)

Solche Ergebnisse sind Steilvorlagen für Kritiker. Einer der populärsten ist Manfred Spitzer, der mit seinem Buch *Digitale Demenz* im Jahr 2012 die Verkaufscharts stürmte. Er folgert:

> Daraus lässt sich ableiten, dass nur beim Lernen durch Hantieren, nicht aber beim bloßen Zeigen die Handlungsaktivierungsmuster im Gehirn Teil der gelernten begrifflichen Struktur geworden sind. Anders ausgedrückt: Die Art, wie etwas gelernt wird, bestimmt die Art, wie das Gelernte im Gehirn gespeichert ist. Damit ist auch klar: Wer sich die Welt nur durch Mausklick erschließt, wie von manchen Medienpädagogen befürwortet, wird deutlich schlechter – nämlich deutlich langsamer – über sie nachdenken können. Denn ein Mausklick ist nichts weiter als ein Akt des Zeigens und gerade kein Akt des handelnden Umgangs mit einer Sache. (Spitzer 2012, S. 179 f.)[24]

Ist es da für einen Mathematik-Pädagogen nicht deutlich sicherer, Lernprogramme nicht zu beachten und damit solchen Gefahren aus dem Weg zu gehen? Krauthausen fragt in diesem Zusammenhang, warum man mit aller Kraft bunte Hunde und graue Päckchen retten möchte, wo doch zahlreiche attraktive Alternativen geboten werden (Krauthausen 2012, S. 113). Ich glaube nicht, dass man versucht, digitale Lernprogramme zu retten: Sie halten sich einfach durch ihre pure Existenz und ihre Marktkraft im Gespräch.

---

[24] Spitzer geriet mit seinen Thesen in Kritik, da er Studien selektiv ausgewählt haben soll – so zumindest der Vorwurf. Studien, die zu positiven Ergebnissen kamen, bezeichnete er als wenig seriös (vgl. ZEIT 2012).

Aus wissenschaftlicher Sicht muss darüber hinaus die Frage gestellt werden, ob es durch die Weiterentwicklung der Technik (Wer nutzt z. B. im Zeitalter von Tablets noch die Maus als Haupteingabegerät?) keine neueren Entwicklungen und Erkenntnisse gibt. Tatsächlich waren die Programme zur Zeit meiner Untersuchung gerade so weit entwickelt, dass die Eingabe von Zahlen wesentlicher Bestandteil der Interaktion war. Solche Programme erscheinen heute, obwohl sie nach wie vor verkauft werden, antiquiert – Computer könnten heute deutlich mehr leisten. Abschließend möchte ich deswegen einen Blick auf aktuellere Studien zum Lernen der Bruchrechnung mit digitalen Medien werfen.

Burns und Hamm (2011) untersuchten Dritt- und Viertklässler, die entweder mit konkreten Materialien zu Brüchen oder mit virtuellen Materialien operierten. Sie kamen zu dem Schluss, dass die Ergebnisse des Post-Tests der Gruppe, die mit virtuellen Materialien gearbeitet hat, zwar besser sind – jedoch nicht signifikant besser. Moyer-Packenhamm und Suh (2011) führten ihre Untersuchung mit Schülern einer 5. Klasse durch. Sie kommen zu dem Ergebnis, dass das virtuelle Operieren zu signifikant besseren Lernergebnissen führt – allerdings nur bei der Gruppe schwacher Schülerinnen und Schüler. Solche Ergebnisse zeigen, dass es durchaus lohnt, die Entwicklung weiter zu verfolgen und vor dem Hintergrund der eigenen pädagogischen Praxis kritisch zu reflektieren.

4.5.5 Anmerkungen und Fazit zu Lernprogrammen

In den Jahren von 1995 bis 2000 war ich selbstständig mit einem Unternehmen, das Nachhilfe und EDV-Schulungen anbot. Natürlich boten wir auch Lernprogramme an – allerdings in erster Linie für die sprachlichen Fächer. Meine Erfahrungen aus der damaligen Zeit sind zwiespältig: Zum einen gab es Schüler, die Spaß hatten, *etwas* am Computer zu machen – zum anderen habe ich auch Schüler gesehen, die Vokabelprogramme austricksten, indem sie parallel das Schulbuch nutzten.

2003 erprobte ich als Lehrer eine Lern-Software (MatheBits von Schroedel) in einer 6. Klasse. Meiner Wahrnehmung nach machte es für einige Schüler durchaus Sinn, Verfahren mit Computerunterstützung zu trainieren. Entsprechend bin ich weit davon entfernt, digitale Lernprogramme zu verteufeln. Das Beherrschen eines Verfahrens ist eine notwendige Voraussetzung, um die Mathematik dahinter zu verstehen. Es ist allerdings keine hinreichende Voraussetzung.

Als Pädagoge benötigt man ein gutes Augenmaß dafür, an welcher Stelle und wie der Einsatz (siehe dazu Herden u. a. 2004) sinnvoll ist und gerechtfertigt erscheint. Der unreflektierte Einsatz in der Schule oder auch beim heimischen Lernen beinhaltet die Gefahr, dass sich Schüler Verfahren unverstanden aneignen und damit in erster Linie ihre Memorierungsfertigkeiten schulen. Die Tendenz, die Existenz solcher Materialien einfach zu ignorieren, erscheint mir unverantwortlich, auch wenn viele Programme eher in die didaktische Schmuddelecke gehören.

4.5.6 Aufgaben

1. Ein Anbieter von Lern-Software ist die Firma Bettermarks (de.bettermarks.com, Stand 19.10.2016). Hier können im Bereich LERNEN, zu dem man sich nicht anmelden muss, Übungen zu den verschiedensten Themengebieten ausprobiert werden. Betrachten Sie einige dieser Übungen und kategorisieren Sie die Übungsformen (z. B. Einsetzaufgabe oder Zuordnungsaufgabe).

2. Im Abschn. 2.3.1 zum Verstehen von Mathematik benennen Vollrath und Roth (2012) Kriterien zum Verstehen eines Verfahrens. Recherchieren Sie nach Lernprogrammen zur schriftlichen Addition natürlicher Zahlen und prüfen Sie, inwiefern die Programme verstehensorientierte Ansätze verfolgen.

3. Das Vorhandensein einer Software ändert das Verhalten des Nutzers im Umgang mit Mathematik (siehe dazu auch Abschnitt 3.5.2). Stellen Sie sich zwei ungefähr gleich leistungsstarke Schüler vor, von denen einer im Heimbereich Lern-Software einsetzt, der andere nicht. Mit welchen veränderten Voraussetzungen rechnen Sie im Unterricht nach einiger Zeit?

4.6 Rechenoperationen durchführen

Auf den ersten Blick wirken sie unscheinbar: die kleinen Rechenmaschinen, die Schüler zum automatisierten Durchführen von Rechenoperationen nutzen, kurz Taschenrechner genannt. Auf den zweiten Blick sorgen sie für Diskussionsstoff und polarisieren – Grund genug, dem automatisierten Durchführen von Rechenoperationen eine eigene Einheit zu widmen.

In Diskussionen zum Taschenrechnereinsatz spielt in der Öffentlichkeit immer wieder die Frage eine Rolle, ob bei Verwendung von Taschenrechnern die Fertigkeiten der Schüler im mündlichen Rechnen (Kopfrechnen) stark abnehmen würden und somit eine zu große Rechnerabhängigkeit eintreten kann.

Eine topaktuelle Frage – nur stammt dieses Zitat aus dem Jahr 1984 (Flade und Walsch 1984, S. 108). Diese Einheit ist für Lehrkräfte und zukünftige Lehrkräfte besonders relevant, da sich im pädagogischen Alltag wenig Chancen ergeben, den Einsatz von Taschenrechnern zu reflektieren: Sie sind einfach da und werden irgendwie genutzt[25].

---

[25] Die massive Präsenz von Taschenrechnern zum Durchführen von Rechenoperationen ist auch der Grund, warum in dieser Einheit ausnahmsweise MK1 und MK2 zusammengefasst wurden.

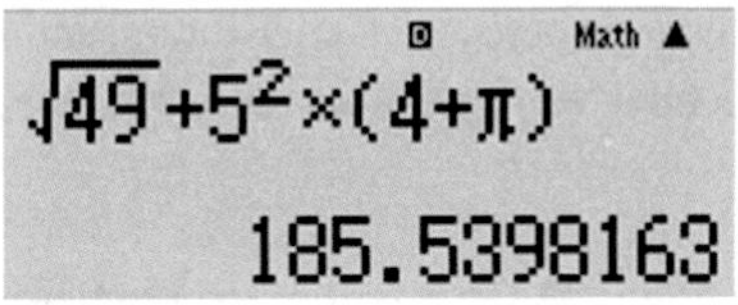

Abb. 4.7 Auch einfachste
Taschenrechner stellen Terme
mittlerweile übersichtlich dar

$$\sqrt{49}+5^2\times(4+\pi)$$

$$185.5398163$$

4.6.1 MK1 + MK2: Den Umgang mit Rechenoperationen kennenlernen

Während die Diskussion der 70er und 80er noch von Fragen der Programmierung und unterschiedlicher Notationen geprägt war[26], handelt es sich mittlerweile beim automatisierten Durchführen von Rechenoperationen um eine Domäne digitaler Medien: Die Unterschiede in der Eingabe von Termen wurden faktisch vereinheitlicht. Erworbenes Wissen ist damit in der Regel zwischen verschiedenen Techniken übertragbar.

Vollrath und Weigand beschreiben die Eingabe, wie sie heute noch häufig beim Plotten von Graphen notwendig ist (Vollrath und Weigand 2006, S. 106 ff.). Solche Taschenrechner findet man aber nur noch selten. Zur Verfügung stehen meist Vorlagen mit Eingabefeldern (Templates), in die der Nutzer Zahlen einträgt (vgl. Abb. 4.7).

Vor 30 Jahren war das noch deutlich anders: Taschenrechner hatten einzeilige Displays (so einen Rechner kann man unter http://www.edinformatics.com/scicalc2.htm ausprobieren) und waren überhaupt nicht in der Lage, Terme in angemessener Darstellungsqualität anzuzeigen. Auch gab es unterschiedliche Notationen zur Termeingabe. Die bekannteste *Ausnahme* ist die Postfix-Notation, auch Umgekehrte Polnische Notation genannt. Diese Taschenrechner kamen ohne Klammern aus. Der Ausdruck 2 3 + 4 ∗ wurde gedeutet als $(2 + 3) \cdot 4$. Erst wurden also die Operatoren und dann die Operation eingegeben.

Diese Notation hatte sicher auch didaktisch Vorteile, da einige typische Fehler beim Umgang mit dem Taschenrechner vermieden wurden. Auch heute kann diese Form der Eingabe noch genutzt werden – zumindest in Simulationen, wie z. B. http://www.hpmuseum.org/simulate/hp35sim/hp35sim.htm.

Der nunmehr dominierende Zugang über sogenannte Templates (Vorlagen) hat zahlreiche Vorteile, die sich vor allem bei der Eingabe aufwändigerer Operationen zeigen, wie dem Umgang mit Matrizen. Den Einsatz solcher Templates erproben können Sie mit jedem aktuellen Taschenrechner oder auch unter http://www.wiris.com/editor/demo/en/.

Mit Hilfe solcher Templates kann auf eine Vielzahl implementierter Funktionen zurückgegriffen werden. Ein Beispiel ist die Berechnung des Binomialkoeffizienten $\binom{n}{k}$. Der

---

[26] Flade und Walsch (1984) beschreiben, dass Schüler Probleme bei der Verwendung des Speichers hatten und Rechenablaufpläne anfertigen mussten. Die Einsatzmöglichkeiten hingen also erheblich von der Art und Ausstattung der Geräte ab.

Rechner berechnet im Hintergrund einen Funktionswert: $f(n,k) = \frac{n!}{k! \cdot (n-k)!}$. Taschenrechner verfügen über eine Vielzahl implementierter Funktionen.

4.6.2 MK3: Rechenoperationen nutzen

Es gibt – im Vergleich zum Erstellen dynamischer Konstruktionen oder dem Darstellen von 2D-Graphen – überraschend wenig aktuelle Vorschläge zum Einsatz des Taschenrechners, obwohl er spätestens ab der 8. oder 9. Klasse ständiger Begleiter der Schülerinnen und Schüler ist. Nach wie vor beherrscht eine Grundangst die Pädagogik des Automatisierens von Rechenoperationen mit Hilfe von Techniken, die sich grob mit den beiden Parolen Technikabhängigkeit und Erhalt von Kulturtechniken umreißen lässt[27]. Treffend beschreibt Meißner die Situation, auch wenn es sich bei seinem Aufsatz um einen Beitrag zur Didaktik der Primarstufe handelt:

> Analysiert man die Schulbücher und Lehrpläne von heute [...] so kommt man zu einem beschämenden Ergebnis: Wir unterrichten in der Grundschule Kopfrechnen, Schriftliches Rechnen, Überschlagen, Schätzen usw. praktisch wie vor 30 Jahren und tun durchweg so, als gäbe es gar keinen Taschenrechner. [...] Die Lernziele des Arithmetikunterrichts in der Grundschule müssen angesichts der Existenz des einfachen Taschenrechners in ein neues Gleichgewicht gebracht werden. Dies kann nur unter Einbeziehung des Taschenrechners geschehen und nicht dadurch, dass man ihn ignoriert. Wir brauchen ein Curriculum, das uns lehrt, wann und wie der Taschenrechner zu nutzen ist, und das uns gleichzeitig davor schützt, dass wir durch den Taschenrechner-Gebrauch abhängig werden von diesem Medium. (Meißner 2006, S. 6)

Flade und Walsch umreißen ihre aus meiner Sicht nach wie vor aktuelle Konzeption wie folgt[28]:

- Die Verwendung des Taschenrechners erübrigt nicht die Entwicklung des Rechnenkönnens ohne Rechenhilfsmittel. Das Kopfrechnen gewinnt für Überschlagsrechnungen an Bedeutung.
- Bei den schriftlichen Rechenverfahren sollten Abstriche gemacht werden.
- Rechenkontrollen mit einfachem Zahlenmaterial sollten nach wie vor ohne Taschenrechner durchgeführt werden.
- Die Schüler müssen beim Rechnen mit Näherungswerten auf sinnvolle Genauigkeiten achten.
- Die Gültigkeit der Ergebnisanzeige muss Gegenstand des Unterrichts sein.

---

[27] Ähnlich emotional wird im Rahmen von Schule m. E. derzeit über die Nutzung von Handys diskutiert – auch hier wird versucht, durch Verbote Einsicht zu schaffen, was aus meiner Sicht ein absurder pädagogischer Ansatz ist, wenn das Freizeitverhalten von diesem Medium geprägt ist. Und Handys können natürlich auch Rechenoperationen automatisiert durchführen – die meisten Schüler haben damit ständig einen Taschenrechner zur Hand.

[28] Die Ausführungen Flade und Walsch (1984, S. 105 f.) wurden hier zusammengefasst.

- Die Schüler müssen ihre Ergebnisse kontrollieren können. Dazu müssen sie Strategien erwerben und auch das Kontrollverhalten sollte Gegenstand der Diskussion sein.
- Taschenrechner sind nicht nur Rechenhilfsmittel, sondern auch methodische Mittel, zum Beispiel zum Experimentieren.

Es ist dem Entstehungsjahr der Arbeit geschuldet, dass in dieser Konzeption noch auf den Verzicht des Rechenstabs sowie den nach wie vor aktuellen Umgang mit Tabellen hingewiesen wird (Flade und Walsch 1984, S. 105).

4.6.3   MK4: Das automatisierte Durchführen von Rechenoperationen reflektieren

Vollrath und Weigand (2006, S. 53–56) resümieren zur Rolle des Taschenrechnereinsatzes in der Bruchrechnung:

- Der Arithmetik-Rechner ist ein Werkzeug für das Ausführen von Grundrechenarten mit Dezimalbrüchen.
- Der Arithmetik-Rechner mit Bruchautomatik und der Graphik-Taschenrechner sind Hilfsmittel bei Rechnungen mit gewöhnlichen Brüchen.
- Der Taschenrechner ist ein Hilfsmittel beim wechselseitigen Transfer zwischen gewöhnlichen Brüchen und Dezimalbrüchen.
- Der Taschenrechner ist ein Hilfs- und Verständnismittel bei der Prozent- und Zinsrechnung.
- Der Taschenrechner ist Anlass zur Beschäftigung mit der Exponentialdarstellung von Zahlen.
- Der Taschenrechner ist Unterrichtsgegenstand.

Dieses Spektrum deutet an, dass das Potenzial dieser Domäne nach wie vor über das plumpe Ausrechnen hinausgeht. Im weiteren Verlauf reflektieren die Autoren die Rolle digitaler Medien – hier eben auch speziell die Rolle des Taschenrechner:

> *Arithmetik-Taschenrechner* zählen mittlerweile zu obligatorischen Werkzeugen in allen Schularten. [...] Häufig entscheidet die einzelne Schule über den Taschenrechner-Einsatz. Wir hatten schon verschiedentlich darauf hingewiesen, dass wir den Einsatz des Taschenrechners in vielen Bereichen als hilfreich ansehen, dass dies aber mit einer verstärkten Übung von Kopfrechnen und halbschriftlichen Verfahren einhergehen muss. [...] Der Unterricht findet in gleicher Weise wie ohne Taschenrechner oder Taschencomputer statt, nur können manche Rechnungen schneller ausgeführt [...] werden. Allerdings reicht eine erhöhte Geschwindigkeit für eine Rechtfertigung des Taschenrechner-Einsatzes im Unterricht nicht aus. (Vollrath und Weigand 2006, S. 156 f.)

Es zeigen sich deutliche Parallelen zwischen Flade und Walsch (1984) sowie Vollrath und Weigand (2006) – und das, obwohl 20 Jahre Entwicklung des Mathematikunterrichts zwischen den beiden Beiträgen liegen. Woran liegt es, dass Fortschritt in diesem Bereich so schwierig erscheint? Meine Vermutung ist, dass der Einsatz von Maschinen zum automatisierten Durchführen von Rechenoperationen deswegen häufig unreflektiert geschieht, da das Potenzial dieser Domäne digitaler Medien nicht mehr hinterfragt wird.

> Das Verhalten der Schülerinnen und Schüler während der Wettbewerbsspiele *Kopf gegen Taschenrechner* weist darauf hin, dass sie eine Einsicht in Vor- und Nachteile des Taschenrechners bekommen konnten. Wollte zu Beginn noch fast jeder unbedingt mit dem Taschenrechner rechnen, so zeigte sich am Schluss, dass die Kinder erkannt hatten, dass man viele Aufgaben besser, schneller und ebenso sicher im Kopf rechnen kann ("Das dauert ja viel zu lange, im Kopf bin ich doch schneller."). (Meißner 2006, S. 18)

Der reflektierte Einsatz und die Entwicklung einer reflektierten Haltung erscheinen also möglich. Die beiden Extremszenarios *vollständiger Verzicht auf Taschenrechner* und *nichts geht ohne Taschenrechner* halte ich für gleichermaßen schädlich – Konzepte zum reflektierten Einsatz von Techniken, die das automatisierte Durchführen von Rechenoperationen erlauben, sind jedoch wenig präsent und in der Praxis faktisch nicht vorhanden. Hat sich diese Situation vielleicht evolutionär ergeben – also ist die derzeitige, von Einzelmeinungen geprägte Handhabe an Schulen vielleicht schon optimal?

Wie könnte man objektiv beurteilen, welchen Einfluss der Taschenrechner auf das Rechnenkönnen der Schüler hat? Im Optimalfall benötigt man Studien, die Schüler mit und ohne Taschenrechner vergleichen – nach Möglichkeit noch mit identischem Unterrichtskonzept. Die Bedingungen für solche Studien waren in den 80ern in der DDR optimal. Die Lehrer unterrichteten nach einheitlichen Konzepten und der Taschenrechner wurde in Modellversuchen erprobt. Genau so einen Versuch führten Flade und Walsch (1984) in Klassen 7 bis 10 von 1979 bis 1983 durch (Probandenanzahl $N > 500$).

Wenig verwunderlich ist, dass Schüler mit Taschenrechner beim Lösen von Aufgaben des Typs $33 \cdot 0{,}072$ oder $1{,}6^3 \cdot 0{,}8^3$ deutlich besser abschnitten. Bei Grundaufgaben wie 14^2 oder $-18 - (-25)$ ergab sich folgendes Resultat:

> "Wie die Ergebnisse zeigten, traten in beiden Gruppen im gesamten Untersuchungszeitraum keine nennenswerten Unterschiede auf." (Flade und Walsch 1984, S. 108) Dieses Ergebnis änderte sich auch bei Aufgaben mit höheren Anforderungen, wie $\sqrt{0{,}81}$ oder $15 : \frac{1}{2}$ nicht. Das Fazit der Autoren: "Eine totale Rechnerabhängigkeit ist also bei einem sinnvollen didaktisch-methodischen Einsatz von Taschenrechnern in der Schule nicht zu befürchten." (Flade und Walsch 1984, S. 109)

Im schriftlichen Rechnen zeigten sich leicht bessere Leistungen in der Gruppe der Schüler, die ohne Taschenrechner arbeiteten.

Beim Erkennen von Termstrukturen waren die Lernenden in der Versuchsgruppe besser – diese Ergebnisse sind m. E. jedoch nicht auf die heutige Zeit übertragbar, da die Schüler in der Studie noch mit Rechenablaufplänen gearbeitet haben (Flade und Walsch 1984, S. 110), was heutzutage wegen der Templates nicht mehr nötig ist.

Auch in anderen Bereichen kamen die Autoren zu einem positiven Fazit:

Die Schüler der Versuchsklassen beherrschten die mathematischen Begriffe, Sätze und Verfahren insgesamt gesehen mindestens so gut wie die der Kontrollklassen. Sie kamen häufiger
zu einem richtigen Endergebnis als jene, vor allem weil sie wesentlich weniger Rechenfehler
machten. (Flade und Walsch 1984, S. 113)

Zur Motivation der Lernenden beziehen die Autoren ebenfalls Stellung:

In den Klassen 9 und 10 stieg die Beliebtheit des Faches Mathematik in den Versuchsklassen wieder an, während sie in den Kontrollklassen zunächst weiter zurückging! (Flade und
Walsch 1984, S. 115)

Kann man aus diesem Schulversuch heute noch etwas lernen? Niemand streitet ab,
dass das Erlernen des reflektierten Umgangs mit dem automatisierten Durchführen von
Rechenoperationen Arbeit und Disziplin erfordert. Auch Flade und Walsch (1984) berichten, dass es erst am Ende des Versuchs, in Klasse 10, faktisch nicht mehr vorkam,
dass Schüler die gesamte Rechneranzeige abschrieben. Die Versuche einiger Lehrer (die
ich auch in Hospitationen beobachten durfte), Schüler in der Oberstufe zum händischen
Rechnen in allen Lebenslagen zu erziehen, können nur mit einem Kopfschütteln quittiert
werden, wenn man die oben vorgestellten Ergebnisse interpretiert. Aber vielleicht hat sich
die Welt in den letzten 30 Jahren deutlich verändert und die Ergebnisse haben heute keine
Gültigkeit mehr. Leider ist es in Deutschland nicht mehr möglich, solche Versuche durchzuführen, da die Klassen ohne Taschenrechner (ja, es gibt sie noch an einigen Schulen)
nicht systematisch erfasst sind. Hier lohnt jedoch ein Blick über die Grenze – konkret nach
Irland.

Close u. a. hatten günstige Voraussetzungen für eine ähnliche Untersuchung[29]:

Three calculator tests were administered to a national sample of 1,469 Irish students in Grade
9 – the last cohort to study mathematics without calculators (Phase 1). Three years later, the
same tests were administered to a similar sample with calculators (Phase 2). (Close u. a. 2012,
S. 377)

Das Ergebnis dieser Untersuchung nehme ich vorweg:

Scores on a test of calculator-inappropriate items showed no significant change over the 3
years. For a test of calculator optional items, students were divided randomly into 2 groups,

---

[29] In diesem Artikel wird auch die Forschung der letzten 30 Jahre in diesem Bereich zusammengetragen. Verweisen möchte ich auf die Ergebnisse von Metastudien, welche die Ergebnisse von Flade
und Walsch (1984) replizieren. So haben Lernende mit Taschenrechner eine positivere Einstellung,
bessere Selbstkonzepte und bessere Testergebnisse als die Vergleichsgruppen. Auch die Fähigkeiten
zum Problemlösen sind in den Gruppen mit Taschenrechner besser ausgeprägt (Close u. a. 2012, S.
178).

1 with calculator access and the other without. In both phases, the students with calculators achieved significantly better than students without calculators. Achievement on a test of calculator appropriate items showed significant improvement over the 3 years. Students' attitudes towards calculator also improved over the time. (Close u. a. 2012, S. 377)

Das Design war also ähnlich wie bei Flade und Walsch (1984) – auch wenn die Tests hier sequenziell und nicht parallel durchgeführt wurden. Auch hier kommt man zu dem Ergebnis, dass keine Rechenfertigkeiten verloren gehen (Close u. a. 2012, S. 184). Die Ergebnisse beider Studien sind kompatibel – man kann das Fazit ziehen, dass Sorgen um den Verlust von Rechenfertigkeiten bei einem sinnvollen Einsatz von Techniken zum automatisierten Durchführen von Rechenoperationen unangebracht sind.

Ein weiteres Ergebnis der Studie möchte ich nicht vorenthalten, weil es sich mit Alltagserfahrungen deckt. Bei der Einführung digitaler Medien gibt es nicht nur von Lehrerseite, sondern auch von Schülerseite häufig Skepsis und manchmal sogar auch Ablehnung. Der Aussage „I think a calculator could help me get better at math." stimmten in Phase 1 gut 50 % der Schüler zu – in Phase 2 waren es dann 70 %. Bei der Aussage „I think I should be allowed to use a calculator in math class." stimmten 66 % in Phase 1 und 94 % in Phase 2 zu. Das erinnert mich an ein Zitat, das Henry Ford zugeschrieben wird:

> Wenn ich die Menschen gefragt hätte, was sie wollen, hätten sie gesagt: schnellere Pferde.

Während Schüler jedoch (noch) nicht wissenschaftlich ausgebildet sind, muss man Lehrkräften abverlangen können, nicht ausschließlich Bauchgefühlen, verpackt in anekdotischer Evidenz, zu folgen.

Mein Fazit: Es ist meiner Einschätzung nach absurd zu glauben, dass sich eine reflektierte Haltung gegenüber digitalen Medien entwickeln kann, ohne das digitale Medium zu thematisieren. Für das automatisierte Durchführen von Rechenoperationen, das Schülern in der Regel erstmals beim Einsatz von Taschenrechnern begegnet, sollte dies bedeuten, dass

- der Taschenrechner – wenn auch nicht als ständig verfügbares Werkzeug – früh eingeführt werden sollte.
- immer wieder thematisiert wird, ob der Taschenrechnereinsatz an einer Stelle sinnvoll ist oder nicht[30].
- auch Aufgaben den Einsatz des Taschenrechners berücksichtigen sollten. Das können Formate wie „Welche Aufgaben sollte man besser mit dem Taschenrechner bearbeiten?" sein. Für einen verständigen Einsatz ist darüber hinaus eine Thematisierung auf Metaebene wichtig, damit individuelle Skripte der Nutzung, die sich spätestens

---

[30] Das macht natürlich nur Sinn, wenn der Taschenrechner auch präsent ist. Gute Erfahrungen gibt es wohl in den Klassen 5 und 6 damit, einen (!) etwas überdimensionierten Taschenrechner im Klassenraum zu haben, der gelegentlich benutzt wird. Vor der Nutzung thematisiert die Lehrkraft gemeinsam mit den Schülern, ob und warum der Einsatz des Taschenrechners an dieser Stelle Sinn macht.

einschleifen, wenn Taschenrechner dauerhaft verfügbar sind, aufgebrochen werden können.

- Techniken zum kritischen Umgang mit der Technik eingeübt werden. Dazu gehören u. a. das Validieren, also das Abschätzen, ob eine Lösung in der richtigen Größenordnung liegt, sowie auch das Schätzen und Überschlagen.

Ein weiterer Aspekt, der wichtig für die Reflexion ist, soll nicht unterschlagen werden. Nach wie vor gibt es einige Rechenoperationen, die über Befehle und nicht über Templates angesprochen werden. Dabei entwickelte sich auch eine Kultur der gemischten Notationen – also die Vermischung mathematischer und technischer Notation –, die durchaus kritisch gesehen wird. Heintz u. a. (2014) demonstrieren eine Schülerlösung, in der ein Winkel zwischen Vektoren berechnet wird. Nahezu konsequent wird dabei die Werkzeugsprache verwendet: $\frac{dotp(s-a,s-c)}{norm(s-a)\cdot norm(s-c)} = 0{,}7493$; $\cos^{-1}(0{,}7493) = 41{,}4645°$. Mit dem Befehl $dotp(.,.)$ wird das Skalarprodukt zweier Vektoren berechnet. Das Ergebnis ist also eine Zahl. $norm(.)$ liefert den Betrag eines Vektors. Heintz u. a. merken dazu an:

> Hier wird deutlich, dass der Einsatz digitaler Werkzeuge im Mathematikunterricht wesentliche Konsequenzen auf die Dokumentation von Prozessen und Ergebnissen hat. [...] Dabei ist die Zielperspektive mit Blick auf das Abitur und eine mathematische Allgemeinbildung sicherlich, die Dokumentation möglichst werkzeugunabhängig zu verfassen. (Heintz u. a. 2014, S. 305)

Die Autoren greifen damit auch ein Kernanliegen dieses Buches auf: Nachhaltige Konzepte zum Einsatz digitaler Medien können nicht auf bestimmten Produkten aufbauen, sondern nur auf üblichen, weit verbreiteten Funktionalitäten. In diesem Zusammenhang sollte jedoch auch reflektiert werden, dass gerade in Hochschulen solche Notationen durchaus gebräuchlich sind. In meiner Vorlesung zur Linearen Algebra hätte die Berechnung wahrscheinlich so ausgesehen: $\frac{<s-a,s-c>}{\sqrt{<s-a,s-a>}\cdot\sqrt{<s-c,s-c>}} = 0{,}7493$; $\arccos(0{,}7493) = 41{,}4645°$.

Sicher nicht geeignet sind Notationen der Art „menu - 4 - 2 - s - a , s - c - enter", welche ausschließlich die Bedienung eines Produktes erklären.

4.6.4 Anmerkungen und Fazit zum automatisierten Durchführen von Rechenoperationen

Als Fachleiter habe ich zig Stunden gesehen, in denen Lehrkräfte den Taschenrechner der Schüler noch nicht einmal kannten. In einem Fall wunderte sich die Lehrkraft, warum denn so viele Schüler ihren CASIO FX-82 verloren hatten und statt dieses Modell neu zu kaufen, auf den CASIO FX-991 zurückgriffen. Weil dieses Gerät Gleichungen lösen kann – ganz einfach.

Dass Auszubildende häufig den Taschenrechner aus ihrer eigenen Schulzeit heroisieren, ist wohl nachvollziehbar, da sie dieses Werkzeug zu ihrem eigenen gemacht haben.

Fehlende Bereitschaft, sich mit Konzepten des Einsatzes von Taschenrechnern zu beschäftigen, in Kombination mit einer geringen Frustrationstoleranz gegenüber Defiziten beim händischen Rechnen von Schülern, halte ich allerdings für fatal. Wer zu Beginn der Sekundarstufe I viel Zeit in das Erlernen schriftlicher Rechenverfahren investiert, ohne darauf zu achten, dass nachhaltig Kompetenzen ausgebildet werden, wird feststellen, dass es sich um eine Fehlinvestition handelt. Der vollständige Verzicht auf Taschenrechner ist hier kontraproduktiv. Der Wert von Rechenverfahren besteht nicht darin, diese abarbeiten zu können, sondern darin, diese auch inhaltlich zu füllen. So zeigt sich die Nützlichkeit unseres Stellenwertsystems bei allen schriftlichen Rechenverfahren deutlich und kann zum Gegenstand des Unterrichts gemacht werden.

Mein Appell lautet entsprechend, den Umgang mit dieser Domäne digitaler Medien, also insbesondere den Umgang mit Taschenrechnern, durch alle (!) Jahrgangsstufen in unterschiedlicher Intensität reflektiert zu pflegen. Dazu gehört auch, schulisch tradierte Notationsformen auf den Prüfstand zu stellen und ebenso verständlichen Notationen mit einer gewissen Liberalität zu begegnen.

4.6.5   Aufgaben

1. Nutzen Sie für diese Aufgabe – nach Möglichkeit – einen einfachen Taschenrechner. Eine Funktion f wird wie folgt definiert. Grundmenge sind alle vierstelligen Zahlen, bei denen nicht alle Ziffern identisch sind. Nun berechnet sich $f(x)$ wie folgt: Man subtrahiert von der größtmöglichen Zahl, die sich aus den vier Ziffern bilden lässt, die kleinstmögliche Zahl. Dann betrachtet man $f(f(x))$ usw. Beschreiben Sie mögliches Verhalten der Funktionswerte für häufiges Anwenden dieser Bildungsregel. Führen Sie das Verfahren für die Zahlen 2713, 9963, 7614 und 6174 durch. Entscheiden Sie vorab, ob der Einsatz des Taschenrechners zur automatisierten Durchführung der Rechenoperationen hier bzw. im Unterricht gerechtfertigt erscheint. Tipp: Formulieren Sie für den Einsatz dieser Aufgabe im Unterricht ein Ziel.
2. Recherchieren Sie im Internet zum Stichwort *Subtraktionskatastrophe* und beschreiben Sie mögliche Ziele, die sich zu diesem Inhalt mit einem Taschenrechner als Gegenstand des Unterrichts ergeben.
3. In der Serie *Die Simpsons* (Season 12, Episode 2) steht Homer (einer der Hauptcharaktere) vor einer Tafel und notiert dort folgende Gleichung: $3987^{12} + 4365^{12} = 4472^{12}$. Überprüfen Sie die Gültigkeit dieser Gleichung mit einem Taschenrechner. In Season 7, Episode 6 begegnet Homer dieser Gleichung: $1782^{12} + 1841^{12} = 1922^{12}$. Überprüfen Sie auch diese Rechnung mit Hilfe eines Taschenrechners. Wir wissen, dass diese Gleichungen falsch sein müssen, da der Satz von Fermat gilt[31]. In einem der beiden Fälle helfen einfache Argumente über die Eigenschaften zu geraden und unge-

---

[31] Wenn Sie diesen Satz nicht kennen, recherchieren Sie dazu im Internet.

raden Zahlen, um den Fehler nachzuweisen. Formulieren Sie das Argument. Finden Sie weitere solcher *Fast-Fermat-Gleichungen*? Beschreiben Sie Ihr Vorgehen.

4. Auch einfachste Taschenrechner (gemeint sind Geräte für deutlich unter 20 Euro) können mittlerweile lineare Gleichungssysteme oder quadratische Gleichungen lösen. Erstellen Sie einen Vorschlag, mit dem man Lernende anleiten könnte, dieses digitale Medium reflektiert zum Lösen von Gleichungen und Gleichungssystemen einzusetzen.

5. Im Text wird die These vertreten, dass bei sinnvollem Einsatz von Taschenrechnern kaum nachteilige Effekte zu erwarten sind. Beschreiben Sie Effekte, die von Kritikern des Taschenrechners häufig angeführt werden. Bei welchen dieser Effekte ist sichergestellt, dass sie kausal auf den Einsatz von Taschenrechnern zurückzuführen sind? Beschreiben Sie ggf. die Kausalkette.

6. In Kap. 2 wird die Heuristik des Begriffsfeldes erläutert. Beschreiben Sie ein Begriffsfeld für den Wurzelbegriff und beurteilen Sie die potenzielle Rolle digitaler Medien – hier speziell der Domäne *Rechenoperationen durchführen*.

4.7 Bildschirmpräsentationen erstellen

Das Präsentieren ist erst einmal unabhängig von digitalen Medien zu sehen: Es ist eine unverzichtbare Kompetenz auch im Fach Mathematik. Haben dabei digitale Medien – in Form von Bildschirmpräsentationen – überhaupt einen Mehrwert? Die Soziologie-Studierenden in der Untersuchung von Hill u. a. (2012) sagen in der Regel „Ja": Fast 70 % würden Kurse bevorzugen, in denen PowerPoint verwendet wird. Würde man für das Fach Mathematik ähnliche Ergebnisse erhalten?

Eine Podiumsdiskussion: 2013 wurde ich als Experte für Basiskompetenzen und Mindeststandards zu einer Podiumsdiskussion eingeladen. Auf dem Podium saßen Vertreter aus Schule und Hochschule. Irgendwann wurden die Möglichkeiten digitaler Medien angesprochen. „Meine Mathematikstudenten wollen gar keine digitale Form der Präsentation – sie fordern die Benutzung der Tafel ein." So oder ähnlich lautete ein Statement und das Publikum bot dafür Akklamation. Nun ja: Ich selbst denke ebenfalls, dass Ideen, die man gemeinsam mit Lernenden entwickelt, besser an einer Tafel entstehen als in einer linearen Präsentation. Aber Vorlesungen sind ja gerade streng lineare Präsentationen. Entsprechend nutzte ich den Vorteil, im Podium zu sitzen, um dieses Statement zu kommentieren: Zum einen stelle sich die Frage, ob die Lehrenden tatsächlich die digitalen Medien beherrschen – oder nur nach Ausflüchten suchen, um sich nicht damit beschäftigen zu müssen. Darüber hinaus solle auch die Frage erlaubt sein, wie Studierende – die ihre schulische Sozialisation mitbringen und wenig anderes als die Kreidetafel kennen – abwägen können, ob alternative Formen der Präsentation schlechter geeignet sind, wenn sie selbige noch nicht in Perfektion dargeboten erlebt haben.

Bildschirmpräsentationen sind auch ein Gegenstand wissenschaftlicher Forschung. Und das ist gut so: Menzel zitiert in *Die Welt* eine Umfrage, bei der deutlich über 50 %

der Lehrkräfte den Satz „Lehrkräfte nutzen digitale Medien im Unterricht, um ..." mit
„... Präsentationen zu zeigen" ergänzten. Häufiger genannt wurde nur noch das Zeigen
von Videos und Filmen. Einen guten Einblick in die wirklich spannende Methodologie
der Untersuchung der Wirkung von PowerPoint-Präsentationen liefert die sehr gut illus-
trierte Arbeit von Bucher und Niemann. Sie kommen am Ende ihrer Arbeit zu einem
naheliegenden Schluss:

> In the end, the quality of communication is not determined by technical devices, as such, but
> by the competence of dealing with them and understanding their limitations and possibilities.
> (Bucher und Niemann 2012, S. 302)

Genau um diese operationalisierte Medienkompetenz in der Domäne *Bildschirmpräsentationen erstellen* dreht sich diese Einheit.

4.7.1　MK1: Infos zu Bildschirmpräsentationen und deren Wirkung

Man assoziiert mit Präsentationen im Zusammenhang mit digitalen Medien sofort Programme wie PowerPoint oder Keynote. Zwar kann man mit fast allen digitalen Medien
Präsentationen durchführen, jedoch gibt es nur wenige Programme, die im Kern ausschließlich dafür konzipiert wurden.

Es gibt zurzeit zwei generell unterschiedliche Programmtypen: solche, die Folien, und
solche, die Plakate imitieren.

Am bekanntesten ist das Erstellen von Folien (Slides), wie sie von Keynote, OpenOf-
fice oder PowerPoint angeboten werden. Der Nutzer gestaltet Seiten im Querformat mit
Texten, Graphiken, Videos oder anderen Medien, die digital verfügbar sind. Im Anschluss
kann festgelegt werden, in welcher Reihenfolge die Elemente einer Folie erscheinen sollen und wie die Präsentation gesteuert wird. In der Regel führt ein Klick dazu, dass die
Präsentation fortgeführt wird. So kann der Präsentierende steuern, wann welcher Teil der
Präsentation gezeigt werden soll. Die Steuerung via Klick kann auch entfallen: Bei automatisch ablaufenden Präsentationen werden Zeiten angegeben, wann das nächste Element
auftauchen oder verschwinden soll bzw. wann die nächste Folie gezeigt wird.

Das Programm Prezi arbeitet nicht mit Folien; der Nutzer erstellt vielmehr ein virtuelles
Plakat. Im Gegensatz zu Papierplakaten muss er sich jedoch keine Sorgen um Schriftgrö-
ßen machen, denn Bereiche des Plakates können beliebig nah herangeholt werden. Ist das
Plakat erstellt, legt der Nutzer fest, welche Stelle wie und wann angesteuert werden soll.
Auch hier ist es möglich, eine automatisch ablaufende Präsentation zu erstellen. Da diese
Software weniger bekannt ist, habe ich auf der Webseite http://www.pallack.de/DiMe auf
illustrierende Videos verwiesen.

Vaupel und Missal (2007) haben eine umfangreiche Sammlung pädagogischer Anlässe
zum Präsentieren zusammengestellt. Mit Blick auf die Domäne *Bildschirmpräsentationen
erstellen* pointieren sie als Mehrwert, dass diese leicht zu erstellen sind, sich verschiedenste Medien problemlos einbinden lassen, es umfangreiche Gestaltungsmöglichkeiten gibt

sowie die Möglichkeit, die Ergebnisse zu speichern und zu streuen. Eine zentrale Motivation zur Nutzung solcher Programme ist entsprechend, dass Inhalte – auf verschiedenen Kanälen – gut transportiert werden können.

4.7.2 MK2: Programme zum Erstellen von Bildschirmpräsentationen kennenlernen

Es gibt umfangreiche Anleitungen für alle vorhandenen Programme, weswegen hier auf spezielle Hinweise zur Handhabung verzichtet wird.

Mit Blick auf das Fach Mathematik ergeben sich beim Erstellen von Bildschirmpräsentationen mehrere Herausforderungen. Zum einen ist das Einbinden mathematischer Symbole nicht unproblematisch. Einige Programme enthalten zwar Formeleditoren, deren Nutzung muss jedoch auch geübt werden. Das Erstellen von illustrierenden Graphiken und Bildern setzt Erfahrung im Umgang mit anderen Domänen digitaler Medien voraus[32]. Mit Programmen zum Erstellen von Bildschirmpräsentationen können verschiedene Medien gesammelt und arrangiert werden. Die Benutzung anderer Domänen digitaler Medien, wie das *Erstellen mathematischer Texte* oder *2D-Graphen erstellen*, erscheint für das Fach Mathematik unverzichtbar.

4.7.3 MK3: Bildschirmpräsentationsprogramme nutzen

Bildschirmpräsentationen sollen die Intention des Gesagten unterstreichen. Heinrichwark (2007) hat Kriterien zusammengestellt für Bildschirmpräsentationen, die in Form von Folien erstellt werden. Neben formalen Kriterien (Schriftart und -größe, die Farbgestaltung, der Hintergrund) gibt sie auch Hinweise zur Funktionalität einer Bildschirmpräsentation. So sollen sich das Vorgetragene und das Gezeigte ergänzen, die Bilder und Graphiken also inhaltliche Aussagen unterstützen – Ton und Animationen sollten sehr begrenzt und ausschließlich funktional eingesetzt werden.

Hill u. a. (2012) haben Studierende der Soziologie gefragt, was sie an PowerPoint-Präsentationen am meisten mögen. Mehr als die Hälfte der Befragten gab auf diese offen gestellte Frage als Antwort, dass die Dinge, die wichtig sind, mit Hilfe des digitalen Mediums besonders hervorgehoben werden können. Immer noch knapp ein Drittel sagte, dass

---

[32] Thielsch und Perabo (2012) untersuchten, wie Software zur Erstellung von Bildschirmpräsentationen verwendet wird. Dazu wurden über 1000 Probanden befragt. 97 % der Studierenden und Schüler bestätigten, dass sie solche Software für ihre Ausbildung verwenden (Thielsch und Perabo 2012, S. 116). Spannender ist jedoch, wie Nutzer die Präsentationen erstellen: Fast die Hälfte (42 % der Befragten) gab an, Texte von anderen Anwendungen zu importieren. Bei Bildern waren es sogar 74 %. Bei aller möglichen Kritik, da die Stichprobe in dieser Studie nicht besonders gut kontrolliert wurde, lässt sich daraus wohl folgern, dass die meisten Nutzer parallel zur Software für Bildschirmpräsentationen weitere Programme benutzen, um ihre Präsentationen zu erstellen.

diese Art der Präsentation ihre Aufmerksamkeit fesselt. Nur ein Zehntel gab an, dass solche Präsentationen besonders für eher visuelle Lerner gut geeignet sind.

Für das Fach Mathematik wäre sicher mit einer Verschiebung dieser Antworten zu rechnen. Es sind gerade Visualisierungen und Animationen, die den Einsatz eines digitalen Mediums wie Bildschirmpräsentationen nahelegen. Bildschirmpräsentationen können nicht nur ein wertvolles digitales Medium für den Lehrenden, sondern gerade für die Lernenden sein. Die Möglichkeit, auch in späten Phasen der Erstellung noch Inhalte auszutauschen oder Korrekturen vorzunehmen, ist ein nicht zu vernachlässigender Vorteil.

4.7.4   MK4: Den Einsatz von Bildschirmpräsentationen reflektieren

Hill u. a. (2012) haben die Studierenden auch gefragt, was sie am meisten bei PowerPoint in der Lehre stört. Ein Drittel gab an, dass sie es nicht mögen, wenn Lehrende Wort für Wort die Folien vorlesen. Ein Viertel beklagte, dass die Geschwindigkeit der Vortragenden zu hoch sei. Sie hätten kaum Zeit, alles zu lesen oder gar mitzuschreiben. Wie nehmen das die Lehrenden[33] wahr?

> Answers to the open-response survey question, „Do you think that PowerPoint affects your teaching performance?" revealed that instructors recognize a significant relationship between the technology and pedagogy [. . .]. Every instructor who answered this question agreed that slideware has an impact on the way they teach. The majority – 86 percent – noted that slides improve their organization and pacing by ordering lectures and keeping them on track, a function they greatly appreciate. In addition, approximately one third of instructors noted that PowerPoint alleviates performance anxiety, as one explained, it „gives me confidence, and gives me something to refer to if I have a moment of panic". Although instructors largely shared favorable impressions of the technology, a sizeable portion acknowledged that PowerPoint could negatively influence instruction. In fact, 43 percent of responses to this question mentioned that preset slideware can constrain teaching and limit interaction. (Hill u. a. 2012, S. 249)

Hill u. a. bringen es mit dieser Zusammenfassung gut auf den Punkt: Man darf den Eindruck, den eine fertige Präsentation auf Lernende macht, nicht unterschätzen. Auch wenn Interaktion stattfindet: Jedem ist klar, dass die nächste Folie in der Regel erwartete Ergebnisse erhält. Um das zu verhindern, sollten gerade Mathematiklehrkräfte jeweils genau überlegen, mit welchem Ziel Bildschirmpräsentationen eingesetzt werden. In eher offenen Phasen, die zu diskursiven Interaktionen führen sollen, erscheint dieses digitale Medium ungeeignet – wenn es um die Instruktion geht, kann es sich um ein probates und gut geeignetes Medium handeln.

---

[33] Es ist zu erwähnen, dass von den Professoren (Full Professor) nur rund ein Drittel gelegentlich oder häufiger PowerPoint einsetzte. Bei den Anwärtern (Assistant Professor, Associate Professor) ist es jeweils mindestens die Hälfte, die PowerPoint immer bzw. häufig einsetzte.

4.7.5   Anmerkungen und Fazit zu Bildschirmpräsentationen

Wenn ich eine Liste mit den Top Five meiner am häufigsten genutzten Anwendungen auf-
schreiben würde, wäre Keynote (das ist die Mac OS-Version von PowerPoint) bestimmt
dabei. Ich arbeite in Vorträgen generell mit diesem digitalen Medium, eben weil verschiedenste Dateiformate leicht arrangiert werden können. Im schulischen Bereich nutzen
meine Schülerinnen und Schüler jedoch deutlich häufiger Bildschirmpräsentationen als
ich. Manchmal binde ich Bilder oder Arbeitsaufträge in kurze Präsentationen ein, schlicht
weil sich damit technisch einige Schwierigkeiten, wie das Starten des Bildschirmschoners
beim Zeigen eines Dokuments, vollständig und sicher (ohne Änderung der Systemein-
stellungen auf meinem Rechner) umgehen lassen. Aus persönlicher Perspektive kann ich
deswegen die zentralen Ergebnisse von Hill u. a. (2012) auch für das Fach Mathematik
bestätigen.

4.7.6   Aufgaben

1. Entwickeln Sie Kritierien für eine gute Bildschirmpräsentation im Fach Mathematik.
   Einigen Sie sich auf eine Top-Five-Liste.
2. Erstellen Sie eine selbst ablaufende Bildschirmpräsentation, die nicht weniger als vier,
   aber auch nicht mehr als fünf Minuten läuft. In der Präsentation dürfen und sollen Sie
   verschiedene Medien verwenden. Achten Sie auf Urheberrechte. Fremde Bilder oder
   Musik sollen nicht verwendet werden, um das Material anschließend auch öffentlich
   bereitstellen zu können. Die folgenden Themen können Gegenstand der Präsentation
   sein: Von der Ableitung an einer Stelle zur Ableitungsfunktion; Ermitteln von Hoch-
   und Tiefpunkten; Ermitteln von Wendepunkten; das Integral als Wirkung; das Integral
   als Fläche. Die Erklärungen sollen verstehensorientiert erfolgen.
3. Beurteilen Sie die Bildschirmpräsentationen nach den von Ihnen entwickelten Kriteri-
   en.

4.8   Blogs und Internetforen nutzen

Sicher trage ich nun für einige Leser Eulen nach Athen: Foren und Blogs sind heute weit
verbreitet – viele Tageszeitungen veröffentlichen Material, das in Foren diskutiert oder in
Blogs präsentiert wird. Ich versuche mich auch hier in einer Begriffsbestimmung, weil es,
wie die folgenden Abschnitte zeigen werden, durchaus Aktivitäten gab und gibt, dieses
Themenfeld mit Blick auf das Lernen von Mathematik praktisch und wissenschaftlich zu
erschließen.

4.8.1 MK1: Infos zu Blogs und Internetforen

Blogs sind eine Art Tagebuch im Internet. Personen schreiben entweder zu bestimmten Themen oder über sich selbst – das hängt ganz von der Situation ab. Blogs können, wenn es der Blogger zulässt, auch kommentiert werden. Doch warum schreiben Menschen Blogs? Dan Ariely beschreibt die Motivation von Bloggern:

> **Bloggen bringt Belohnung** Es ist erstaunlich, wie viele Blogs es gibt. Fast jeder scheint ein Blog zu haben oder anfangen zu wollen. Warum sind Blogs so populär? Nicht nur, weil so viele Menschen den Wunsch haben zu schreiben; schließlich haben die Menschen schon geschrieben, bevor das Blog erfunden wurde. Doch Blogs weisen zwei Merkmale auf, die sie von anderen Formen des Schreibens unterscheiden. Zum einen weckt es die Hoffnung oder Illusion, dass jemand anderes lesen wird, was man geschrieben hat. Schließlich kann der Eintrag ab dem Augenblick, in dem der Blogger den Button „publish" angeklickt hat, von jedem Menschen auf der Welt gelesen werden, und da heute so viele Menschen vernetzt sind, sollte mit ziemlicher Sicherheit jemand, oder wenigstens ein paar Leute, darauf stoßen. In der Tat ist die „Besucherzahl" ein höchst motivierendes Element der Blogosphäre, denn so weiß der Blogger ganz genau, wie viele Menschen seinen Eintrag zumindest gesehen haben. Zudem versetzen Blogs die Leser in die Lage, ihre Reaktion oder einen Kommentar zu hinterlassen – befriedigend sowohl für den Blogger, der damit nachweislich ein Publikum gefunden hat, als auch für den Leser, der damit wiederum zum Schreiber wird. Bei den meisten Blogs ist der Leserkreis sehr klein – vielleicht besteht er nur aus der Mutter des Bloggers oder seinem besten Freund –, doch schon die Tatsache, dass man immerhin für eine Person schreibt – statt für niemanden – scheint für Millionen Menschen Motivation genug, Blogs zu verfassen. (Ariely 2012, S. 81 f.)

Der Kern ist damit klar benannt: Blogs werden in der Regel von Privatpersonen geschrieben, die ihre Motivation aus dem Bloggen selbst nehmen[34]. Ariely beschreibt in seinem Buch nachvollziehbar auf der Basis von Experimenten, wie diese Motivation aus psychologischer Sicht begründet werden kann.

Richardson äußert sich zum pädagogischen Potenzial von Blogs eindeutig:

> Heute bin ich immer noch der Meinung, dass dieser Austausch Weblogs zu einem höchst effizienten Instrument macht. Sie bieten eine einfache Möglichkeit, im Web zu veröffentlichen, und es gibt ein Publikum für diese Beiträge. Beide Aspekte bilden die Grundlage für meine Überzeugung, dass Weblogs auf dem Feld von Bildung und Erziehung über ein hohes Potenzial verfügen. (Richardson 2011, S. 35 f.)

Im Gegensatz zur Pflege von Webseiten locken Blogs mit einer niedrigen technischen Hürde. Blogs sind leicht zu erstellen und zu pflegen.

Auch Internetforen sind einfach zu bedienen. Hier ist es jedoch der Regelfall, dass ein Thema von einem Nutzer aufgeworfen wird und andere Nutzer die Frage aufnehmen

---

[34] Natürlich gibt es auch Auftragsarbeiten. Richtig Spaß macht der höchst empfehlenswerte Blog „Math up your life!" von Christian Hesse bei der *ZEIT* (Stand 31.12.2014): http://blog.zeit.de/mathe/.

und diskutieren. Van de Sande unterscheidet auf Basis vorhergehender Studien zwischen *Assigned Online Help (AOH)* und *Sponteaneous Online Help (SOH)*. Beim Lernen von Mathematik stellen die Nutzer in der Regel Fragen zum Unterricht (vgl. Tab. 4.1) und hoffen auf kompetente Antworten – bei großen Foren treffen bis zu 1000 Anfragen pro Tag ein (Van de Sande 2011, S. 54). Zur Notwendigkeit der Unterscheidung zwischen AOH- und SOH-Foren schreibt Van de Sande:

> AOH forums support one-to-one interactions between students and helpers who meet certain criteria (represented as a closed set) and requests are assigned to a helper (indicated by arrows pointing from requests to helpers). In contrast, SOH forums support many-to-many interactions within threads between anyone who chooses to help (represented as an open set) and students, and helpers choose which requests to pick up and participate in (indicated by arrows from helpers to requests). (Van de Sande 2011, S. 56)

Sie berichtet auch über Foren, in denen die Nutzer ihre Online-Lehrer bewerten und ihnen damit eine angemessene Reputation verschaffen können. Ähnlich wie beim Bloggen geht es also um Anerkennung. Einen weiteren Motivationsschub, sich in Foren zu engagieren, können Statusmodelle sein, wie man sie z. B. im Forum *FreeMathHelp* findet:

> The status of each member is determined by the total number of distinct threads to which contributions have been made: new (0-49), junior (50-249), full (250-999), senior (1,000-2,499), and elite (more than 2,500). (Van de Sande 2011, S. 62)

4.8.2 MK2: Mathematik-Blogs und -Internetforen kennenlernen

Einen Überblick kann man sich durch Zugriff auf das vielfältig vorhandene Angebot verschaffen (Suchbegriffe *Forum Mathematik* oder *Blog Mathematik*). Die dahinter stehenden Geschäftsmodelle sind in der Regel gut zu erkennen. Häufig wird Werbung eingeblendet oder sogar direkt auf Angebote verwiesen.

Um Ihnen einen ersten inhaltlichen Einblick zu gewähren, zeige ich hier durchaus exemplarisch einen Blogeintrag (Tab. 4.1) sowie eine Forenanfrage (Tab. 4.2). Die Originalzeilen sind jeweils nummeriert, wobei Leerzeilen ausgelassen wurden.

Die Einträge lassen Interpretationsspielraum, welche Motivationen der Blogger und die Foren-Nutzer hatten, sich an dieser Stelle zu beteiligen.

4.8.3 MK3: Blogs und Foren für das schulische Lernen nutzen

Mein ehemaliger Kollege Horst Gierhardt schrieb im Jahr 2000: „Durch die Präsentation im Internet wird der enge Klassenrahmen aufgehoben und eine starke Motivation geschaffen, da die ganze Welt zuschaut" (zitiert nach Pallack (2005b, S. 117), da mir die Originalarbeit nicht mehr vorliegt).

Tab. 4.1 Blogeintrag aus dem Angebot blog.florian-severin.de

(1)	**Rätsel: Kopfrechnen**
(2)	Veröffentlicht am 22. April 2009 in „Mathematik, Probleme and Rätsel". 5 Comments
(3)	Tags: interessant, mathematik, rätsel
(4)	Im "PatzBlatt", der Zeitschrift der Einzelmeisterschaften der Schachjugend NRW, fand sich letzte Woche folgendes Rätsel.
(5)	Man kombiniere die Zahlen 1, 5, 6 und 7 in beliebiger Reihenfolge mit den Grundrechenarten, um als Ergebnis 21 zu erhalten. Klammern setzen ist natürlich erlaubt. Wie geht das?
(6)	Die theoretisch durchaus interessante Lösung habe ich mit Hilfe eines Python-Skripts gefunden. Nach einigem "Kopfrechnen" und logischen Schlüssen darauf zu stoßen, ist aber mit Sicherheit eleganter und wertvoller. Wenngleich das nicht ganz einfach ist, möchte ich euch diese Knobelei nicht vorenthalten.
(7)	Viel Spaß beim Kopfzerbrechen!

Tab. 4.2 Beitrag aus dem Forum OnlineMathe

Autor, Zeit	Zeile	Inhalt
Sensenmann, 08.11.2012, 18:46 Uhr	(1)	Ich komme beim Lösen dieser Gleichung einfach nicht weiter.
	(2)	Hätte einer eine Idee zur Lösung ?
	(3)	$0 = x^2 - ax^3 + 1$ wobei $a > 0$
	(4)	Danke!
	(5)	**Für alle, die mir helfen möchten** (automatisch von OnlineMathe generiert): Ich möchte die Lösung in Zusammenarbeit mit anderen erstellen.
CKims, 08.11.2012, 18:54 Uhr	(6)	cardanische Formeln (uni Mathe)
	(7)	aber wenn du wirklich noch in der 11. bist, dann ist davon auszugehen, dass die aufgabe einen fehler enthaelt ... oder das ist ein zwischenschritt? und du hast dich vorher schon verrechnet ...
Sparta80, 08.11.2012, 18:56 Uhr	(8)	erste Idee wäre ja umstellen:
	(9)	$x^2 - ax^3 = -1$
	(10)	der nächste Schritt ist ausklammern:
	(11)	$x^2(1 - ax) = -1$
	(12)	Wann ist Produkt -1?
Sensenmann, 08.11.2012, 18:56 Uhr	(13)	Ich wollte nur die Schnittpunkte für $f(x) = x^2 - ax^3 + 1$ mit der x achse ausrechnen.
CKims, 08.11.2012, 19:13 Uhr	(14)	hmmm ist sparta noch am antworten tippen?
	(15)	naja ... woher hast du die aufgabe? selber ausgedacht?
Sensenmann, 08.11.2012, 19:15 Uhr	(16)	nee aus dem buch
CKims, 08.11.2012, 19:16 Uhr	(17)	wie lautet denn die gesamte aufgabensstellung im buch? nur finde die x achsen abschnitte?

Tab. 4.2 (Fortsetzung)

Autor, Zeit	Zeile	Inhalt
Sensenmann, 08.11.2012, 19:20 Uhr	(18)	Wir sollten dazu eine Kurvendiskussion machen und also auch die Schnittpunkte berechnen. Ist aber nicht mehr so wichtig, les ich das halt beim taschenrechner ab.
CKims, 08.11.2012, 19:21 Uhr	(19)	wie kannst du das am taschenrechner ablesen, wenn der parameter a noch frei waehlbar ist?
Sensenmann, 08.11.2012, 19:22 Uhr	(20)	ups ist mir auch grad eingefallen, dass das nicht geht
CKims, 08.11.2012, 19:24 Uhr	(21)	dann lass das mit den x achsenabschnitten erstmal weg … und frag deinen lehrer demnaechst, wie das gehen soll … wie bereits gesagt, sehe ich nur moeglichkeiten, das mit uni mathe zeugs zu loesen
	(22)	lg
Sensenmann, 08.11.2012, 19:25 Uhr	(23)	O.K. trotzdem danke für den Versuch
CKims, 08.11.2012, 19:27 Uhr	(24)	das waere die loesung mit dem uni mathe zeugs … nur zum anschauen ;-)
	(25)	$x = \frac{1}{3}\left(\frac{(27a^2+3\sqrt{3}\sqrt{27a^4+4a^2}+2)^{\frac{1}{3}}}{2^{\frac{1}{3}}a} + \frac{2^{\frac{1}{3}}}{a(27a^2+3\sqrt{3}\sqrt{27a^4+4a^2}+2)^{\frac{1}{3}}} + \frac{1}{a} \right)$

Ich halte diese Einschätzung vor dem Hintergrund der damaligen Zeit für glaubwürdig und habe dem zugestimmt. Denn: Im Jahr 2000 hatten die wenigsten Schüler dauerhaft Zugriff auf das Internet – Netzzugänge in den Schulen waren Mangelware und an mobile Endgeräte mit Internetzugang war eigentlich noch nicht zu denken. Im Internet präsent zu sein, war etwas Besonderes. Viele Lehrkräfte leisteten mit ihren Projekten Pionierarbeit – tatsächlich etabliert für das schulische Lernen hat sich meiner Einschätzung nach bis dato kein Forum oder Blog[35].

Heute ist das Internet durch seine Omnipräsenz geprägt. Der Einsatz von Blogs liegt entsprechend nahe, wenn Schüler Produkte öffentlich entwickeln – sie also den Prozess transparent darlegen sollen. Darüber hinaus können Blogs auch zur asynchronen Kommunikation genutzt werden. Der Einsatz von Foren erscheint angebracht, um Schülern Wege aufzuzeigen, wie man sich selbst Informationen von Dritten beschafft.

4.8.4 MK4: Den Einsatz von Blogs und Foren reflektieren

Die Datenlage zu Foren und Blogs ist dünn, weswegen ich mich an dieser Stelle auf wenige Arbeiten stützen muss.

---

[35] Vielleicht sind Blogs auch eine Weiterentwicklung von Medien wie Lerntagebüchern? Widmer (2008) untersuchte in seiner Diplomarbeit, inwiefern Blogs als Lerntagebuch geeignet sind. Über ein Projekt aus einer ähnlichen Zeit berichtet Richardson (2011).

Tab. 4.3 Diese Tabelle systematisiert die Kommunikationstypen nach Van de Sande (2011, S. 61)

Charakterisierung	Aktivität bei der Anfrage	Aktivität bei Hilfe
Coasting	Ja	Nein
Slacking	Nein	Nein
Sustaining	Ja	Ja
Ramping	Nein	Ja

In ihrer Arbeit zur Nutzung von Foren durch Schüler untersuchte Van de Sande das Forum *FreeMathHelp*. Es handelt sich dabei um ein Forum des Typs *SOH*. Ihr Fazit möchte ich hier zitieren:

> The forum discussed in this paper does not sanction any single pedagogical approach and the result is a myriad of help tactics, ranging from provision of worked solutions to guiding and scaffolding. Student activity on this site also ranges from slacking to sustaining. Observing this forum raises questions about the relationship between the type of student activity in a given thread and the (perceived) helpfulness of the activity, the ways in which helpers decide which approach to take in given situation, and the factors that influence the nature of student activity. (Van de Sande 2011, S. 74 f.)

Kurz gesagt: Einem Schüler kann bei einer Anfrage in einem Forum alles passieren. Es hängt sowohl vom Fragenden als auch vom Antwortenden ab. Entsprechend ist es schwierig, den Einsatz von Foren in Lernprozessen gezielt zu planen. Sie unterscheidet dabei zwischen (vgl. auch Tab. 4.3):

Coasting: Es wird ein Problem eingebracht und die Kommunikation endet abrupt (z. B. da die Lösung vollständig angegeben wurde).

Slacking: Der Schüler verlangt nach einer Lösung, bleibt aber dann passiv und bringt sich nicht aktiv mitdenkend in den Prozess ein, sondern lässt sich eher mitschleppen.

Sustaining: Der Fragende wird in den Lösungsprozess aktiv eingebunden, indem er z. B. kleinere Tipps bekommt, die ihn einer Lösung Schritt für Schritt näherbringen.

Ramping: Der Schüler bringt sich im Laufe des Kommunikationsprozesses immer stärker ein, da er aktiviert wird.

Diese Kurzbeschreibungen können ohne die ausführliche kriteriale Beschreibung der Autorin verzerrend wirken. Entsprechend empfehle ich das zusätzliche Studium der Originalquelle, in der man auch einige illustrierende Beispiele findet. (Van de Sande 2011, S. 60–74). In der Stichprobe dieser Studie wurde Coasting am häufigsten beobachtet, gefolgt von Slacking. Eher selten ließen sich die Aktivitäten in die Kategorien Sustaining oder Ramping einordnen (Van de Sande 2011, S. 64).

Der Verlauf einer Forenanfrage ist schwierig vorherzusehen – mögliche Gründe für ad hoc endende oder schleppende Prozesse findet man ebenfalls bei Van de Sande (Van de

Sande 2011, S. 64 ff.). Jedoch waren es jeweils über 70 % der Fälle, in denen die Schüler nicht aktiviert oder bei der Lösung eingebunden wurden. Da viele Schüler die Möglichkeiten von Foren nutzen – auch wenn der Lehrer es nicht weiß, sollte man im Unterricht auf Verständnis achten und keine fertigen Lösungen akzeptieren. So würden auch die Lernenden in Foren mehr hinterfragen und deren Nutzung daran koppeln, inwiefern sie mit diesem Instrument mehr Mathematik verstehen.

4.8.5 Anmerkungen und Fazit zu Blogs und Foren

Ich habe unmittelbar nach der Jahrtausendwende ein Projekt zum *World Wide Publishing (WWP)* durchgeführt. Lernende einer Einführungsphase (damals die 11. Klasse) arbeiteten an selbst gewählten Fragestellungen. Vorgegeben war ein fester Rahmen, der einen terminlichen Ablauf und den mathematischen Kern – den Umgang mit Korrelationen und der linearen Regression (vgl. Pallack 2005a) – festlegte. Nach Veröffentlichung der Ergebnisse im Internet waren die Mitschüler jeweils aufgefordert, die Werke zu begutachten. Im Anschluss hatten die Autoren Gelegenheit, Korrekturen an ihren Arbeiten vorzunehmen.

Mein Fazit war weitgehend positiv, obwohl das Projekt von vielen technischen Hürden gekennzeichnet war, die mittlerweile natürlich nicht mehr in dieser Massierung aufträten, sich jedoch auch nicht vollends verhindern ließen (siehe dazu meinen persönlichen Bericht im Abschnitt *Wikis mitgestalten*). Jedoch ist es fraglich, ob Publikationen im Internet heutzutage noch eine ähnlich motivierende Wirkung hätten.

Ich habe in einer Fußnote die Diplomarbeit von Widmer (2008) angesprochen. Den Zustand der Lernplattform *lerntagebu.ch* sichten Sie bitte selbst. Ich denke, dass die Resonanz nicht nachhaltig war. Ähnlich erging es mir bei der Suche nach weiteren aktuellen Beispielen, die mit Blick auf den Bericht von Richardson (2011, S. 60 ff.) anschlussfähig erscheinen – leider ohne Erfolg. Im Licht der technischen Entwicklung erscheint mir die Präsentation im Kursverband für das Fach Mathematik in vielen Fällen wirkungsvoller – da persönlicher – als eine Publikation im Internet. Das Verhältnis von Nutzen zu Aufwand hat sich zwar für das Internet verbessert, da vieles einfacher geworden ist –, die Gesamtbilanz spricht fast 15 Jahre nach den ersten Online-Projekten jedoch eindeutig gegen diese Form der Dokumentation von Unterrichtsprozessen oder -ergebnissen.

Diese Bilanz sieht für andere Bereiche des Schullebens besser aus. Wenn Schüler über ihre Erlebnisse im Ausland oder auf einer besonderen Veranstaltung berichten, erleichtern die neuen technischen Möglichkeiten das ungemein. Solche Berichte sind immens bereichernd für das Schulleben.

Meine eigenen Erfahrungen mit Foren sind ebenfalls ambivalent. Gute Erfahrungen habe ich im unterrichtlichen Kontext mit Foren gemacht, in denen sich im Wesentlichen nur Spezialisten tummeln (zum Beispiel für LATEX oder ganz spezielle Teilgebiete der Mathematik). Schwierig wurde es immer, wenn es um Schulmathematik geht. Da wird vieles falsch oder verkürzt transportiert. Meine Sicht deckt sich also mit dem von Van de Sande gefundenen Spektrum. Häufig geht es in den Foren weniger um ernsthafte mathematische

Fragestellungen und das damit verbundene Erkenntnisinteresse als vielmehr um kurzfristige Abhilfe. Allerdings kann ich diese Einschätzung (bis auf die Zahlen aus der Arbeit von Van de Sande (2011)) nicht empirisch belegen.

4.8.6 Aufgaben

1. Tragen Sie eigene Erfahrungen (Blogs schreiben, Blogs lesen, ...) zu Blogs zusammen. Recherchieren Sie anschließend zu mathematikbezogenen Blogs. Sind Ihre eigenen Erfahrungen auf die gefundenen Materialien übertragbar?
2. In einem Forum wird die folgende Frage gestellt: *Streber 2.0: Ich muss morgen einen Beweis des Cosinus-Satzes vorstellen und habe keine Peilung. Kann mir jemand was schicken ... ;)* Entwickeln Sie verschiedene Arten von Kommunikationssträngen, mit denen Sie in einem Forum rechnen würden. Finden Sie die gleichen Kommunikationstypen wie Van de Sande (2011)?
3. Planen Sie einen möglichen Einsatz von Blogs bzw. Foren für eine Unterrichtssequenz zu Parabeln. Welche Wirkung sollen diese digitalen Medien haben – und wie wird das in Ihrer Planung deutlich?

4.9 Wikis mitgestalten

Der Erfolg von Wikis ist wohl nicht zu übersehen. 2001 wurde Wikipedia aufgesetzt und hat sich für Privatpersonen zu dem Nachschlagewerk überhaupt entwickelt. Es gibt auch Ansätze, Wikis gezielt zum Lernen von Mathematik zu nutzen. Dabei muss unterschieden werden zwischen dem Konsum von Wiki-Inhalten, was in anderen Einheiten dieses Buches verarbeitet wird, und der Mitgestaltung von Wikis, die hier in den Blick genommen wird.

4.9.1 MK1: Infos zu Wikis

Wiki ist Hawaiianisch und steht für „schnell" – wie ich gerade nochmals bei Wikipedia nachgeschlagen habe. Sie können es aber auch bei Richardson (2011, S. 95) nachlesen. Es handelt sich dabei um Webseiten[36], die mit einem vergleichsweise einfachen Editor bearbeitet werden können. Auch ohne Programmierkenntnisse können so Texte und Bilder öffentlich bereitgestellt werden. Im Gegensatz zu Blogs kann jeder zugelassene Nutzer die Inhalte aller Seiten ändern. Die Seiten eines Wikis sollen sich weiterentwickeln –

---

[36] In der Regel gehört zu jeder Wiki-Seite auch eine Diskussionsseite sowie eine Versionsgeschichte, in der Änderungen nachvollzogen werden können.

viele Beobachter oder sogar Autoren gelten als Qualitätsmerkmal für Artikel. Wikipedia funktioniert, da einige Menschen bereit sind, viel Arbeit und in das Verfassen von Artikeln zu investieren, und viele Menschen die eingestellten Inhalte prüfen. Stein und Hess fassen es am Ende ihres sehr lesenswerten Artikels zur Untersuchung ausgezeichneter Artikel in Wikipedia treffend zusammen:

> Für die deutsche Wikipedia gilt also: Viele Affen machen noch keinen Shakespeare, es müssen auch ein paar Dichter darunter sein. (Stein und Hess 2008, S. 128)

Inhalte, die einmal als exzellent gelten, sind dann wohl auch recht stabil. Richardson berichtet über ein Experiment, das Alex Halavais von der Universität von Buffalo durchgeführt haben soll. Es wurden 13 Fehler in Wikipedia-Artikel eingebaut. Das Ergebnis: Innerhalb weniger Stunden wurden alle Fehler korrigiert (Richardson 2011, S. 96). Ich gehe davon aus, dass es sich um recht prominente Beiträge handelte.

Das kann man positiv deuten, denn Wikipedia scheint zu funktionieren – kritisch betrachtet kann man das Ergebnis dieses Experiments aber auch so auslegen, dass eine große Zahl Beobachter oder das Vorhandensein exzellenter Autoren notwendige Voraussetzung für das Funktionieren eines öffentlichen Wikis ist. Denkbar ist ja ebenfalls, dass bei strittigen Themen eine kleine Gruppe Kontrolle über bestimmte Inhalte ausübt.

Wikis müssen aber nicht in jedem Fall öffentlich sein. Es gibt auch Schulen, die Server mit einem eigenen Wiki betreiben. Besonders nachhaltig ist mir der Bericht über kooperative Unterrichtsentwicklung mit einem Wiki des Freiherr-vom-Stein-Gymnasiums Bünde in Erinnerung geblieben (*Suchbegriffe: Netzwerk, Mathematik, Kooperative, Lehrplanentwicklung, nrw*). Hier sammeln Kolleginnen und Kollegen Materialien und tauschen sich über Unterricht aus. Das Wiki wird verwendet, um in einem gemeinsamen Bereich miteinander zu arbeiten.

Doch wie steht es mit dem Mathematikunterricht selbst? Haben Wikis hier einen potenziellen Nutzen für das Lernen von Mathematik?

4.9.2 MK2: Wikis kennenlernen und ausprobieren

Ähnlich wie bei Blogs und Foren bietet eine Internetsuche (*Suchbegriffe: wiki, Mathe*) einen guten Überblick. Mein Tipp ist jedoch die Seite http://wiki.zum.de. Hier erhalten Sie ausführliche Erläuterungen und gute Unterstützung. Direkt nach der Anmeldung kann mit der Gestaltung der eigenen Wiki-Seite begonnen werden. Auch finden Sie hier zahlreiche Beispiele zur Gestaltung von Wikis – Lernpfade sind hier ebenso angesiedelt wie klassische Artikel. Eine weitere Einführung finden Sie im Buch von Richardson (2011, S. 111 f.). Wer gründlicher einsteigen möchte, findet mit Ebersbach u. a. (2008) ein tiefergehendes und doch allgemein verständliches Werk.

4.9.3   MK3: Wikis mitgestalten

Es gibt viele positive Berichte über Wikis. Nur wenige beziehen sich allerdings auf die Gestaltung von Wiki-Seiten. Bei der Herausgabe des *„mathematiklehren"*-Themenheftes *Unterricht gemeinsam entwickeln* hatte ich Kontakt mit den beiden Mathematiklehrerinnen Maria Eirich und Andrea Schellmann (Eirich und Schellmann 2009). Sie berichteten über ihre Erfahrungen – vor allem mit Blick auf die gemeinsame Entwicklung von Unterricht. Krebs und Ludwig berichten über eine mehrwöchige Projektarbeit von 30 Schülern zum Modellieren, bei der ein Wiki parallel zum Unterricht benutzt wurde. Hier ein kleiner Einblick:

> In the following we will describe the project "lottery" exemplarily. The results agree with the other projects to a large extent. The project group lottery consisted of 3 students who considered the implementation of a lottery game at a school party. Besides, this group asked pedestrians about their estimations concerning the probability of winning the jackpot in the German lottery "6 of 49". Furthermore, they studied tip strategies, lotteries in other countries and the calculation of different lottery games. First of all, the entry page "lottery" was created and a link was set from "community portal" to this article. In the end, six articles and two discussion pages were set up by this project group. Discussion pages which exist for every article were used mainly for technical questions. Also, the user page of the wiki-administrator was taken advantage of. Interchange of project groups through discussion pages did not take place until it was initiated by the lecturer. (Krebs und Ludwig 2009, S. 3)

Im Gegensatz zu traditionellen Formen der Entwicklung eines Produktes kann der Lehrer während der Arbeit die Fortschritte beobachten und Diskussionen asynchron zum Unterricht anstoßen. Die Möglichkeit, Links zu setzen, stellt einen echten Mehrwert dar.

Insgesamt ist jedoch die Berichtslage zum Einsatz von Wikis beim schulischen Lernen dünn. Eine Übersicht zu schulischen Projekten im Allgemeinen findet man bei Richardson (2011, S. 95–116). Eine weitere Alternative, um sich einen Einblick in die mögliche schulische Nutzung von Wikis zu verschaffen, ist der Besuch von Schul-Wikis. Einige sind unter wikis.zum.de verlinkt.

4.9.4   MK4: Die Gestaltung von Wikis reflektieren

Wikis gibt es nun schon einige Zeit – lange genug, um einen Erfahrungsschatz aufzubauen. Dieser Schatz ist allerdings klein. Ein Versuch erscheint trotzdem lohnend, wenn an der Schule bereits ein Portal vorhanden ist oder die Lehrkraft sich mit der Nutzung eines bereits vorhandenen Wikis, wie dem ZUM-Wiki, anfreunden kann. Lehrende sollten vorab festlegen, mit welchem Ziel das Wiki eingesetzt werden soll. Dabei können folgende Fragen hilfreich sein:

- Hat bei meinem Vorhaben die gemeinsame Bearbeitung einer Webseite einen Mehrwert?

- Macht es bei meinen Vorhaben Sinn, mit den Schülern asynchron zu kommunizieren?
- Ist sichergestellt, dass alle Schüler – auch außerhalb des Unterrichts – Zugriff auf das Wiki haben?
- Kann von einer hinreichenden Stabilität und Verfügbarkeit des verfügbaren Wikis ausgegangen werden?

Davon, dass Wikis von sich aus motivieren, kann nicht ausgegangen werden – kein mathematischer Inhalt wird durch ein „Wiki-Add-on" besser oder motivierender. Krebs und Ludwig (2009) kommen insgesamt zu ernüchternden Ergebnissen bezüglich Motivation und Kooperation (siehe auch mein persönliches Fazit im nächsten Abschnitt). Dessen sollte man sich beim Einsatz von Wikis bewusst sein.

4.9.5 Anmerkungen und Fazit zur Gestaltung von Wikis

Ich habe rund fünf Jahre mit Wikis gearbeitet – und zwar sowohl in der universitären als auch in der schulischen Ausbildung. Über meine Erfahrungen könnte ich Bände schreiben – ich konzentriere mich jedoch auf drei zentrale Punkte: Arbeiten mit dem Wiki, Motivation und Kooperation.

Arbeiten mit dem Wiki: Krebs und Ludwig (2009, S. 2) berichten darüber, dass es in ihrem Projekt einige Zeit dauerte, bis die Schüler überhaupt begannen, mit dem Wiki zu arbeiten. Die gleiche Erfahrung konnte ich 2009 in einem Projekt mit rund 70 Schülerinnen und Schülern machen. Die Aufgabe der Lernenden war es, eine selbst gewählte Fragestellung rund um die Stadt Soest gemeinsam zu bearbeiten. Vorgegeben waren ein Zeitplan sowie ein grober inhaltlicher Rahmen. Über dieses Projekt berichtet auch Richardson (2011, S. 106 f.) Trotz den vergleichsweise niedrigen Anforderungen an die Bedienung erhielt ich zu Deadlines immer wieder handgeschriebene Berichte oder Dateien via E-Mail in allen möglichen Formaten. In universitären Kursen war das anders. Zum einen fand die Einführung in das Erstellen der ersten eigenen Wiki-Seite im Rahmen des Seminars statt. Zum anderen war die Einrichtung einer Wiki-Seite notwendige Voraussetzung, um die Leistungspunkte zu bekommen. Aebi u. a. (2009) haben an der Fachhochschule Luzern Studierenden der Wirtschaft die Aufgabe gegeben, ein Netzdossier aus den Bereichen Arbeitswelt oder Zukunftsforschung zu erstellen. Sie kommen mit Blick auf das Arbeiten im Wiki zu einem ähnlichen Fazit.

Motivation: Krebs und Ludwig (2009, S. 2) berichten, dass die Benutzung des Web 2.0 Schüler nicht grundsätzlich motiviert. Ich würde sogar noch einen Schritt weiter gehen und behaupten, dass die Motivation im schulischen Bereich nahezu verschwindet, wenn die Benutzung eines Wikis aus Sicht der Schüler keinen unmittelbaren Mehrwert bietet. Im universitären Bereich wurden die meisten Beiträge mit Sorgfalt erstellt und Optionen wie Verweise auf andere Seiten häufig genutzt. Die Studierenden profitierten darüber hinaus langfristig von den Seiten des Wikis: Diese wurden immer wieder erweitert oder verbessert und bildeten damit einen Ideenpool für den Unterricht mit digitalen Medien.

Kooperation: Tatsächlich erschien es aus Sicht meiner Schüler schwer nachvollziehbar, dass die vorhandene (synchrone) Kooperation untereinander – sei es im Klassenverband oder im Chat – durch ein Wiki (asynchron) begleitet werden soll. Meine Schüler, wie auch die Studierenden, nutzten das Wiki mehr oder minder, um fertige Produkte bereitzustellen oder ihren Prozess zu protokollieren. Darüber hinaus arbeiteten in der Regel niemals mehrere Schüler oder Studierende an einer Textpassage – viel mehr wurden die Aufgaben aufgeteilt, so dass jeder seinen eigenen Beitrag hatte. Diese Erfahrungen decken sich mit den Ergebnissen von Krebs und Ludwig (2009, S. 4) sowie auch mit denen von Aebi u. a. (2009, S. 7): „Die Vorteile der kooperativen Texterstellung haben die Studierenden noch wenig genutzt."

Das Potenzial von Wikis wird – so meine These – von Schülern und Studenten erfahrungsgemäß wenig genutzt. Inhaltliche Diskussionen finden nur selten asynchron statt, es sei denn, dass sie vom Lehrenden angeregt wurden. Ein möglicher Grund dafür ist, dass es bei den hier beschriebenen Fällen immer Gelegenheit zur synchronen Kommunikation gab. Aber es wäre auch künstlich, diese auszuschalten. Ein weiterer möglicher Grund ist, dass Schüler sich nicht als Experten fühlen, die sich über ein Thema kompetent austauschen können. Anders als in sozialen Netzwerken „verfliegt" die Kommunikation nicht, sondern ist Teil eines Produkts. Gute Kooperation im Wiki funktioniert wohl am ehesten, wenn es ein Experten-Experten- oder ein Novizen-Experten-Verhältnis[37] gibt.

Gut geeignet erscheinen Wikis hingegen für die Kooperation unter Lehrkräften, vor allem wenn diese an verschiedenen Standorten leben oder arbeiten[38]. Ein Besuch des ZUM-Wikis (http://wiki.zum.de) wird das eindrucksvoll belegen. Eine Beschäftigung mit den Möglichkeiten von Wikis kann für Lehrkräfte – und solche, die es werden wollen – entsprechend sinnvoll und auch gewinnbringend sein.

4.9.6   Aufgaben

Im Internet finden Sie schulspezifische Wikis, wie wikis.zum.de.

1. Suchen Sie im ZUM-Wiki nach Materialien zum Inhalt Dreiecke. Tragen Sie die relevanten Informationen zusammen, die dieses Wiki liefert.
2. Wikis ermöglichen die Kooperation verschiedener Autoren. Man kann einsehen, wer an den Beiträgen mitgeschrieben hat. Fertigen Sie eine kleine Statistik über die Anzahl

---

[37] Lehnen (2000) untersuchte in ihrer Studie unterschiedlich geübte Schreiber beim Verfassen wissenschaftlicher Texte – der Status eines Schreibers wurde dabei von ihr hervorgehoben berücksichtigt.

[38] Einschränkend muss angemerkt werden, dass Wiki-Seiten natürlich dem Urheberrecht unterliegen. Das Bereitstellen von angefertigtem urheberrechtlich geschützten Lernmaterialien ist hier ebenso verboten wie auf normalen Webseiten. Für interne Wikis gelten von Land zu Land und von Behörde zu Behörde andere Vorgaben und Gesetze, weswegen hier keine pauschale Aussage möglich ist.

der Autoren von zehn Seiten an, die im Laufe der letzten Woche eine Seite editiert haben. Tipp: Nutzen Sie dafür unterschiedliche Wikis, auch Wikipedia.

3. Wikis regen die Diskussion an. Suchen Sie bei Wikipedia (http://wikipedia.de) den Eintrag zu Carl-Friedrich Gauß. Vergleichen Sie die Autorenaktivität sowie das Diskussionsverhalten mit Beiträgen aus dem pädagogischen ZUM-Wiki.

4. Das ZUM-Wiki ist offen für alle. Erstellen Sie dort eine eigene Seite.

4.10 2D-Graphen erstellen

Die Graphen von Funktionen automatisiert zu berechnen und darzustellen[39], ist eines, wenn nicht sogar das zentrale Werkzeug für den Umgang mit Funktionen in der Schule. Zwei Variablen werden miteinander verknüpft. Dieser Zusammenhang kann häufig in der Anschauungsebene dargestellt werden. Für den Mathematikunterricht von besonderer Relevanz sind digitale Medien, die explizit gegebene Funktionen in Abhängigkeit von einer Veränderlichen in einem kartesischen Koordinatensystem darstellen – kurz *Funktionenplotter*[40] genannt (vgl. Abb. 4.8). Darüber hinaus können von vielen Verbünden von Domänen digitaler Medien (wie GeoGebra oder TI-Nspire) auch implizite Funktionen oder Kurven (vgl. Weigand und Weth (2002, S. 96 f.); Weißkirch (2010)) dargestellt werden.

Die exponierte Stellung des Funktionenplotters unter den Domänen digitaler Medien unterstreicht auch eine Befragung von Bichler (2010a). Insgesamt 71 von 137 Schülern, die im Rahmen eines Modellversuchs in den Jahren 2003/2004 mit einem Taschencom-

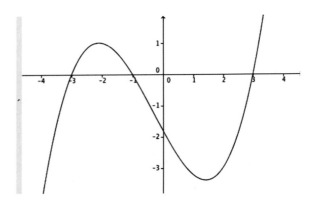

Abb. 4.8 Der Graph einer Funktion, dargestellt mit Hilfe des Funktionenplotters von GeoGebra

---

[39] Die Domäne *2D-Graphen erstellen* wird über diese Funktionalität in der Ebene definiert.
[40] Hischer (2002, S. 246–257) beschreibt die Genese dieser digitalen Medien von echten Plottern, bei denen ein Stift über Papier geführt wird, bis hin zu aktuelleren Entwicklungen. Eine lesenswerte Zusammenstellung, die auch belegt, dass es in den letzten zehn Jahren kaum weitere Entwicklungen bei diesem digitalen Medium gegeben hat.

puter (Voyage 200) unterrichtet wurden, gaben auf die Frage: „Ist Ihnen etwas ganz besonders positiv in Erinnerung geblieben, was Sie mit dem Voyage 200 (im Unterricht oder zuhause) gesehen oder erlebt haben?", als freie Antwort an: „Zeichnen von Graphen – besonders: nicht nur starre Darstellung der Funktionsgraphen", womit wahrscheinlich die Möglichkeit der Visualisierung von Funktionenscharen gemeint ist. Die zweithäufigste Nennung der Schüler war „Messungen – abwechslungsreicher Unterricht, lebensnah" mit insgesamt 17 Nennungen (Bichler 2010a, S. 157 f.). In einer weiteren Befragung aus dem Jahr 2008 (in dieser Projektphase waren 639 Schüler beteiligt) gaben 100 % der Schülerinnen und Schüler an, die Funktionalität *Zeichnen von Graphen* häufig (82 %) oder hin und wieder (18 %) zu nutzen (Bichler 2010a, S. 251). Auf ähnlich hohe Zustimmung (> 90 %) kamen nur die Funktionalitäten *Algebraisches Lösen von Gleichungen („solve"*-*Befehl)* (97 %) und *Befehl zur Berechnung von Ableitungen* (97 %) – also reine Computer-Algebra-Systemfunktionalitäten. Auch bei Befragungen von Lehrkräften führt der Funktionenplotter die Liste der genutzten Funktionalitäten an Bichler (2010a, S. 261).

4.10.1   MK1: Infos zum Erstellen von 2D-Graphen und deren Wirkung

Einige Wirkungshoffnungen des Einsatzes von Funktionenplottern beschreiben Weigand und Weth (2002). Im Bereich der Algebra können Terme visualisiert werden und so zu einem besseren Verständnis beitragen. Als Katalysator zur Begriffsbildung können Funktionenplotter beim Umgang mit Funktionen dienen. Durch die Möglichkeit, zwischen verschiedenen Darstellungen zu wechseln, unterstützen sie das Problemlösen[41]. Insbesondere beim Modellieren sollen Funktionenplotter nützlich sein – gerade im Verbund mit der Domäne *Daten graphisch auswerten*. Komplexe Operationen wie das Verknüpfen von Funktionen können anschaulich dargestellt werden. Untersuchungen, die Lernende algebraisch nicht oder noch nicht in den Griff bekommen, können graphisch angegangen werden.

Technisch erstellen Funktionenplotter eine Wertetabelle. Punktpaare werden graphisch dargestellt und häufig verbunden (Hischer 2002, S. 247). Dabei können Effekte wie das Aliasing auftreten (Hischer 2002, S. 295–309). In Abb. 4.9 ist der Graph von $\sin(x)$ dargestellt. Ohne weitere Beschriftung müsste man vermuten, dass der andere Graph $-\sin(x)$ ist. Es handelt sich jedoch um den Graphen von $\sin(98,99 \cdot x)$, dargestellt mit TI-Nspire (in der Softwareversion 3.2). Wie kommt dieser Effekt zustande? Berechnet wird eine feste Zahl Punktepaare. Oszilliert der Graph der Funktion hinreichend heftig, wird der Anschein erweckt, dass es sich um den Graphen einer anderen Funktion handelt. Das Os-

---

[41] Indizien wie die Funktionalität, den Graphen einer Funktion automatisiert zeichnen zu können, die sich positiv auf das Verhalten beim Problemlösen auswirken, findet man bei McCulloch (2011, S. 177): „Using the graphing calculator changed the situation from one of defeat and frustration to one in which he was curious because he had a tool that he could use to easily explore." Beschrieben wird unter anderem der Fall Maryanne, die eine Problemlösung nur erfolgreich durchführen konnte, weil sie den Funktionenplotter als Werkzeug eingesetzt hatte.

Abb. 4.9 Die mit Hilfe digitaler Medien erstellten Graphen
von Funktionen können den
Nutzer täuschen

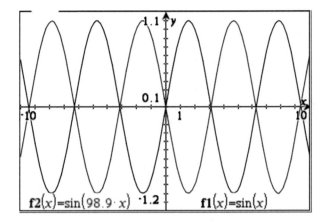

zillieren verschwindet zwischen den Punktepaaren. Dieser Effekt tritt faktisch bei allen
Funktionenplottern auf, die Wertepaare berechnen – mir ist kein digitales Medium aus der
Domäne *2D-Graphen darstellen* bekannt, das diesen Effekt vollständig verhindert[42].

4.10.2   MK2: 2D-Graphen erstellen

Eingegeben werden Funktionsterme. Selbst in komfortablen Funktionenplottern findet
man Vorgaben, die beim Erstellen von Graphen von Funktionen beachtet werden müssen. Ein Beispiel ist, dass die variable Größe meist mit x bezeichnet wird. Bei integrierten
Funktionen (wie $\sqrt{\ }$ oder $e^{\cdot}$) müssen Eingabekonventionen beachtet werden (z. B. Wur-
zel(.) oder exp(.)).

Um eine angemessene Darstellung zu finden, kann der Fensterbereich angepasst werden. Ist das digitale Medium auf Tablet-Computern mit Gestensteuerung implementiert,
erfolgt die Auswahl des Bildschirmbereichs durch Vergrößern oder Verkleinern[43] sowie
Verschieben. Alternativ wird der Bildschirmausschnitt über vier Zahlen (xmin, xmax,
ymin, ymax) festgelegt.

Die Funktionalitäten zwischen verschiedenen Verbünden von Domänen digitaler Medien, die Funktionenplotter beinhalten, sind sehr unterschiedlich. Häufig vorhanden ist die
Funktionalität *Trace*[44]. Dabei wird der dargestellte Graph Punkt für Punkt abgefahren und
die Koordinaten der Punkte angezeigt (vgl. Abb. 4.10).

---

[42] Einige Programme bieten jedoch die Option Anti-Aliasing: http://graph-plotter.cours-de-math.
eu, siehe auch Abb. 4.10.

[43] Meist wird dazu mit zwei Fingern eine Geste ausgeführt. Unter http://www.pallack.de/DiMe finden Sie einen Film, der den Einsatz eines Tablet-Computers zeigt.

[44] Unter http://www.mathe-fa.de findet man einen Funktionenplotter, der – wie die meisten nur online verfügbaren Funktionenplotter – auf diese Funktionalität verzichten.

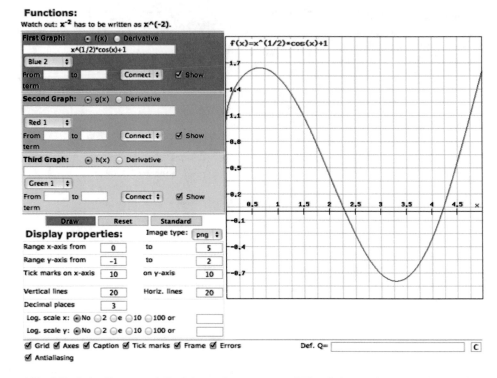

Functions:
Watch out: x^{-2} has to be written as $x^{(-2)}$.

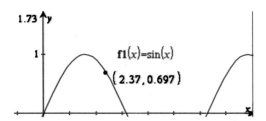

Abb. 4.10 Beim Umgang mit Funktionenplottern muss auf Eingabekonventionen geachtet werden. Bei einfachen Systemen erfolgt das Einstellen des Bildschirmausschnitts durch Angabe von vier Zahlen. Hier abgebildet ist das Angebot der Webseite http://graph-plotter.cours-de-math.eu

Abb. 4.11 Den Graph mit einem Zeiger Punkt für Punkt abzufahren, ist eine nützliche Funktionalität, die in vielen Funktionenplottern vorhanden ist

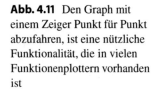

Meist vorhanden sind zudem Möglichkeiten, Graphen zu analysieren, also Nullstellen oder besondere Punkte zu suchen. Auch Funktionalitäten wie das numerische Bestimmen von Ableitungen an einer Stelle oder bestimmter Integrale findet man selbst in einfachen Verbünden von Domänen digitaler Medien, die in Techniken wie graphischen Taschenrechnern eingesetzt werden. Für die meisten Einsatzszenarien reichen jedoch die basalen Funktionalitäten (vgl. Abb. 4.11).

Zum Erproben eines Funktionenplotters können kostenlose Online-Angebote verwendet werden, wie z. B. http://www.geogebra.org/webstart/geogebra.html.

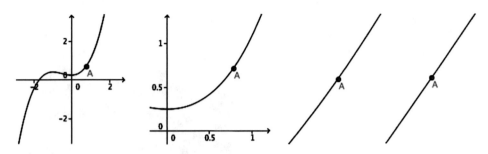

Abb. 4.12 Der Funktionenplotter als Funktionenmikroskop

4.10.3 MK3: Das Erstellen von 2D-Graphen nutzen

In der Oberstufe ist die Analysis für den Einsatz von Funktionenplottern prädestiniert:

> Der Rechner als Funktionenplotter verändert den Charakter der „klassischen" Kurvendiskus-
> sionen. An ihre Stelle kann teilweise ein experimentelles Arbeiten mit Funktionsgraphen und
> Kurven treten. Dabei spielen die einfache Parametervariation und die Zoom-Funktion in Gra-
> phikprogrammen eine wichtige Rolle. (Tietze u. a. 2000, S. 225)

Bereits Knoche und Wippermann (1986)[45] konkretisieren, wie ein Tischrechner mit
Plotter genutzt werden kann, um Analysis anschaulich zu gestalten. Beschrieben wird ein
Prozess, bei dem immer näher an eine Stelle a „gezoomt" wird, um die Steigung in einem
Punkt näherungsweise zu bestimmen (vgl. Abb. 4.12).

Dargestellt wurde hier der Graph von $f(x) = \frac{1}{3}x^3 + \frac{1}{2}x^2 + \frac{1}{4}$. Ein Punkt A wurde
auf den Graphen gesetzt und anschließend dieser Ausschnitt vergrößert. Praktisch erhält
man eine Gerade, deren Steigung man berechnen kann. Darauf aufbauend kann der Tan-
gentenbegriff[46] erweitert werden – tatsächlich erhält man damit auch ein Werkzeug zum
näherungsweisen Differenzieren an einer Stelle. Alleine diese Funktionalität reicht aus,
um charakteristische Punkte eines Graphen, wie Nullstellen oder Hoch- und Tiefpunkte,
näherungsweise zu bestimmen.

Elschenbroich u. a. (2014) unterbreiten einen Vorschlag zur Erweiterung dieses bereits klassischen Zugangs. Sie nutzen die Software GeoGebra, um zwei Graphikfenster
darzustellen. Im linken Fenster sieht man den Graphen in Gänze, also mit den charakteris-
tischen Punkten wie Extrem- oder Wendepunkte. Zusätzlich wird ein Rechteck angezeigt,
das dem Zoom-Rechteck entspricht. Im linken Fenster wird dann der vergrößerte Bereich

---

[45] Der Vorschlag stammt sogar aus dem Jahr 1979 (Elschenbroich u. a. 2014, S. 34).

[46] Bei diesem Zugang steht die lokale Glättung im Fokus – er kann jedoch auch erweitert werden zur
Idee der lokalen linearen Approximation. Bichler (2009) beschreibt diese Erweiterung ausführlich
und macht Vorschläge zur Nutzung digitaler Medien, insbesondere des Funktionenplotters. Aktuel-
leres Material für den Unterrichtseinsatz findet man bei Arnold u. a. (2010, S. 12).

Abb. 4.13 Die Aufgabe zu
diesem Bild lautet: Stelle den
Geist auf dem Bildschirm dar

angezeigt, so dass man stets im Blick hat, was eigentlich vergrößert dargestellt wird. In Abgrenzung zum Funktionenmikroskop nennen sie dieses Vorgehen die Funktionenlupe[47].

Hischer (2002) schlägt vor, Funktionenplotter nicht nur als Unterrichtsmittel, sondern auch als Unterrichtsinhalt zu nutzen. Der in Abb. 4.9 gezeigte Effekt kann als möglicher Anlass genommen werden. Vorteilhaft an diesem Zugang ist sicher, dass Lernende den Einsatz von digitalen Medien dieser Domäne einfacher und vielfältiger reflektieren werden.

Eine klassische Aufgabe zum Einsatz von Funktionenplottern ist das Imitieren von Formen. Das können reale Bauformen, aber auch fiktive Formen sein. Barzel u. a. (2003) schlägt vor, die Silhouette eines Geistes darzustellen (vgl. Abb. 4.13). Pallack (2011b) hat die Idee aufgegriffen und liefert einen Vorschlag, wie man ein mathematisches Daumenkino[48] mit Hilfe solcher Formen erstellt.

Mit dieser Aufgabe können verschiedenste Ziele angelegt werden. So können Graphen von Polynomfunktionen im Allgemeinen wie auch spezielle Eigenschaften (doppelte Nullstellen, absolutes Maximum, ...) thematisiert werden. Insbesondere können die Auswirkungen einzelner Werte studiert werden: Man setzt Koeffizienten als Parameter, die dann systematisch variiert werden.

In der einfachsten Form werden Werte ersetzt und der Graph dann neu erstellt. Komfortabler und heute Standard in vielen digitalen Medien ist die Nutzung eines Schiebereglers (vgl. Abb. 4.14). Dem Schieberegler werden eine Variable sowie ein Intervall zugewiesen. Anschließend kann der Wert der Variable variiert werden[49].

---

[47] Das digitale Material der Autoren kann unter http://geogebratube.org/student/b409833 abgerufen werden. Einen Kurzbeitrag von Elschenbroich zu diesem Thema finden Sie im Sammelband *Beiträge zum Mathematikunterricht* 2014, der unter der URL http://wck.me/6JA abgerufen werden kann.

[48] Das Ergebnis findet man unter http://youtu.be/irCy8vk8jC8.

[49] Ein Eindrucksvolles Beispiel zur Nutzung der Parametervariation beim Modellieren der sogenannten Blockabfertigung findet man in Siller u. a. (2013).

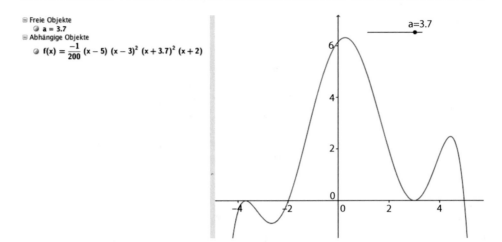

Freie Objekte
  ○ a = 3.7
Abhängige Objekte
  ○ $f(x) = \dfrac{-1}{200}(x-5)(x-3)^2(x+3.7)^2(x+2)$

Abb. 4.14 Mit einem Schieberegler können Parameter, hier der Faktor $(x+a)^2$, gezielt und interaktiv variiert werden

Abb. 4.15 Hat eine Polynomfunktion 3. Grades drei Nullstellen und man legt eine Tangente an die Stelle zwischen zwei äußeren Nullstellen, so schneidet die Tangente den Graphen der Funktion in der dritten Nullstelle

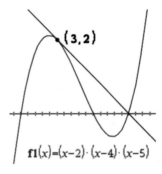

Eine weiteres Potenzial des automatisierten Erstellens von 2D-Graphen ist, dass in kurzer Zeit viele Beispiele erzeugt werden können. In Aufgabe 1 am Ende dieses Abschnitts wird eine Eigenschaft von Graphen von Polynomen vom Grad drei beschrieben (vgl. Henn 2002). Diese Eigenschaft überrascht erst einmal – entsprechend erzeugt man einige Beispiele, um die Eigenschaft zu testen und mögliche Gründe für die Gültigkeit der Eigenschaft zu finden.

4.10.4 MK4: Das Erstellen von 2D-Graphen reflektieren

Funktionenplotter übersetzen Funktionsterme in ein Bild (vgl. Abb. 4.15). Grundsätzlich besteht die Gefahr, Charakteristika des Funktionsterms nicht mehr oder nicht hinreichend wahrzunehmen, da das Bild nur einen Klick weit entfernt ist. So wäre es natürlich kontraproduktiv, die Nullstellen der Funktion $f(x) = (x-3)(x-1)(x+\pi)$ graphisch zu bestimmen. Schneider fasst einige Gefahren des automatisierten Erstellens von 2D-Graphen zusammen:

> Die leichte Verfügbarkeit grafischer Darstellungen brigt auch die Gefahr in sich, dass die Schülerinnen und Schüler sie gedankenlos und ziellos erstellen und manipulieren. Die Darstellungen werden dann oft nur optisch als mehr oder weniger ansprechende Bilder denn als Darstellungen wahrgenommen. Untersuchungen [...] haben gezeigt, dass diese Möglichkeiten einige Schülergruppen zum unreflektierten Erzeugen immer neuer Graphen verführt: Einige Lernende haben innerhalb einer halben Stunde über 50 Graphen auf dem Bildschirm erstellt. Ein Lesen und Interpretieren der jeweiligen Graphen sowie ein Reflektieren darüber ist bei einer solchen Graphenfülle in so kurzer Zeit natürlich nicht mehr möglich. (Schneider 2003, S. 41 f.)

Zentral für die Reflexion des Einsatzes von Funktionenplottern ist die Verhältnismäßigkeit des Einsatzes mit Blick auf die Fragestellung sowie eine angemessene Erwartungshaltung zum Aussehen des Graphen. Häufig auftretende Schwierigkeiten, wie die (unreflektierte) Wahl eines ungeeigneten Bildschirmausschnitts[50], können so gemildert werden.

Aber auch der bewusste Verzicht auf das digitale Medium an geeigneter Stelle beinhaltet Chancen: Man kann nach Eigenschaften fragen (Verhalten im Unendlichen, mögliche Anzahl der Nullstellen, ...), um zu klären, welche Verbindungen vom Term zum Graphen Lernende bereits selbst – ohne Einsatz des digitalen Mediums – erklären können. Ein ausführliches Konzept zu dieser Art des Einsatzes digitaler Medien – insbesondere des Funktionenplotters – findet man in der Dokumentation des niedersächsischen CALiMERO-Projektes (siehe z. B. Bruder und Weißkirch 2009).

Kontraproduktiv wäre es jedoch, Funktionenplotter nur ergänzend in einem eigentlich rechnerfreien Unterricht einzusetzen. Bereits bei vermeintlich einfachen Gleichungen wie $\cos(x) = x$ versagen sämtliche Lösungskalküle und man ist auf numerische Lösungen angewiesen. Ohne digitales Werkzeug werden die wenigsten Schüler Gleichungen dieser Art angehen – mit der Vorstellung, dass die Lösung nichts anderes ist als der Schnitt zweier Graphen, kann man die Anzahl der Lösungen (es ist eine Lösung) sowie das Aussehen der Graphen (der Graph von $\cos(x)$ ist eine verschobene Sinusfunktion und der Graph von x ist eine Gerade) prognostizieren und mit Hilfe des Funktionenplotters eine Lösung finden. Entsprechend können Lernende angeregt werden zu argumentieren. Büchter und Leuders (2005, S. 39) stellen ein Beispiel vor, bei dem der Plot einer Funktion sowie ihre erste Ableitung $(x - 1)(x - \frac{6}{5}\sin(x))$ gegeben sind. Gesucht sind mögliche Extremstellen – und aus dem Plot der Funktion lässt sich wenig schließen.

---

[50] Schneider (2003) fasst das nötiges mathematisches Wissen und Verständnis zur Wahl eines geeigneten Bildschirmausschnitts zusammen. Weigand (1999) beschreibt, dass bei einer Fallstudie Lernende, die einen ungeeigneten Bildschirmausschnitt wählten, (a) den Lehrer riefen, (b) unreflektiert zur nächsten Aufgabe gingen, (c) in technischen Handlungsaktivismus verfallen, (d) eine Pause machen und beginnen zu überlegen oder (e) mit Bleistift und Papier weiterarbeiteten, wobei (d) und (e) nur bei guten Schülern zu beobachten war (vgl. Weigand 1999, S. 45).

Abb. 4.16 Die Darstellung
einiger Funktionenplotter ist
sehr grob

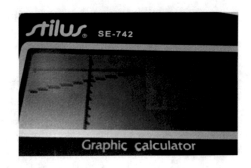

Doch Bilder von Funktionen bringen noch andere Herausforderungen mit sich. Bei einigen graphischen Taschenrechnern sehen Geraden nicht wie Geraden aus (vgl. Abb. 4.16).

Dieser Effekt trifft zwar auf alle Techniken zu, bei graphischen Taschenrechnern sollte er jedoch thematisiert werden. Dazu gehört eine Reflexion darüber, welche Informationen man den Bildern entnehmen kann und welche nicht oder zumindest nicht mit Sicherheit. Dem Vorschlag folgend, dass man Werkzeuge wie den Funktionenplotter auch als Inhalt im Unterricht behandeln kann, ist dieser Effekt sicher ein Ansatz. Konkrete Vorschläge, die auch in der Sekundarstufe I umgesetzt werden können, beschreiben Herget u. a. (2008).

In vielen Publikationen, z. B. Weigand und Weth (2002, S. 120 ff., S. 133 ff.) oder Greefrath u. a. (2013), findet man Vorschläge, wie Funktionenplotter im Verbund mit anderen Domänen digitaler Medien (wie *2D-Konstruktionen erstellen* oder *Gleichungen lösen*) eingesetzt werden können. Die technischen Möglichkeiten dieser Verbünde sind immens – und übersteigen das, was in der breiten pädagogischen Praxis realisiert wird, bei Weitem. Selbst in Ländern mit bereits langjährigem verpflichtendem Einsatz von graphischen Taschenrechnern werden nur elementare Funktionen – wie das Plotten von Graphen – wirklich genutzt. Greefrath u. a. bezeichnen die Komplexität sogar als Gefahr: „Als Gefahr oder zumindest Herausforderung ist die Komplexität der Visualisierung zu nennen, insbesondere bei der Verknüpfung mehrerer Darstellungsformen. [...] Weiter ist ein allfälliges oberflächliches Verhaftet-Bleiben an der dynamischen Oberfläche anstelle einer mathematischen Durchdringung des Sachverhalts zu befürchten." (Greefrath u. a. 2013, S. 7)

Die auf den ersten Blick bescheidene Funktionalität, 2D-Graphen automatisiert zu erstellen, besitzt bereits ein großes Potenzial:

> Durch die leichte, rasche und flexible Verfügbarkeit grafischer Darstellungen können diese sehr viel häufiger und effizienter zur Generierung von mathematischen Vermutungen und zur Ideenfindung eingesetzt werden, als dies bei händischer Erstellung der Grafiken möglich wäre. Mathematische Begriffsbildungen und die Erarbeitung von Begriffseigenschaften werden anschaulich unterstützt, die Schülerinnen und Schüler können diese genauer kennen lernen und besser verstehen. Sie haben mehr Gelegenheiten, die mathematischen Begriffe selbstständig zu untersuchen, zu interpretieren und darüber zu kommunizieren. (Schneider 2003, S. 41)

Es wäre bereits viel erreicht, wenn die Möglichkeit, 2D-Graphen automatisiert zu erstellen, flächendeckend sinnvoll genutzt würde.

4.10.5   Anmerkungen und Fazit zu 2D-Graphen erstellen

2D-Graphen werden im Bereich der schulischen Analysis massiv genutzt, weswegen ich mich hier auf diesen Bereich konzentriere. Studierende sind immer wieder erstaunt, wie moderne Funktionenplotter faktisch jedes Anwendungsproblem aus dem Bereich Analysis via Knopfdruck erledigen. Wenn es um näherungsweise Lösungen geht, benötigt man die meisten Kalküle der Analysis nicht. Der Schritt von der Entwicklung zentraler Begriffe, vor allem aus dem Bereich Analysis, hin zur Berechnung erfolgt – so zumindest mein Eindruck – häufig zu schnell. Hischer (2013) geht sogar so weit, das Streichen der Analysis aus dem Inhaltskanon des Unterrichts zu fordern, falls Mathematik durch den Einsatz von Technik (hier speziell dem GTR) zu einem spielerischen Knöpfchendrücken degradiert wird. Neueste Technik setzt hier meiner Einschätzung nach auch neue Maßstäbe und bringt neue Herausforderungen. Während beim GTR zumindest geeignete Bildschirmausschnitte gewählt werden mussten, erledigt das mittlerweile ein Scrollen am Rädchen der Maus oder eine Geste beim Tablet-Computer. Inwiefern diese neuen Möglichkeiten die Situation, Aufgaben aus dem Bereich der Analysis im Wesentlichen ohne inhaltliche Gedanken lösen zu können, verschärft, bleibt abzuwarten.

Tatsächlich geraten Lehrkräfte in die Situation, sich rechtfertigen zu müssen: Ein Zentralabitur setzt Normen. Es gilt Schüler darauf vorzubereiten, diese Aufgaben effektiv zu lösen, so zumindest eine landläufige Meinung. Vergessen wird häufig, dass die schriftliche Abiturprüfung lediglich einen Tag am Ende der Schullaufbahn umfasst, während die mathematische Bildung, die Lernende aus drei Jahren Oberstufenunterricht mitnehmen können, ein Leben lang währt. Entsprechend ziehe ich ein ähnliches Fazit wie Weigand (1999) oder auch Hischer (2012, S. 27): Die Zeit, die man durch das automatisierte Darstellen von 2D-Graphen spart, muss investiert werden in Muße, um das Lernen entschleunigen und damit das Verstehen zu fördern[51]. Dass dies eine echte Herausforderung darstellt, lässt sich an dem oben vorgestellten Beispiel von Büchter und Leuders (2005) illustrieren: Die Autoren bauen eine beeindruckende Argumentationskette auf – Lernende, die es gewohnt sind, solche Fragen mit dem Funktionenplotter zu lösen, werden binnen kurzer Zeit eine tragfähige Antwort finden, ohne dabei auch nur ansatzweise eine anspruchsvolle Argumentationskette zu durchlaufen[52].

---

[51] Hischer (2013) zeigt, dass sich Lehrkräfte dabei nicht unbedingt auf Schulbücher verlassen können. Mathematiklehrer sind entsprechend mit ihrer Profession gefordert.

[52] Man lässt den Graphen der Ableitung plotten. Es sieht dann so aus, als ob der Graph drei Nullstellen hätte. An zwei Stellen schneidet der Graph die x-Achse, an einer scheint er sie zu berühren. Das ist die interessante Stelle. Dort zoomt man sich so weit wie möglich heran und erkennt nach einigen Schritten, dass sich hier in Wirklichkeit zwei Nullstellen nah beieinander befinden.

Abb. 4.17 Graph einer Gerade, dargestellt mit einem
graphischen Taschenrechner

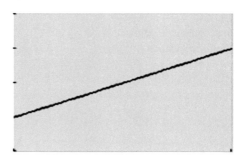

4.10.6 Aufgaben

1. f ist eine ganzrationale Funktion 3. Grades. f hat die Nullstellen 2, 4 und 5. Zeichne
   eine Tangente an der Stelle zwischen 2 und 4 und überprüfe, ob diese Tangente die
   dritte Nullstelle schneidet. Erzeuge zwei bis drei weitere Beispiele und teste, ob diese
   Eigenschaft auch für andere Funktionen 3. Grades gilt.
2. Die Abb. 4.17 zeigt den Bildschirm eines Graphikrechners, mit dem die Funktion
   $f(x) = 2x + 3$ dargestellt wurde. Geben Sie mögliche Fenstereinstellungen an.
3. Im Internet gibt es zahlreiche 3D-Plotter, die online, also ohne Download, genutzt
   werden können. Suchen Sie solch einen Plotter und stellen Sie die Funktion $z = x^2 -
   y^2$ graphisch dar.
4. Im Unterricht der gymnasialen Oberstufe werden in der Regel nur Funktionen in
   Abhängigkeit einer Variablen untersucht. Allerdings können Transformationen wie
   $f_t(x) = x^2 + t$ auch mit Hilfe von 3D-Plottern systematisch untersucht werden.
   Beschreiben Sie Vor- und Nachteile des Einsatzes von 3D-Graphen gegenüber der
   Darstellung mehrerer 2D-Graphen.

4.11 Listen verarbeiten und Tabellenkalkulation nutzen

Tabellenkalkulation ist ein Werkzeug aus der Berufswelt mit enormem pädagogischem
Potenzial. Das ist vielleicht auch der Grund für Vollrath und Weigand festzustellen, dass
Tabellenkalkulationsprogramme mit Gewinn vor allem in der Hauptschule einzusetzen
sind (Vollrath und Weigand 2006, S. 84).

Jedes Office-Paket verfügt über ein entsprechendes Programm zur Verarbeitung von
Daten – vor allem von Zahlen.

4.11.1 MK1: Infos zum Verarbeiten von Listen und zu Tabellenkalkulation

Die Geschichte der Tabellenkalkulation begann im Jahr 1979 mit dem Programm Visi-
Calc. Die Möglichkeit, Berechnungen ohne die Kenntnis einer Programmierungsprache

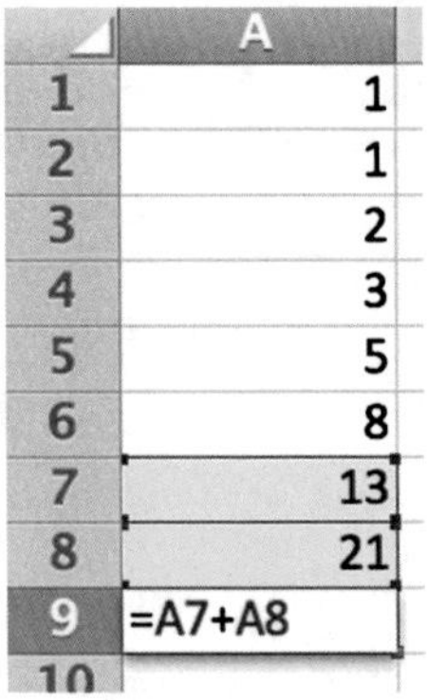

Abb. 4.18 Die Fibonacci-
Folge, erzeugt mit Hilfe einer
Tabellenkalkulation

	A
1	1
2	1
3	2
4	3
5	5
6	8
7	13
8	21
9	=A7+A8
10	

durchführen zu können, überzeugte. Das Programm Excel aus dem Office-Paket von Microsoft, das sich seit seinem Erscheinen 1987 kontinuierlich weiterentwickelt hat, etablierte sich zum Synonym für Tabellenkalkulation.

Im Kern der Tabellenkalkulation stehen Zellen sowie deren Verknüpfung. Zellen werden über Adressen angesprochen. Hischer (2002) vergleicht die Oberfläche einer Tabellenkalkulation mit einem Schachbrett – dieser Vergleich ist passend, da die Adressen der Bezeichnung des Schachbretts ähneln (vgl. Abb. 4.18). Die Spalten sind mit Buchstaben (A, B, C, ...) und die Zeilen mit Zahlen (1, 2, 3, ...) bezeichnet. Die Zelle in der zweiten Zeile und dritte Spalte hat also die Adresse C2. Solange nur Daten geschrieben werden, muss man die Adressen der Zellen nicht unbedingt kennen – wichtig werden sie, wenn Zellen mit sogenannten Formeln verknüpft werden.

In die Zellen A1 und A2 wurde jeweils die Zahl 1 geschrieben. Zelle A3 enthält eine Formel, nämlich $= A1 + A2$. Es ergibt sich die Rechnung $1 + 1 = 2$ und in Zelle A3 wird die Zahl 2 ausgegeben. In den meisten Tabellenkalkulationen kann man Bereiche mit Formeln ausfüllen – bei Excel zieht man dazu die Formel in der rechten unteren Ecke der Zelle mit der Maus nach unten. Das Ergebnis ist in der Abb. 4.18 dargestellt. Das Programm passt die Formeln automatisch an. In A9 lautet die Formel zur Berechnung der Zahlen der Fibonacci-Folge entsprechend $= A7 + A8$. Da sich die Zellbezüge beim Ausfüllen verändern, spricht man von relativen Zellbezügen.

Zur Abgrenzung von absoluten Zellbezügen betrachte man folgendes Beispiel: Erstellt wird eine Umrechnungstabelle von Euro in DM (vgl. Abb. 4.19). Der Umrechnungsfaktor ist 1,95583 und steht in Zelle D1. Der Euro-Betrag 0,5 wurde in Zelle A2 eingetragen. Würde man nun in B2 die Formel $= A2 * D1$ schreiben und die Zellen B3, B4, ... mit dieser Formel ausfüllen, würden sich beide relativen Zellbezüge verändern. Die Formel $= A3 * D2$ ergäbe aber den Wert null, da in D2 keine Zahl steht. Deswegen muss ein absoluter Bezug zur ersten Zeile hergestellt werden. Dazu wird das Dollarzeichen (\$) verwendet. Die Formel $= A2 * D\$1$ erfüllt die Voraussetzungen. Beim Ausfüllen bleibt die 1 bestehen und die Euro-Beträge werden korrekt in DM umgerechnet.

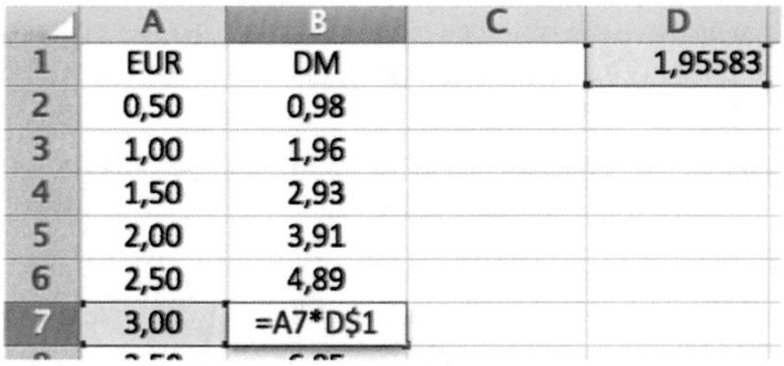

Abb. 4.19 Eine Tabelle zur
Umrechnung von Euro in DM

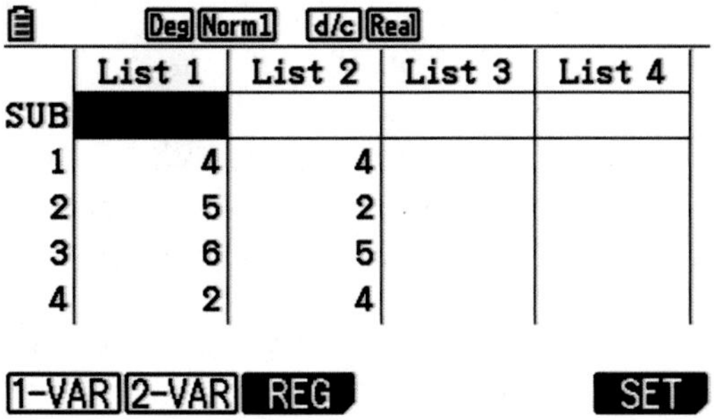

	A	B	C	D
1	EUR	DM		1,95583
2	0,50	0,98		
3	1,00	1,96		
4	1,50	2,93		
5	2,00	3,91		
6	2,50	4,89		
7	3,00	=A7*D$1		

Abb. 4.20 In Listen werden
Zahlen erfasst

	List 1	List 2	List 3	List 4
SUB				
1	4	4		
2	5	2		
3	6	5		
4	2	4		

1-VAR 2-VAR REG   SET

Der Umfang von Programmen wie Excel ist riesig – die eigentliche Tabellenkalkulation, die hier vorgestellt wurde, macht nur einen kleinen Teil des Funktionsumfangs aus. Aber alleine schon die Möglichkeiten dieser einfachen Funktionalität der Verknüpfung von Zellen ist immens.

Neben der klassischen Tabellenkalkulation hat sich auf Graphikrechnern ein zweites Konzept etabliert, das in gewisser Weise verwandt ist mit dem Konzept der Tabellenkalkulation. Zum Darstellen von Streudiagrammen oder der Berechnung von Kennwerten verwendet man Listen. Dazu werden die Zahlen in die Listen geschrieben (vgl. Abb. 4.20).

Solche Listen können nun ausgewertet oder auch miteinander verknüpft werden. Bei der Verknüpfung von Listen zeigt sich die Ähnlichkeit der beiden Konzepte: Auch hier wird mit Formeln gearbeitet. In der Tabellenkalkulation der Software TI-Nspire sind beide Konzepte verbunden – es gibt Spaltenformeln, die auf ganze Spalten wirken, und die üblichen Zellformeln.

Beide Konzepte sind dynamisch. Das bedeutet, dass die Veränderung von Zahlen zur Aktualisierung aller berechneten Zellen führt. So lässt sich die Umrechnungstabelle Euro-DM leicht zu einer Umrechnungstabelle Euro-Dollar umwandeln, indem man den Umrechnungsfaktor verändert.

Die ersten Unterrichtsvorschläge für dieses mächtige Werkzeug ließen nicht lange auf sich warten. Die Wirkungshoffnungen konzentrierten sich dabei auf das Potenzial des Umgangs mit Formeln.

Eine interessante Frage ist, ob dieser alternative Zugang zur Darstellung von formelhaften Zusammenhängen Nichtmathematikern die Behandlung formaler Probleme erleichtert. Wissenschaftlich fundierte Analysen dafrüber liegen bis jetzt noch nicht vor. Die Erfahrungen des Autors dieses Artikels und einiger anderer Universitätslehrer scheinen aber Hinweise darauf zu liefern, daß vor allem Studenten anderer Studienrichtungen, die beim „Übersetzen" zwischen algebraischen Formeln und konkreten Problemstellungen Schwierigkeiten haben, mit diesem alternativen Zugang leichter zurechtkommen. (Neuwirth 1995, S. 220)

Mittlerweile gibt es zahlreiche Studien, die bestätigen, dass das Lernen der Algebra mit Tabellenkalkulation – gerade zu Beginn – ein enormes Potenzial zugeschrieben werden muss (vgl. dazu Tabach und Friedlander 2008, S. 28). Der Umgang mit Formeln ergibt sich aus der Nutzung des digitalen Mediums – die dynamische Berechnung von Zellenwerten erlaubt das Experimentieren. Entsprechend verwundert es nicht, dass sich viele Unterrichtsvorschläge auf die Variation von Parametern beziehen. Nobre u. a. fassen den Forschungsstand und die Rolle der Tabellenkalkulation beim Problemlösen und der Entwicklung des algebraischen Denkens zusammen:

> The spreadsheet is a powerful tool in mathematical problem solving and particularly in the development of algebraic thinking embedded in problem solving activities [...]. One of the gains of connecting algebraic thinking and the use of spreadsheets is the creation of a significant environment to induce students into algebraic language that facilitates the construction of algebraic concepts, especially in what concerns working with functional relations, sequences and recursive procedures. Using the spreadsheet in the context of problem solving emphasizes the need to identify the relevant variables involved and fosters the search for variables that depend on other variables, resulting in composed relations. The definition of intermediate relations, by means of spreadsheet formulas in intermediate columns, meaning the decomposition of more complex relations in chained simpler ones, is a special feature inherent to the use of the spreadsheet that amounts to important results in solving algebraic contextual problems [...]. Moreover [...] a spreadsheet also allows an algebraic organization of apparently arithmetical solutions and this kind of hybridism, where arithmetic and algebra naturally cohabit, becomes an educational option that may help students in moving from arithmetic to algebra [...]. Spreadsheets can act as a bridge between arithmetic and algebra by helping students generalize patterns, develop an understanding of variable, facilitate transformation of algebraic expressions, and provide a space to explore equations [...]. In addition spreadsheets allow students to focus on the mathematical reasoning by freeing them from the burden of calculations and algebraic manipulations [...]. (Nobre u. a. 2012, S. 12)

4.11.2 MK2: Das Verarbeiten von Listen und Tabellenkalkulation kennenlernen

Die Software Tabellenkalkulation gehört zur Standardausstattung vieler Computer. Hinweisen möchte ich auf ein interessantes Konzept der Firma Google, das die Nutzung von Office-Programmen ohne lokale Installation erlaubt. Wer über ein Konto bei Google verfügt, erhält auch Zugriff auf Google Docs. Hier enthalten ist eine Tabellenkalkulation.

Die erstellten Dokumente sind dank Cloud auf allen Computern verfügbar, an denen Sie sich einloggen. Auf die Tabellen kann dann auch von anderen Geräten, zum Beispiel vom Smartphone, zugegriffen werden.

Für den Start empfehle ich das Material von Schmidt (2008b). Dies ist ein Komplettpaket zum Einstieg in die Arbeit mit Dynamischer Geometrie-Software, Tabellenkalkulation und Funktionenplotter, das man auch zur Arbeit mit Schülern nutzen kann. Alternativ können Sie die Beispiele aus dem vorhergehenden Abschnitt (Fibonacci-Folge und Euro-Umrechnung) erstellen.

4.11.3   MK3: Das Verarbeiten von Listen und Tabellenkalkulation nutzen

In der frühen Algebra bietet es sich an, die Äquivalenz von Termen mit Hilfe von Tabellenkalkulation zu thematisieren. Zwei Terme sind äquivalent, wenn sie für alle möglichen eingesetzten Zahlen das gleiche Ergebnis liefern. Diese Definition ist gut verständlich – doch leider, gerade bei großen Definitionsmengen, überhaupt nicht praktisch. Die Äquivalenz zweier Terme über Termumformungen zu zeigen, ist eleganter und meist auch effektiver. Die Regeln für Termumformungen zu finden und diese nachhaltig zu verinnerlichen, ist, wie jeder erfahrene Mathematik-Pädagoge weiß, eine große Herausforderung. Denn während dem Einsetzen von Zahlen und der Untersuchung auf Gleichwertigkeit leicht eine Bedeutung zugeschrieben werden kann, handelt es sich bei der Termumformung erst einmal nur um Regeln (siehe auch Tabach und Friedlander 2008, S. 40 f.).

Ein weiteres breites Einsatzgebiet ist das Erstellen von Simulationen[53]. Eichler (2014) beschreibt in seinem Artikel *Simulation als Bindeglied zwischen der empirischen Welt der Daten und der theoretischen Welt des Zufalls* die mögliche Rolle des Computers und auch den Übergang von einer händischen zu einer computergestützten Simulation. Hier finden Sie auch Beispiele, die sich mit Hilfe von Tabellenkalkulation umsetzen lassen – und zwar bis hin zum Testen von Hypothesen.

Der Einsatz von Tabellenkalkulation ist vielfältig möglich – vor allem, wenn Verbünde digitaler Medien berücksichtigt werden. Strick (2005) und Weller (2013)[54] nutzen z. B. das digitale Medium, um dreidimensionale Objekte in die Ebene zu projizieren. Die Möglichkeit, Wertepaare als Punkte darzustellen, erlaubt das Darstellen von Schrägbildern dreidimensionaler Körper.

---

[53] Eigentlich gebührt den Simulationen mehr Aufmerksamkeit als dieser Absatz, da Tabellenkalkulation tatsächlich ein sehr gutes Werkzeug für Zufallssimulationen ist. Die nötigen Bedienfertigkeiten setzen allerdings vertieftes fachliches Wissen voraus, da spezielle Funktionen verwendet werden müssen. Interessierten Lesern lege ich das Studium der hier genannten Literatur nahe sowie die Bearbeitung der Aufgaben am Ende dieser Einheit, die zum Einstieg in Simulationen mit Tabellenkalkulation dienen können.

[54] Strick (2005) nutzte die Software Excel und Weller (2013) GeoGebra.

4.11.4   MK4: Das Verarbeiten von Listen und die Nutzung von Tabellenkalkulation reflektieren

Dem Einsatz von Tabellenkalkulationsprogrammen werden viele positive Wirkungen zugeschrieben. Es gibt aber auch durchaus kritische Anmerkungen – gerade aus Studien zum Einsatz dieses digitalen Mediums. Es finden sich nur wenige aktuellere deutschsprachige wissenschaftliche Arbeiten, die sich mit der Wirkung von Tabellenkalkulation auseinandersetzen. Von den englischsprachigen Arbeiten habe ich drei ausgewählt, die konkrete Unterrichtsvorschläge enthalten. Tabach und Friedlander (2008) präsentieren einen Vorschlag zur Erkundung der Äquivalenz von Termen. Nobre u. a. (2012) lassen Schüler ein mathematisches kontextbezogenes Problem lösen und beobachten dabei, wie das Werkzeug Tabellenkalkulation eingesetzt wird. Topcu (2011) untersucht den Zusammenhang von Selbstwirksamkeit und dem Einsatz von Tabellenkalkulation. Die Ergebnisse sind einerseits spannend, andererseits auch hilfreich bei der Reflexion des Einsatzes dieses Werkzeugs, weswegen einige Ergebnisse hier kurz vorgestellt werden.

> However as Dettori et al. (2001) have noticed from their research on 13 to 14-year-old students' work with spreadsheets on algebraic problems, spreadsheets can start the journey of learning algebra, but do not have the tools to complete it. Being able to write down parts of the relations among the considered objects, but not to synthesize and manipulate the complete relations, is like knowing the words and phrases of a language, but being unable to compose them into complete sentences' (p. 206). What still remains a research issue is to understand the scope of the spreadsheet contribution in going further than just the recognition and manipulation of relations among objects to a broader understanding of the algebraic foundations of the methods for solving algebraic conditions. (Nobre u. a. 2012, S. 12)

Nobre u. a. gehen davon aus, dass es eine Lücke gibt zwischen dem algebraischen Denken und der algebraischen Notation. Dazu führten sie eine Fallstudie mit wenigen Schülern durch. Ihr Ergebnis:

> The use of the spreadsheet in problem solving provides the establishment of connections between arithmetic and algebra. It strengthens the understanding of the functional relations involved, and the way they combine. The spreadsheet is an educational option to help students in the transition from arithmetic to algebra by making these two fields cohabiting. (Nobre u. a. 2012, S. 16)

Topcu (2011) untersuchte zwei Gruppen (Experimentalgruppe: $n_1 = 42$ und Kontrollgruppe: $n_2 = 40$) von Schülern der zehnten Klasse. In einer Gruppe wurden – bei gleichen Lernzielen – Tabellenkalkulation eingesetzt, in der anderen nicht. Das Ergebnis in aller Kürze: Das Maß der Selbstwirksamkeitserwartung der Experimentalgruppe mit Blick auf Algebra lag zum Ende der Intervention signifikant über dem der Kontrollgruppe. Die Lernenden glaubten also verstärkt daran, dass sie selbst in der Lage sind, algebraische Fragestellungen zu lösen.

Bei der Interpretation der Ergebnisse muss man notwendig, wie bei allen Wirksamkeitsstudien, vorsichtig sein. Topcu (2011) erwähnt zwar, dass die Lernenden zusätzliche

Stunden zum Erlernen der Bedienung der Tabellenkalkulation erhielten, geht darauf aber in seiner Reflexion nicht ein. Schließlich könnte der Effekt auch hervorgerufen worden sein durch verstärkte Aufmerksamkeit, welche die Experimentalgruppe erhielt.

Im Bereich des Umgangs mit Listen und der Tabellenkalkulation benötigt man eine eigene Notation. Formeln werden über die Adressen von Zellen konstruiert (z. B. = A1 + 3). Man ist sich zumindest uneins, ob diese Notation (z. B. anstatt $x + 3$) hilfreich oder hemmend für das Erlernen der Algebra ist (Tabach und Friedlander 2008, S. 29).

Zusammenfassend komme ich zu dem Ergebnis, dass der Einsatz einer Tabellenkalkulation im Mathematikunterricht nicht nur Sinn macht, sondern schlicht unverzichtbar erscheint. Es handelt sich um ein wertvolles pädagogisches Werkzeug zum Erlernen von Mathematik. Das spiegelt auch der Fakt, dass mittlerweile sowohl die Bildungsstandards als auch alle Lehrpläne den Einsatz vorsehen. Es zeigt sich jedoch ebenso deutlich, dass es ohne Schatten kein Licht gibt. Das Erlernen der Bedienung kostet Zeit und der Zusammenhang zu tradierten Inhalten des Mathematikunterrichts ist nicht offensichtlich.

4.11.5 Anmerkungen und Fazit zur Verarbeitung von Listen und der Nutzung von Tabellenkalkulation

Tabellenkalkulation, so meine Erfahrung, entwickelt sich aus Sicht der Lernenden schnell zu einem universellen Werkzeug. Das hat Vor- und Nachteile, denn wer nur einen Hammer hat, der sieht in jedem Problem einen Nagel. Ich erinnere mich an eine Unterrichtseinheit zu quadratischen Funktionen. Im Kern ging es darum, die Bedeutung der Variablen in der Normalform $ax^2 + bx + c$ einer quadratischen Gleichung zu interpretieren, wobei die Scheitelpunktform bereits bekannt war. Das b ist dabei von besonderem Interesse und bietet Anlass für tiefer gehende Entdeckungen. Eine typische erste Idee war es, sechs Schieberegler aufzuziehen, die Graphen von $f(x) = ax^2 + bx + c$ sowie $g(x) = d(x - e)^2 + f$ darstellen zu lassen und dann jeweils so einzustellen, dass die Graphen übereinanderliegen – eine nicht besonders erfolgversprechende und zudem noch zeitaufwändige Strategie. Und eigentlich ist Tabellenkalkulation zur Umsetzung dieser Idee auch das falsche Werkzeug.

Auch bei anderen typischen Anwendungen wie der Darstellung von Diagrammen sind moderne Tabellenkalkulationsprogramme nicht unbedingt eine Hilfe. Schnell sind 3D-Graphiken erstellt und das eigentliche Ziel aus den Augen verloren. In den neueren Tabellenkalkulationsprogrammen mit ihrem riesigen Funktionsumfang kann man sich ebenso verlaufen wie im Internet.

Die elementaren Bedienfertigkeiten, nämlich der Umgang mit relativen und absoluten Zellbezügen, werden gerne unterschätzt. Maus und Tastatur sind unverzichtbar beim Umgang mit größeren Tabellen – weder auf Handhelds noch auf Tablet-Computern gelingt das Verknüpfen von Zellen überzeugend, da bereits das elementare Ausfüllen von Zellen ein vergleichsweise komplexer Bedienvorgang ist. Auf den Gang in den Computerraum kann und sollte man also nicht verzichten, auch wenn Handheld oder Tablets stets verfügbar sind.

Insgesamt spricht vieles dafür, den Einsatz von Tabellenkalkulation reflektiert zu dosieren und sich bei der Bedienung auf grundlegende Funktionalitäten zu beschränken, die dann aber regelmäßig eingesetzt und so vertieft werden. Ebenfalls legen die Erfahrungen und Ergebnisse es nahe, Vor- und Nachteile der Tabellenkalkulation gegenüber anderen Werkzeugen zu thematisieren, damit Lernende in die Lage versetzt werden, digitale Medien sachangemessen auszuwählen und zu nutzen.

4.11.6 Aufgaben

1. Erzeugen Sie die Fibonacci-Zahlen bis 1000. Legen Sie Ihre Tabelle so an, dass die beiden Ausgangszahlen (1 und 1) verändert werden können und die darauf rekursiv aufbauenden Werte aktualisiert werden.
2. Erstellen Sie eine Tabelle, mit der Sie demonstrieren, dass man für die beiden Terme $(a - b) \cdot (a + b)$ und $a^2 - b^2$ stets gleiche Ergebnisse erhält. Reflektieren Sie mögliche Erkenntnisse von Schülerinnen und Schülern vor dem Hintergrund der Verstehensorientierung und händischer algebraischer Fertigkeiten. Ergibt sich durch den Einsatz einer Tabellenkalkulation bei der Erarbeitung ein Mehrwert?
3. Simulieren Sie den 100-fachen Wurf eines Würfels mit Hilfe der Tabellenkalkulation[55] und werten Sie die Ergebnisse aus. Wiederholen Sie die Simulation mehrfach. Unterstützen die Ergebnisse die Aussage, dass jede Würfelseite mit einer Wahrscheinlichkeit von $\frac{1}{6}$ fällt?
4. Computer können nicht würfeln – sie können nur rechnen. Recherchieren Sie, wie Zufallszahlen erzeugt werden, und bereiten Sie eine kurze Präsentation vor.

4.12 Daten graphisch auswerten

Ausgehend von den bescheidenen Anfängen, Diagramme in Tabellenkalkulationsprogrammen zu erstellen, hat sich sowohl curricular als auch von Seiten verfügbarer Software in den letzten zehn Jahren einiges getan. Graphische Darstellungen wie Boxplots, Histogramme und Streudiagramme sind in Lehrplänen verankert. Die mögliche Rolle dieser digitalen Medien beschreibt Vogel:

> Phänomene aus der erlebten natürlichen, technischen und sozialen Umwelt lassen sich über Daten abbilden. Kern der Datenanalyse ist, im Rauschen der Daten Muster ausfindig zu machen, sie mit mathematischen Mitteln zu modellieren und aus diesen Modellen je nach

---

[55] Tipp: Recherchieren Sie zu den Befehlen Zufallszahl(.), Zufallsbereich(.) bzw. rand(.) und randint(.). Zur Auswertung sind die Befehle Zählenwenn(.;.) bzw. countif(.,,.) hilfreich.

Abb. 4.21 Die Liste wurde mit Hilfe der Software Geo-Gebra in ein Histogramm überführt. Die Breite der Klassen ist 3, da die Daten in fünf Kategorien eingeteilt wurden und die Spannweite 15 beträgt

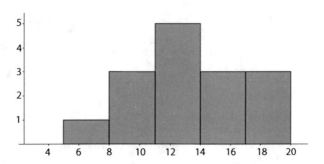

Situation und Anforderung deskriptive, prognostische oder verallgemeinernde Aussagen abzuleiten. In der unterrichtlichen Umsetzung werden solche Modellierungsaktivitäten durch den Einsatz von Multimedia sehr gut unterstützt: dynamische Visualisierungsmöglichkeiten, die rechnerische Bewältigung auch größerer Datenmengen und computergestützte Simulationsmöglichkeiten eröffnen Möglichkeiten, welche die Leitidee *Daten und Zufall* für die Schülerinnen und Schüler „augenscheinlicher" und „greifbarer" werden lassen. (Vogel 2014, S. 97)

Diese Einheit gibt einen groben, bescheidenen Einblick in die technischen und unterrichtlichen Möglichkeiten. Zum weiteren Studium verweise ich auf die praxisnahen Bücher von Eichler und Vogel (2013), Pallack und Schmidt (2012) sowie das Lehrbuch von Büchter und Henn (2007) und auf die zahlreichen informativen Beiträge im Sammelband von Wassong u. a. (2014).

4.12.1 MK1: Infos zum graphischen Auswerten von Daten

Kern von Software dieser Domäne ist der Darstellungswechsel von numerischen Daten (die theoretisch, empirisch oder durch Simulation gewonnen wurden) in eine graphische Form. Die Liste 5, 17, 12, 13, 10, 10, 12, 18, 8, 15, 20, 15, 12, 15, 12 (zur Veranschaulichung stelle man sich vor, dass es sich um eine Umfrage zur Höhe des Taschengeldes handelt) kann übersetzt werden in einen Boxplot oder ein Histogramm[56] (vgl. Abb. 4.21). Elementare univariate Datenanalyse ist Gegenstand der Sekundarstufe I – Daten werden hier primär deskriptiv behandelt.

Der Übergang von einem deskriptiven hin zu einem beurteilenden Umgang mit Daten ist mit solchen Darstellungen nachvollziehbar möglich. Verglichen werden die oben genannten Daten (die zu den Jungen einer Klasse gehören) mit den folgenden, die zu den

---

[56] Das Klassieren von Daten ist eine inhaltlich zu füllende Tätigkeit. Ich verweise hier auf die gute Übersicht in Büchter und Henn (2007, S. 37 ff.) In vielen Softwarepaketen sind Klassenbreiten vorgegeben. Hier ist der Nutzen der automatisierten Darstellung gegenüber einer möglichen *Button-Klick-Statistik* abzuwägen.

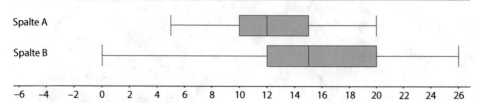

Abb. 4.22 Zwei Listen werden mit Hilfe von GeoGebra verglichen. Untersucht wird die Höhe des Taschengeldes im Monat zweier Gruppen aus einer Klasse. Das Unterscheidungsmerkmal ist hier das Geschlecht (*Spalte A*: Jungen, *Spalte B*: Mädchen)

Mädchen gehören: 14, 22, 24, 26, 18, 15, 15, 17, 0, 25, 15, 10, 10, 10, 13, 14, 12, 20. Es wird eine Darstellung als Boxplot gewählt[57].

Aus der Darstellung in Abb. 4.22 lassen sich unmittelbar Eigenschaften der Verteilungen ablesen. So bekommen die Mädchen zwar im Mittel mehr Geld, dafür ist aber auch die Streuung bei ihnen größer. Auch gut zu erkennen ist ein deutlicher Überschneidungsbereich – es gibt viele Anhaltspunkte, um Hypothesen für das Zustandekommen dieser Daten zu generieren, die dann wieder mit Daten belegt oder widerlegt werden könnten.

Häufig werden zu einem Gegenstand mehrere Daten erhoben, also zum Beispiel von einem Postpaket die Höhe, Länge und Breite. Solche Daten und vor allem mögliche Zusammenhänge zwischen Daten zu untersuchen, kann durch die Gegenüberstellung von zwei Merkmalen realisiert werden. Die Komplexität der Realität wird dabei mit Modellen vereinfacht. Im Kontext dieser Domäne sind für solche Modellierungen die Darstellungsformen Streudiagramm und Residuenplot besonders wichtig.

> Wie [...] deutlich wurde, sind die wohl wichtigsten Werkzeuge der multimediagestützten Datenmodellierung das Streudiagramm und der Residuenplot. Das Streudiagramm spiegelt mit Blick auf den Datentrend eher eine „globale" Sicht auf die Modellierung wieder. Das Residuendiagramm, welches die Abweichungen zwischen Modellwerten und Datenwerten abbildet, ist demgegenüber eher durch eine „lokale" Sichtweise geprägt: Es geht nicht primär um das „Ganze", sondern um den „Unterschied". In didaktischer Hinsicht lässt sich das Residuendiagramm mit der Metapher einer „Modellierungs-Lupe" [vgl. Abb. 4.23] erklären: Hier wird das vergrößert anvisiert, was bei der Modellierung übrig geblieben ist [...]. (Vogel 2014, S. 104)

Dahinter steckt die Idee, dass Daten, die man mit Funktionen modelliert, durch eine Gleichung der Art „Daten = Funktion + Residuen" beschrieben werden kann. Die gängigen Programme GeoGebra, Fathom oder TI-Nspire können Residuenplots automatisch

---

[57] Bei der Darstellung von Boxplots werden charakteristische Kennwerte berechnet (Median, Maximum, Minimum, ...). Wie diese Kennwerte in der Darstellung umgesetzt werden, ist nicht einheitlich (Pallack 2012d, S. 62). Es lohnt also, beim Umgang mit einer konkreten Software zu prüfen, wie zum Beispiel mit Ausreißern umgegangen wird. Verlassen kann man sich im Allgemeinen darauf, dass die Box der Boxplots begrenzt wird durch das untere und obere Quartil, weswegen 50 % der Werte in der Box liegen. Zusätzlich wird meist der Median in der Box angezeigt.

Abb. 4.23 Illustration der
Idee der „Modellierungs-
Lupe" am Beispiel von
Messdaten zur Untersuchung
des Gesetzes von Gay-Lussac
über das Volumen eines Gases
bei unterschiedlichen Tempe-
raturen mit Hilfe der Software
Fathom (entnommen aus Vogel
2014, S. 105)

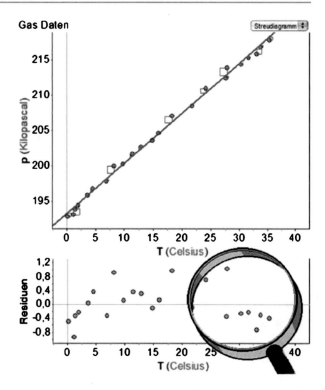

erzeugen. In der Regel werden durch die Software Modelle angeboten, die mit Hilfe von
Regressionen berechnet werden. Spezialisiertere Programme erlauben dem Nutzer auch
die Daten mit eigenen Modellen zu untersuchen.

4.12.2   MK2: Graphische Datenauswertung kennenlernen

Um die Bedienung von Software zur graphischen Auswertung von Daten kennenzuler-
nen, benötigt man vor allem Daten. Andreas Eichler und Markus Vogel haben zu ihrem
Buch *Leitidee Daten und Zufall* (2013) eine Website www.leitideedatenundzufall.de ein-
gerichtet, auf der reichlich Datenmaterial abgerufen werden kann. Dort findet man auch
Beispiele für Fathom[58].

Für die derzeitige schulische Realität bietet sich m. E. ein Einstieg mit der kostenlosen
und weit verbreiteten Software GeoGebra an. Hier angeboten wird eine vereinfachte Tabellenkalkulation, in die auch die .txt-Dateien, wie sie unter www.leitideedatenundzufall.
de angeboten werden, durch Kopieren und Einfügen eingelesen werden können.

---

[58] Die Software ist mit einer mehrmonatigen Testlizenz verfügbar: http://concord.org/fathom-
dynamic-data-software.

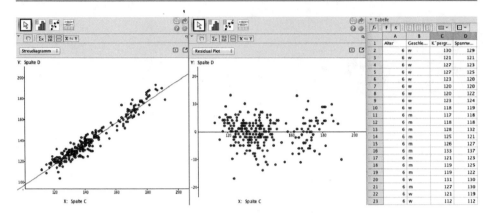

Abb. 4.24 Ein Datensatz von Eichler und Vogel (2013), analysiert hinsichtlich der Körpergröße und Spannweite von Grundschülern und Studenten. Dargestellt sind das in GeoGebra erzeugte Streudiagramm und der zugehörige Residuenplot

Auch das Erstellen von einfachen Histogrammen und Boxplots kann in GeoGebra realisiert werden. Viele Ideen von Fathom sind innerhalb von *Data & Statistics* umgesetzt, das in TI-Nspire implementiert und ebenfalls als kostenfreie Testversion[59] verfügbar ist.

4.12.3 MK3: Graphische Datenauswertung nutzen

Kern der Auswertung von Daten sind die Daten selbst. Dabei muss abgewogen werden, ob selbst Daten erhoben werden oder „nur" auf fertige Datensätze zurückgegriffen wird. Beides hat Vor- und Nachteile, weswegen ich an dieser Stelle zwei – mehr oder minder klassische – Miniprojekte beschreibe. Es handelt sich um die bereits vorgestellte Körperproportionen-Idee von Eichler und Vogel (2013) (vgl. Abb. 4.24), bei der auch die fertigen Daten zum Einsatz kommen, sowie um eine Prognose der Weltbevölkerung.

Beim Erheben von Schülerdaten ist zu bedenken, dass einige Daten von Lernenden nicht unbedingt als schmeichelhaft empfunden werden. Eine Untersuchung des Zusammenhangs zwischen Körpergröße und Gewicht kann in manchen Lerngruppen bedenklich sein – die Idee, stattdessen Körpergröße und Spannweite zu messen, hat dagegen Charme. Ausgehend von einer grundsätzlichen Fragestellung wie „Kann man aufgrund der Körpergröße eines Menschen seine Spannweite vorhersagen?" werden die Daten im Kurs erhoben und graphisch dargestellt. Spannend ist nun zweierlei: vorab(!) ein geeignetes Modell auszusuchen sowie eine Hypothese aufzustellen, ob das Modell überhaupt gültig sein kann, also ein möglicher kausaler Zusammenhang gegeben ist. Dieser wäre zum Beispiel unter der Annahme gegebenen, dass zu erwarten ist, dass das Verhältnis von Körpergröße zur Spannweite von Menschen im Allgemeinen gleich bleibt. Als einfaches

---

[59] Testversionen findet man auf der Website von Texas Instruments: education.ti.com – dort das richtige Land auswählen und dann nach dem Produkt TI-Nspire suchen.

Modell bietet sich ein lineares oder auch proportionales an. In Software wie GeoGebra kann nur unter einer beschränkten Menge mathematischer Modelle ausgewählt werden – doch alleine schon beim Betrachten der Daten sollte auffallen, dass ein proportionales Modell hier nicht passt. Mit den Daten von Eichler und Vogel (2013) kommt man via linearer Regression zur einer Regel der Art: „Die Spannweite ergibt sich aus der Körpergröße, indem man von der Körpergröße 4 cm abzieht." In einem Kurs der Oberstufe wird man zu deutlich anderen Ergebnissen kommen. Entsprechend wichtig ist es, mit den Lernenden zu klären, ob und inwiefern sie begründet(!) der Meinung sind, dass die gefundene Regel zur Prognose der Körpergröße (auf Basis der Messwerte eines Kurses) auf andere Personengruppen übertragbar ist. Zur Abschätzung der Gültigkeit der gefundenen Regel bietet sich ein Blick auf die Residuen an. Zur Frage der Übertragbarkeit können die Daten von Eichler und Vogel (2013) herangezogen werden. Dass hier zwei grundlegend verschiedene Personengruppen (Grundschüler und Studierende) untersucht wurden, ist eine mögliche Begründung dafür, warum man mit diesen Daten zu einem deutlich anderen Modell kommt. Betrachtet man nur die Gruppe der Studierenden, ergibt sich die Regel: „Die Spannweite ergibt sich aus der Körpergröße multipliziert mit 1,2 und anschließend vermindert um 36 cm." Ob und inwiefern die Korrelation als zusätzlicher Kennwert hinzugezogen wird, ist eine Frage der Verortung im Unterrichtsgang.

Ebenfalls beliebt im Kontext der Behandlung von Exponentialfunktionen ist die Untersuchung des Bevölkerungswachstums auf der Erde. Wirklich verlässliche Zahlen über viele Jahrtausende gibt es dabei nicht – es lohnt m. E., sich auf einen Zeitraum von 60 bis 100 Jahren zu beschränken. Schließlich hat sich die Weltbevölkerung seit 1950 bereits verdreifacht. Die hier verarbeiteten Daten habe ich der Website www.bpb.de entnommen.

Wenn man das Streudiagramm vor sich hat (vgl. Abb. 4.25), sieht man förmlich einen exponentiellen Zusammenhang. Das unterstellt, dass die Weltbevölkerung jährlich um einen gewissen Prozentsatz wächst. Die automatisiert eingepasste Exponentialfunktion weist einen jährlichen Wachstumsfaktor von 1,7 % aus. Im Jahr 2050 würden nach diesem Modell gut 14 Millionen Menschen auf der Erde leben, 2100 über 30 Milliarden. Alleine die Ergebnisse des letzten Jahrhunderts reichen jedoch, um gemeinsam mit den Lernenden die Gültigkeit des Modells in Frage zu stellen. So gab es jüngst Epidemien wie Ebola, und die Auswirkungen des „Pillenknicks" merkt man lokal deutlich. Hatten diese Ereignisse auch globale Effekte? Die Menschen werden immer älter – es ergibt sich ein kompliziertes Zusammenspiel verschiedenster Faktoren. Aber warum passt das Modell dann scheinbar so gut? Dass der erste Eindruck täuscht, zeigt wieder ein Blick in die Residuen (vgl. Abb. 4.26) oder auch ein einfaches Experiment: Wählt man die lineare Regression, erhält man ein ähnlich gut passendes Modell.

An diesem Beispiel können also einerseits die Eigenschaften von Exponentialfunktionen thematisiert werden, da ja inhaltlich zu begründen ist, warum man das Wachstum mit dieser Funktion modelliert –, zum anderen kann der Begriff exponentielles Wachstum anhand eines beliebten Dauerthemas der Presse („Platzt unsere Welt aus allen Nähten?") diskutiert werden. Das Beispiel eröffnet den Blick in die Komplexität von Modellierung, zeigt Möglichkeiten und Grenzen auf – regt aber vor allem zur Reflexion an.

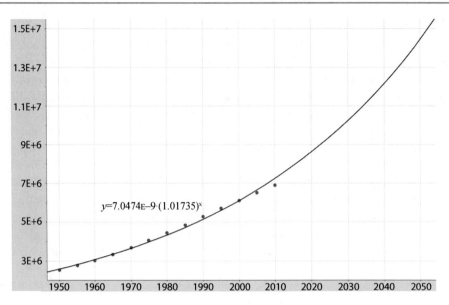

Abb. 4.25 Die Bevölkerungsentwicklung seit 1950, untersucht mit TI-Nspire

4.12.4 MK4: Das graphische Auswerten von Daten reflektieren

Sollen die Daten, die Schülerinnen und Schüler analysieren sollen, immer tatsächlich real sein? Das ist eine Frage mit erheblichen Konsequenzen für den Unterricht. So gilt die Faustformel: „Je realer, desto aufwändiger." Reale Datensätze sind nicht nur in der Regel größer als fiktive, sondern erfordern auch größere Modellierungsanstrengungen. (Eichler und Vogel 2013, Abschnitt 4.2)

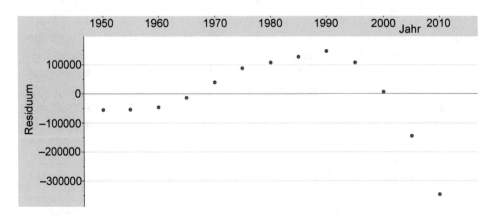

Abb. 4.26 Die Residuen sprechen eine klare Sprache: Zwar sind die Abweichungen vergleichsweise gering, jedoch augenscheinlich systematisch. Ein rein exponentielles Modell erscheint also zur Prognose nicht geeignet

Abb. 4.27 Zusammenspiel
der empirischen Datenwelt und
der theoretischen Modellwelt,
zusammengefasst nach Vogel
(2014, S. 100)

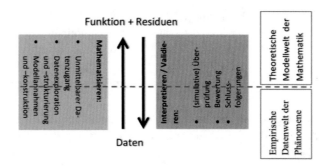

Im einleitenden Abschnitt dieses Buches wurden drei Beispiele zum Einsatz digitaler Medien vorgestellt. Eines davon hieß *Eingesperrte Rechtecke*. In diesem aus meiner Sicht sehr attraktiven Beispiel wurden als Daten Zufallszahlen verwendet. Ein Nachteil solcher Daten ist, dass die Motivation zum Umgang mit den Daten aus der Fragestellung herrührt und nicht durch die Daten selbst motiviert wird. Schließlich haben die Schülerinnen und Schüler nur wenig Chancen, eine persönliche Beziehung zu den Zahlen aufzubauen. Das ist deutlich anders bei selbst erhobenen Daten. Besondere Sorgfalt benötigt, so die Erfahrung, die Vorbereitung der Erhebung. Grobe Messfehler und unsystematisch notierte Ergebnisse machen die Qualität einer Erhebung zunichte. Eine Vorabinvestition wird sich hier auszahlen.

Ähnlich wie Dynamische Geometrie-Software zum Erstellen von 2D-Konstruktionen ist der Einsatz digitaler Medien zur graphischen Auswertung von Daten primär didaktisch begründet und ergibt sich nicht aus der Notwendigkeit, Medien dieser Art im späteren Berufsleben einzusetzen. Der eigene Umgang, das „Spielen" mit Daten, ist absolut unverzichtbar für eine angemessene Souveränität und Freude im Umgang mit Daten.

Ebenso wichtig ist es, nicht bei den Daten stehen zu bleiben, sondern ihnen mit Hilfe von Modellen Leben einzuhauchen. Wie präsent Modelle sind – und das sollte man Schülern deutlich machen –, zeigt sich zum Beispiel beim Gang in ein Kaufhaus: Da gibt es Hemden oder Hosen in bestimmten Größen, die allesamt die Form von Menschen auf zwei bis drei Kenndaten reduzieren (siehe dazu auch den informativen Artikel von Krüger 2014). Um im Rauschen von Daten etwas zu erkennen, bemüht man Funktionen, die aber notwendig begründet eingesetzt werden müssen (Vogel 2014, S. 98). Die Hauptarbeit besteht also nicht im Einlesen der Daten und dem Drücken des richtigen Knopfes, sondern im wissenschaftspropädeutischen, ethisch-moralisch vertretbaren und sorgfältigen Umgang mit Daten und den zugehörigen Modellen. Die Wichtigkeit dieses Wechselspiels und die damit verbundenen mathematischen Tätigkeiten fasst Abb. 4.27 zusammen.

Deutlich anders ist dies beim Beispiel *Eingesperrte Rechtecke*. Der explorative Charakter ist hier offensichtlich und die Daten sind wenig kritisch. Das Beispiel lädt ein, mit den Daten zu spielen, was der Einsatz digitaler Medien hier erst möglich macht. Das didaktische Potenzial dieser Domäne entfaltet sich unter anderem in der Visualisierung, der Exploration sowie der Strukturierung (Vogel 2014, S. 104). Unmittelbar verbunden mit der intuitiven Bedienung und der Leichtigkeit, Daten zu visualisieren, ist die Gefahr der *Button-Press-Statistik*, da ja alle Analysen nur einen Klick weit entfernt sind.

4.12.5   Anmerkung und Fazit zu Daten graphisch auswerten

Im Umgang mit Software dieser Art konnte ich punktuell Erfahrungen sammeln. Was sich dabei deutlich herausstellte ist: Studierende wie auch Schüler gewöhnen sich schnell an diese „Philosophie", wenn man es so nennen kann, der Auswertung von Daten. Dies ist natürlich Chance und Gefahr zugleich.

Dem an weiter reichenden Erfahrungen interessierten Leser möchte ich den Artikel von Hofmann u. a. (2014) ans Herz legen. Hier wird die 10-jährige Forschungsarbeit der Arbeitsgruppe von Rolf Biehler zur Software Fathom dargestellt. Das dort entstandene Material ist im Handel verfügbar und hält reflektierte, praxisnahe Angebote bereit. In ihrer Zusammenfassung kommen die Autoren zu dem Schluss, dass

- die Analyse der Software das didaktische Potenzial von Fathom für das Lehren und Lernen von Statistik mit Simulationen unterstreicht.
- die unterstützenden Materialien (simulation plan) die Lernenden dabei unterstützt, ihre Aktivitäten zu strukturieren.
- die entwickelten Materialien und Konzepte die Umsetzbarkeit von Fathom in Schulen zeigen.
- die Multimedia-Lernumgebung eFathom (die kostenlos online verfügbar ist) effektiv ist für das Erlernen von Fathom.
- die unterstützenden Materialien (simulation plan) die Dokumentation der Lernenden unterstützen. (vgl. Hofmann u. a. 2014, S. 301)

Die Auseinandersetzung mit Spezial-Software wie Fathom oder TI-Nspire ist lohnenswert, da alleine schon die dynamische Darstellung von Datenpunkten einen echten Mehrwert bietet, wie das Video zum Beispiel *Eingesperrte Rechtecke* auf www.pallack.de/DiMe demonstriert.

4.12.6   Aufgaben

1. Erproben Sie die Beispiele aus der Einführung zur Erstellung eines Histogramms und von Boxplots mit der Software GeoGebra.
2. Auf das Angebot eFathom kann kostenlos online zugegriffen werden unter http://www.mathematik.uni-kassel.de/~luf/. Informieren Sie sich über die Grundzüge und die Philosophie der Software und stellen Sie wesentliche Unterschiede zu einer Tabellenkalkulation wie Excel zusammen.

3. Recherchieren Sie zu Daten zur Bevölkerungsentwicklung in Deutschland und untersuchen Sie, ob deskriptiv ein Trend mit Hilfe von linearen oder exponentiellen Modellen beschrieben werden kann. Reflektieren Sie die Gültigkeit Ihrer Aussage mit Blick auf eine Prognose der Bevölkerungsentwicklung. Nutzen Sie dazu geeignete Software wie GeoGebra oder eine Testversion von Fathom oder TI-Nspire.

4.13 2D-Konstruktionen erstellen

Spätestens an dieser Stelle wird man das Schlagwort DGS, also Dynamische Geometrie-Software, erwarten. Und natürlich werden diese Programme hier inhaltlich thematisiert. Die Domäne wurde trotzdem anders getauft, da der Funktionsumfang sowie die Philosophien erhältlicher Software erheblich variieren (vgl. auch Hischer 2002, S. 279).

Die Bedeutung sowie die damit verbundenen Herausforderungen Dynamischer Geometrie-Software haben sich – so zumindest meine Wahrnehmung – in den letzten Jahren deutlich relativiert, da

- Geometrie, auch wenn das zu bedauern ist, einen stetig kleineren Anteil im Unterricht der Sekundarstufe I einnimmt (siehe dazu auch Elschenbroich und Noll 2000, S. 5 f.),
- die curricular benötigten Funktionalitäten bescheiden sind – es konzentriert sich im Wesentlichen auf das Erstellen von basalen geometrischen Konstruktionen in der Ebene (siehe dazu Konferenz der Kultusminister 2004b) – und
- zentrale, basale Bedienschritte für diese Funktionalitäten schnell zu erlernen sind (wie z. B. Schmidt (2008b) demonstriert).

Darüber hinaus ist durch die Verfügbarkeit sehr guter kostenloser Software, womit heute vor allem GeoGebra gemeint ist, in den letzten Jahren ein wenig Ruhe in den Markt[60] eingekehrt. Ich möchte zwar nicht behaupten, dass sich damit auch ein langfristig gültiger Standard entwickelt hat, aber die Verbreitung und dahinter stehende Entwicklung der letzten Jahre beeindruckt schon. Ähnlich wie bei Funktionenplottern bin ich auch hier der Ansicht: Wenn in der Breite die basalen Funktionalitäten solcher Software pädagogisch sinnvoll genützt würden, wäre schon viel gewonnen. Und mit dieser Meinung bin ich nicht alleine, denn DGS gehört auch in Ländern mit curricularer Verpflichtung bei Weitem noch nicht zum Standard: „Obwohl DGS heute zu den Standardprogrammen auf fast allen Schulservern gehört, kann von einem flächendeckenden Einsatz im Unterricht nicht gesprochen werden." (Hölzl und Schelldorfer 2013)

---

[60] Weigand und Weth beschreiben neun verschiedene Systeme mit großer Verbreitung, wobei GeoGebra noch nicht dabei ist (Weigand und Weth 2002, S. 157).

4.13.1   MK1: Infos zum Erstellen von 2D-Konstruktionen

Mitte der 60er entstanden die ersten Programme zum Konstruieren mit dem Computer. Nach und nach wurden in den Ingenieur- und Architektenbüros die Zeichentische durch Computer ersetzt – ohne CAD (Computer-aided Design) ging bald nichts mehr. Geometrieprogramme basieren auf ähnlichen Prinzipien und entstanden als rein didaktische Software Ende der 80er Jahre (Hischer 2002, S. 278).

Zwei Charakteristika prägen diese Geometrie-Programme (vgl. Hischer 2002):

- Der Zugmodus, d. h. die traditionellen Werkzeuge der Geometrie, können dynamisch modelliert werden.
- Die Ortslinien, d. h. die Bewegung eines Punktes, können verfolgt und visualisiert werden.

Es gibt weitere Definitionen, die umfangreicher sind und z. B. Makros enthalten. Für schulische Zwecke sind darüber hinaus sicher auch Werkzeuge zum Messen von Längen, Flächeninhalten oder Winkeln wichtig (Elschenbroich 2013, S. 38).

4.13.2   MK2: Das Erstellen von 2D-Konstruktionen kennenlernen

Der einfachste Weg, sich selbst an Konstruktionen zu erproben, ist die Nutzung einer Dynamischen Geometrie-Software. GeoGebra bietet meiner Einschätzung nach derzeit die besten Möglichkeiten, da es auf allen gängigen Betriebssystemen (Windows, Mac OSX, Linux) sowie in Browsern läuft und kostenlos angeboten wird (http://www.geogebra.org). Eine leicht abgespeckte Version für Tablet-Computer ist ebenfalls verfügbar. Auf der Homepage von GeoGebra findet man auch die GeoGebraTube. Das sind tausende von Materialien von Lehrern für Lehrer, die wie Applets genutzt werden können (siehe dazu Abschn. 4.4). Ebenfalls sehr nützlich ist das Online-Handbuch, das sich auch auf dieser Seite findet. Das ehemals populäre Cabri Géomètre ist implementiert in der Software TI-Nspire. Diese Software ist besonders nützlich, wenn parallel an der Schule die zugehörigen Handhelds mit identischem Funktionsumfang eingesetzt werden.

Im Internet gibt es zahlreiche Tutorials für jeden Softwaretyp. Viele sind von engagierten Lehrern geschrieben. Ein bekanntes Problem, das dabei immer wieder auftaucht, ist, dass solches Material sehr schnell veraltet – häufig reicht ein Software-Update, um eine Schritt-für-Schritt-Anleitung ad absurdum zu führen. Ich empfehle deswegen Materialien wie die von Schmidt (2008b). Dies ist ein Komplettpaket zum Einstieg in die Arbeit mit Dynamischer Geometrie-Software, Tabellenkalkulation und Funktionenplotter, das man auch zur Arbeit mit Schülern nutzen kann. Es ist meiner Einschätzung nach hinreichend generisch, also mit allen mir bekannten Programmen zum Erstellen von 2D-Konstruktionen einsetzbar.

4.13.3   MK3: Das Erstellen von 2D-Konstruktionen nutzen

Generell ist es möglich, Konstruktionen statt mit Zirkel und Geodreieck nun mit dem Computer zu erledigen. Das hätte den Vorteil, dass die Zeichnung beliebig genau angefertigt wird – aber den Nachteil, dass man Schritte ohne Mühe rückgängig machen kann. Ähnlich wie bei jedwedem Einsatz digitaler Medien liegt der Mehrwert nicht darin, das Papier durch einen Bildschirm zu ersetzen. Den Einsatz dynamischer 2D-Konstruktionen auf die klassischen geometrischen Themengebiete der Sekundarstufe I zu beschränken, würde dem Potenzial dieser Domäne nicht gerecht.

> Eine fundamentale Eigenschaft aller DGS ist der *Zugmodus*: Er erlaubt die *Visualisierung von sowohl metrischen als auch nicht metrischen Invarianten der Geometrien*. Damit wird hier das wesentliche Kriterium von Felix Klein zur Charakterisierung unterschiedlicher Geometrien „offen sichtlich": *Invarianten*. (Hischer 2002, S. 279)

> DGS hat mit den dynamischen und visuellen Möglichkeiten zu einer Akzentverschiebung im Geometrieunterricht geführt. Es ist nicht mehr eine einzelne, starre Konstruktion das Ziel, sondern die Untersuchung von Invarianzen und funktionalen Abhängigkeiten im Zugmodus. [...] Statt auf Veränderungen zu achten, müssen sie nun schauen, was sich in der Dynamik *nicht* ändert [...], und entdecken dabei alle wichtigen Sätze der Schulgeometrie. (Elschenbroich 2003, S. 225)

Ein technisch einfach zu erzeugendes Beispiel ist ein Kreis mit einem Dreieck, dessen Eckpunkte auf dem Kreis liegen (vgl. Abb. 4.28). Schmidt (2008a) schlägt folgende Einkleidung vor:

> *Der Trainer hat heute eine ganz tolle Idee: „Ich möchte, dass ihr übt, das Tor unter verschiedenen Winkeln zu treffen. Dazu kreiden wir einen Kreis um den Elfmeterpunkt ab, ihr stellt euch auf den Kreis und versucht, das Tor zu treffen". (Der Radius des Kreises ist der Abstand vom Elfmeterpunkt zu einem Torpfosten.)*

Zuerst wurde der Kreis konstruiert und anschließend das Dreieck BDC eingetragen. Schließlich wurde noch der Winkel CDB gemessen. Der Winkel bleibt konstant, egal auf welchen Punkt des Kreisbogens zwischen C und B man D verschiebt. Damit solche Invarianten ihre Wirkung entfalten, bedarf es natürlich guter methodischer Entscheidungen – letztlich darf es nicht bei der reinen Beobachtung bleiben. Die entdeckte Eigenschaft sollte mit Argumenten belegt werden.

Die Verwendung von Ortslinien möchte ich auch an einer einfachen Konstruktion demonstrieren. Die Frage, wo die Punkte liegen, die von zwei Punkten den gleichen Abstand haben, führt zur Mittelsenkrechten. Die Eigenschaft von Kreisen, sämtliche Punkte, die von einem Punkt den gleichen Abstand haben, zu repräsentieren, kann genutzt werden, um jeweils Paare von Punkten mit der gesuchten Eigenschaft zu finden.

Mit Hilfe der Spur kann die Lage der Ortslinie angedeutet werden. Einige Produkte erlauben es, den sogenannten *geometrischen Ort* zu berechnen und als Kurve darzustellen.

Abb. 4.28 Bereits technisch
einfachste Konstruktionen erlauben es Schülern, Invarianten
zu entdecken

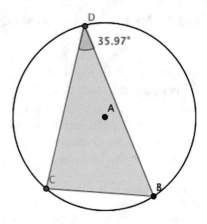

Weitere Ausführungen und Beispiele über Ortskurven findet man in Weigand und Weth
(2002).

Beim Erstellen von Konstruktionen ist der Computer peinlich genau – dynamisch werden Konstruktionen nur, wenn die Objekte im richtigen Abhängigkeitsverhältnis zueinan-
der stehen. Holland kommentiert diese Eigenschaft positiv:

> Ein besseres Verständnis des Begriffs *geometrische Konstruktionen* wird gewonnen, indem
> zwischen *Basisobjekten* und *konstruierten Objekten* unterschieden wird und Konstruktio-
> nen als Programme aufgefaßt werden, die immer wieder mit neuen Basisobjekten gestartet
> werden können. Beispielsweise muß der Schnittpunkt zweier Geraden durch die Schnitt-
> punktsoperation erzeugt werden. (Holland 1996, S. 84)

In Pallack (2014) findet man einen Vorschlag, wie Diagramme eingesetzt werden können, um dieses systematische Vorgehen zu unterstützen.

Im folgenden klassischen Beispiel (vgl. Weigand und Weth (2002, S. 186 f.); Elschenbroich (2003, S. 229)) kommen die Aspekte Zugmodus sowie Ortslinien in Verbindung
mit der Herausforderung einer korrekten Konstruktion zusammen (vgl. Abb. 4.29): Ein
Punkt eines Dreiecks bewegt sich entlang einer Parallelen zur Grundseite des Dreiecks,
die durch die beiden weiteren Punkte des Dreiecks begrenzt wird. Der Schnittpunkt der

Abb. 4.29 Der Schnitt zweier
Kreise dynamisch betrachtet:
Ein Schnittpunkt wird mit Spur
dargestellt

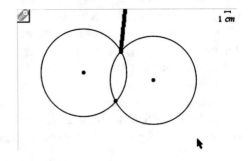

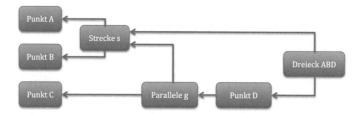

Abb. 4.30 Das Diagramm hilft dabei, das Entstehen der Konstruktion zu reflektieren

Abb. 4.31 Der Höhenschnitt-
punkt liegt auf einer Parabel –
Lernende erhalten die Chance, diese Kurve auch in einem
geometrischen Zusammenhang
wiederzuentdecken

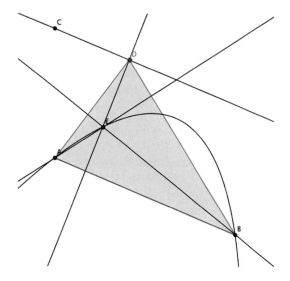

Höhen bewegt sich dabei. Zu beschreiben ist die Kurve, die bei der Bewegung des Höhen-
schnittpunkts entsteht.

Hier muss gut abgewogen werden, womit die Konstruktion begonnen wird. Startet man
mit dem Dreieck, so hat dieses drei frei bewegliche Punkte. Ein Punkt soll sich aber gerade
entlang einer Parallelen zur Grundseite bewegen. Startet man mit einer Strecke und konstruiert die Parallele, so ist darauf zu achten, dass der Punkt, der die Parallele lokalisiert,
nicht zum Dreieck gehört.

Hier wurde wie folgt verfahren: Eine Strecke AB wurde konstruiert und dazu eine
Parallele durch einen Punkt C. Dann wurde ein Punkt D auf der Parallelen erzeugt und im
Anschluss das Dreieck ABD. Das Diagramm in Abb. 4.30 fasst die Konstruktion bis zu
dieser Stelle zusammen.

Nun werden die Höhen eingezeichnet – das sind Senkrechte zu den Seiten durch den
jeweils gegenüberliegenden Punkt – und der Schnittpunkt der Höhen ermittelt. Abschließend wird der geometrische Ort bestimmt, also die Ortskurve angezeigt. Tatsächlich entsteht eine Parabel (Vorschläge, diese Eigenschaft der Ortskurve systematisch zu behandeln, findet man in Elschenbroich (2003, S. 229)).

Mit dynamischen 2D-Konstruktionen können verschiedenste Kompetenzen gefördert werden. Vertiefte Ausführungen zum Problemlösen findet man in Haug (2012). Die mögliche Rolle des Computers beim Beweisen, also dem Argumentieren, wird in Weigand und Weth (2002, S. 189–211) ausführlich beschrieben. Es können auch komplexere Zusammenhänge – ohne algebraischen Aufwand – modelliert werden (Vollrath und Roth 2012, S. 275 ff.). Laakmann (2007) erläutert, wie man einen „Break Dancer" – gemeint ist hier ein Kirmes-Fahrgeschäft, bei dem sich auf einer Scheibe weitere Scheiben drehen – simuliert und so dessen Verhalten beschreibt und analysiert. Nicht weniger spannend ist das Beschreiben eines Einparkvorgangs (Vollrath und Roth 2012, S. 276 f.), wie er auch in Roth (2008) beschrieben wird. Der Kreativität sind beim Finden von Beispielen wenig Grenzen gesetzt.

4.13.4 MK4: Das Erstellen von 2D-Konstruktionen reflektieren

Es gibt einige Fallen, in die Schüler zu Beginn leicht tappen (vgl. Abb. 4.32), und mindestens ebenso viele, bei denen viele Lehrkräfte „Lehrgeld" zahlen.

Lehrkräfte unterschätzen häufig den Eindruck, den die gefühlt *unendlich vielen gesehenen* Beispiele auf Lernende hinterlassen. Ist der Thaleskreis einmal konstruiert, hat man sich schnell davon überzeugt, dass ein Winkel immer 90° ist. Das, was ich *Beweisbedürftigkeit* (siehe dazu auch Weigand und Weth 2002, S. 193 f.) nenne, ist dann schwer zu motivieren (siehe auch Haug (2012, S. 57); Weigand und Weth (2002, S. 193 f.)). Es ist also gut abzuwägen, an welcher Stelle man solche Software nutzt und wie Konstruktionen angefertigt werden. Ein Dreieck, dessen beweglicher Punkt nicht auf dem Kreis liegt,

 7. **Stolperstelle: Für seine Hausaufgaben erstellt Benedikt mit einer dynamischen Geometriesoftware eine Strecke s durch zwei Punkte A und B. Nun möchte er einen weiteren Punkt C eintragen, der auf s liegt. Als er A bewegt, bleibt aber C unverändert. Sandra zeichnet das folgende Diagramm und sagt: „Wenn du das so machst, kann das auch nicht funktionieren."**

a) Erkläre, warum das Diagramm zu Benedikts Konstruktion passt.

b) Erstelle genau die gleiche Konstruktion. Platziere C so, dass es aussieht, als würde der Punkt auf s liegen.

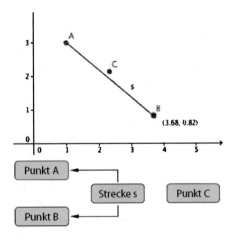

Abb. 4.32 Ein typischer Schülerfehler: Beim Konstruieren werden Abhängigkeiten nicht beachtet. Diagramme können Schülern helfen, diese Schwierigkeiten zu überwinden

Abb. 4.33 Wird die Mess-
genauigkeit erhöht, ist das
„Zurechtfummeln" einer Lösung nahezu unmöglich

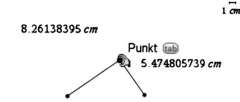

so dass der Winkel immer ungefähr 90° ist, kann als Lehrerdemonstration eindrücklicher
sein als eine von den Lernenden selbst erstellte Konstruktion. Hier zeigt die Erfahrung,
dass gerade schwächere Schüler beim Umgang mit der Software schnell das Ziel aus den
Augen verlieren und sich in den Darstellungen, gerade wenn es ein wenig komplexer wird,
verlieren.

Riemer (2011) beschreibt einen Prozess, in dem eine Lösung „gefummelt" wurde.
In der Aufgabe waren zwei Punkte gegeben und ein dritter Punkt sollte von den Punkten jeweils vorgegebene Abstände haben. So eine Lösung kann man natürlich auf Papier
durch mehr oder minder intelligentes Spielen mit zwei Geodreiecken erzielen – und niemand kann ernsthaft etwas an solch einer Näherungslösung bemängeln, außer dass sie
mathematisch uninteressant ist. Bei Verwendung einer Software kann die Anzahl der
Nachkommastellen vergrößert werden. Das „Zurechtfummeln" wird damit faktisch unmöglich (vgl. Abb. 4.33). Riemer (2011) macht weitere Vorschläge, die allesamt das Ziel
verfolgen, Schüler dazu anzuregen, exakt zu beschreiben und sauber zu zeichnen sowie
Konstruktionen unsystematischen Lösungen vorzuziehen.

Ein weiterer wichtiger Reflexionsaspekt ist das Verhältnis sowie die Reihenfolge vom
Arbeiten mit Papier und Bleistift und dem Computer (vgl. Abb. 4.31). Riemer begründet
die Wichtigkeit des händischen Arbeitens:

> Trotz der hohen Verbreitung von Geometrieprogrammen scheint es bis heute nicht wün-
> schenswert, auf Bleistift, Zirkel und Lineal zu verzichten. Das kann[61] man aus Sicht der Van
> Hiele'schen Stufentheorie begründen: Van Hiele strebe an, möglichst schnell – sogar schon
> in der Grundschule – einen hohen Grad an Abstraktion zu erreichen. [...] Auch wenn es pa-
> radox erscheinen mag, sind gerade praktische Übungen mit Zeichnen und Beschreiben umso
> wichtiger, je eher man auch abstrakt mit den Kindern arbeiten möchte. (Riemer 2011, S. 17)

Elschenbroich und Noll (2000) schlagen vor, Konstruktionsbefehle am Computer erst
dann zu nutzen, wenn sie per Hand beherrscht werden – und unterstützen damit das Argument von Riemer (2011).

Es gibt Indizien dafür, dass der Erfolg des Einsatzes dieses digitalen Mediums durch
gezielte Interventionen während der Erarbeitung erhöht werden kann. Haug kommt in

---

[61] Im Original steht „lann", was aber offensichtlich ein Druckfehler ist (Riemer 2011, S. 17).

seiner Studie zu dem Ergebnis, dass eine substanzielle Förderung durch den gezielten Einsatz von Aufforderungen erreicht wird:

> Abschließend kann man feststellen, dass die Ergebnisse der Studie die Annahme stützen, dass vorstrukturierte Schreibhilfen, Vermutungsaufforderungen und Reflexionsaufforderungen produktive Lern- und Schreibaktivitäten der Lernenden substanziell fördern. Aus theoretischer Sicht lässt sich festhalten, dass Fähigkeiten zur Wahrnehmung und Reflexion der eigenen Lernwege entwickelt werden können, wenn Schulklassen sich über einen längeren Zeitraum intensiv mit dem Lernen durch reflektierendes Schreiben anhand eines Lernprotokolls auseinandersetzen. (Haug 2012, S. 168 f.)

Es ist durchaus reizvoll, die Dynamisierung – wenn auch nur zur Demonstration – zu nutzen. Dabei sollte aber das Ziel nicht aus den Augen verloren werden. Danckwerts und Vogel (2003) analysierten am Beispiel des Satzes von Pythagoras und der binomischen Formeln, in welchen Fällen sich dynamische Visualisierungen lohnen. Sie kommen zu einem sehr differenzierten Fazit, das sich an den Inhalten, hier also dem Satz des Pythagoras bzw. den binomischen Formeln, orientiert. Hinzu kommt noch die Notwendigkeit, die Lernenden in den Blick zu nehmen: Nicht alle Schüler können die funktionale Sicht des Zugmodus optimal verarbeiten – einige werden einzelne Bilder zum Verständnis präferieren[62].

4.13.5 Anmerkungen und Fazit zum Erstellen von 2D-Konstruktionen

Da ich seinerzeit von meinen Mathematik-Auszubildenden verlangt habe, auch den Einsatz Dynamischer Geometriesysteme im Unterricht zu zeigen, konnte ich einige Erfahrungen sammeln, wie Lehrende, aber auch Lernende mit den Möglichkeiten umgehen. Der Satz des Thales ist dabei ein Klassiker, der in bestimmt drei oder mehr meiner Hospitationen zentraler Gegenstand war. Die bereits oben angesprochene scheinbare Offensichtlichkeit komplexer mathematischer Zusammenhänge erfordert von Lehrkräften besonderes Geschick, um Lernende zu motivieren, die Dinge zu hinterfragen.

Eine weitere Erfahrung ist, dass der Einsatz dieser Software so lokal ist, dass es im Sinne von *Kompetenzorientierung* kaum verlangt werden kann, dass Lernende die Möglichkeiten dieser rein didaktischen Software zum Ende der Schulzeit oder gar in der Oberstufe noch verinnerlicht haben. Lernende brauchen ein solides Vorwissen über die Bedienung, um überhaupt konstruktiv mit diesem digitalen Medium zu lernen (Haug 2012, S. 171). Das spricht dafür, sich auf einen kleinen Kern von Bedienfertigkeiten zu beschränken und verstärkt Applets zu nutzen, wie es auch Hölzl und Schelldorfer (2013) vorschlagen (siehe dazu auch die Ausführungen in Abschn. 4.4). Haug stellt eine aus meiner Sicht gut reflektierte Folge von Modulen zur Einführung Dynamischer Geometrie-Software vor (Haug 2012, S. 101). Diese Einführung benötigt aber im Unterricht drei Wochen, und wie der

---

[62] Abgeleitet ist diese Vermutung von den Ergebnissen der Forschung zu prädikativem und funktionalem Denken. Eine kurze Einführung in dieses Gebiet findet man bei Schwank (2003).

Praktiker weiß, sind das faktisch rund 10 % eines Schuljahres. Ein für die Schule geeigneter Kern von Bedienfertigkeiten müsste also noch bescheidener zusammengestellt werden.

4.13.6 Aufgaben

1. Starten Sie das Programm GeoGebra (unter http://www.geogebra.org/webstart/geogebra.html finden Sie das Programm als Webanwendung, d. h., es ist nicht notwendig, etwas zu installieren). Erstellen Sie die Konstruktion aus Abb. 4.28. Dabei gehen Sie wie folgt vor: Erzeugen Sie einen Kreis und darauf drei Punkte. Nun verbinden Sie die Punkte mit einem Dreieck. Messen Sie einen der Winkel (das geschieht durch Anklicken der drei Punkte – der Winkel beim zweiten Punkt wird gemessen). Erstellen Sie ein Diagramm (vgl. Abb. 4.30) zu dieser Konstruktion.
2. Eine bei Schülerinnen und Schülern beliebte Figur ist die Blume, die mit sieben Kreisen gezeichnet werden kann. Konstruieren Sie so eine Blume und beurteilen Sie anschließend, ob der Einsatz des Computers einen Mehrwert gegenüber der Konstruktion auf Papier mit dem Zirkel hat.
3. In Abb. 4.33 werden durch „Fummeln" Punkte gefunden. Führen Sie folgendes Experiment durch: Markieren Sie auf einem Blatt Papier zwei Punkte im Abstand von gut 6 cm. Nun nutzen Sie zwei Lineale, um Punkte mit gleichem Abstand zu finden. Beurteilen Sie, ob die Aktivität mit Blick auf das Ziel *Eigenschaften der Mittelsenkrechte beschreiben* zielführend erscheint. Nutzen Sie nun einen Faden, auf dem im Zentimeterabstand Punkte markiert sind. Beurteilen Sie, inwiefern diese Form der Aktivität zielführend ist. Erproben Sie abschließend die hier beschriebene Aktivität mit digitalen Medien und stellen Sie Vor- sowie Nachteile der verschiedenen Wege zusammen. Ist die These, dass Schüler vor allem durch den Einsatz des digitalen Mediums zum exakten Arbeiten angeregt werden, haltbar?
4. Im Text wird die Untersuchung von Haug (2012) vorgestellt. Darin wird eine systematische Einführung in den Umgang mit Dynamischer Geometrie-Software vorgeschlagen. Suchen Sie im Internet nach Einführungen und schätzen Sie, wie viel Zeit die Umsetzung im Unterricht in Anspruch nehmen würde. Diskutieren Sie, wie viel Zeit für den Unterrichtsinhalt *Dynamische Geometrie-Software* in welcher Jahrgangsstufe angemessen erscheint.

4.14 Punkte, Geraden und Ebenen darstellen

4.14.1 MK1: Infos zum Darstellen von Punkten, Geraden und Ebenen

Es ist bemerkenswert, dass das beliebte Thema *Analytische Geometrie* – mit seinen vielen Hürden der räumlichen Vorstellung – nicht eine Vielzahl von Softwareprodukten hervorgebracht hat, die regelmäßig in Schulen benutzt werden. 3D-Geometrie ist für viele

Lernende schwierig zu begreifen und haptische Modelle wie Fäden oder Bretter haben deutliche Grenzen. Sowohl der Markt als auch die Einsatzszenarien sind übersichtlich – der gezielte lokale Einsatz lohnt hingegen sehr, weswegen ich diesen Abschnitt mit seinen Inhalten für unverzichtbar halte. Allerdings beschränke ich mich auf das für Schule relevante Darstellen von Punkten, Geraden und Ebenen.

Die allgemeineren Definitionen und Betrachtungen zum Erstellen von 3D-Konstruktionen lassen sich auf 3D-Geometriesysteme übertragen. Allerdings ist die Bedienung bei den verbreiteten Systemen Archimedes Geo3D und Cabri 3D deutlich anspruchsvoller als bei den 2D-Programmen. Das leuchtet ein, da ein Punkt auf dem Bildschirm unendlich viele Punkte entlang einer Geraden im Raum repräsentiert. Hattermann (2011, S. 341) schließt nach einer Untersuchung zum Einsatz solcher Software, dass gerade dieser Aspekt explizit Nutzern erklärt werden muss. In der Regel arbeiten die Systeme in einer Ebene und durch Drücken einer Taste (z. B. der Hochstelltaste) wird dann in die dritte Dimension gewechselt.

4.14.2 MK2: Das Darstellen von Punkten, Geraden und Ebenen kennenlernen

Es gibt zwei gute Wege, um sich dieser Domäne zu nähern: Sie laden eine kostenlose Testversion einer entsprechenden Software (z. B. unter raumgeometrie.de) oder nutzen ein inhaltlich beschränktes Online-Angebot. Eines stelle ich hier vor: das Tool „Gerade und Ebene" aus dem Cornelsen-Verlag (http://wck.me/6JB). Eine Übersicht über alle Module dieses Tools findet man unter http://www.cornelsen.de/interaktiv/1.c.4108330.de.

Das ausgewählte Tool ist darauf beschränkt, eine Ebene in Parameter- oder Normalenform sowie eine Gerade in Parameterform darzustellen. Nach Eingabe der nötigen Informationen wird im Graphikfenster die Situation dargestellt. Zusätzlich berechnet werden der Schnittpunkt und der Schnittwinkel (vgl. Abb. 4.34). Es gibt einige dieser kleinen Tools, die jeweils für eine Unterrichtssituation geeignet sein sollen.

GeoGebra bietet ab seiner Version 5.0 ebenfalls eine 3D-Umgebung an, auf die unter http://web.geogebra.org ohne Anmeldung und kostenfrei zugegriffen werden kann. Da die Bedienung an die 2D-Umgebung erinnert, werden sich Nutzer der beliebten Software schnell darin zurechtfinden.

Im Gegensatz zu den oben vorgestellten Mini-Tools handelt es sich bei Archimedes Geo3D, Cabri 3D[63] oder GeoGebra um umfangreichere Werkzeuge, mit denen auch komplexe 3D-Situationen realisiert werden können (vgl. Abb. 4.35). Zu diesen Programmen findet man im Internet (z. B. bei YouTube) Tutorials – vor allem Cabri 3D hat hier eine vergleichsweise große Fangemeinde.

---

[63] Im Sammelband von Ruppert und Wörler (2013) finden sich Artikel zur Einführung in Cabri 3D, ein Vergleich zwischen Archimedes Geo3D und Cabri 3D sowie Einblicke in andere Softwareprodukte, die im Jahr 2013 auf dem Markt waren oder kurz vor der Markteinführung standen.

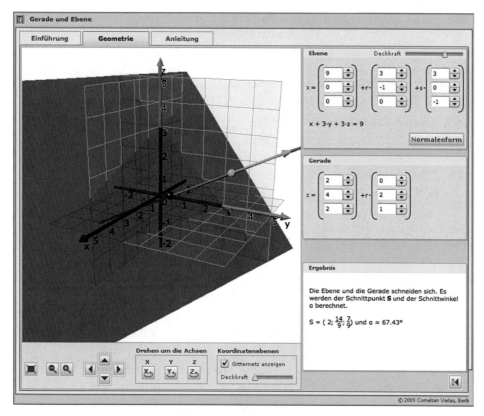

Abb. 4.34 Visualisierter Schnitt von Ebene und Gerade

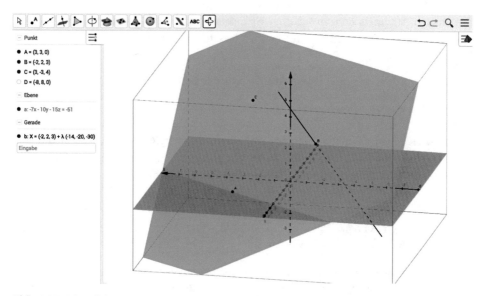

Abb. 4.35 Visualisierter Schnitt von Ebene und Gerade in GeoGebra

4.14.3   MK3: Das Darstellen von Punkten, Geraden und Ebenen nutzen

Das Paket des Cornelsen-Verlages bietet kleine, aber feine Beispiele, die im Unterricht zur Demonstration eingesetzt werden. Die Nutzung ist auf Basis der gültigen Lehrpläne im Wesentlichen auf die Sekundarstufe II beschränkt (siehe dazu auch das Fazit im nächsten Abschnitt). Das primäre Einsatzgebiet liegt wohl in der Unterstützung von Lernenden beim Aufbau einer angemessenen Vorstellung.

In Abschn. 3.2.3 finden Sie das Beispiel „Auf den Spuren von Dürer", das ebenfalls mit 3D-Software durchgeführt werden kann. Solche Beispiele können Anregungen für Projekte oder kleine Arbeiten sein, die von Schülerinnen und Schülern selbstständig durchgeführt werden.

4.14.4   MK4: Das Darstellen von Punkten, Geraden und Ebenen reflektieren

> In 3D-Systemen sind im Jahr 2010 immer noch wenige Forschungsergebnisse verfügbar. (Hattermann 2011, S. 42)

Hattermann stellt den Forschungsstand aus dem Jahr 2011 knapp, aber wohl umfassend zusammen.

Er führt insgesamt fünf Studien an, die im Wesentlichen zu dem Ergebnis kommen, dass sich das Verständnis zu räumlichen Gegebenheiten verbesserte und Schülerinnen und Schüler in Studien auch in der Lage waren, nach dem Einsatz einer 3D-Software präziser zu argumentieren. Eine Studie hebt das Potenzial von 3D-DGS (Dynamische Geometrie-Software für 3D) hervor, Beweisbedürftigkeit zu wecken und so Gelegenheiten zum exakten Argumentieren zu schaffen. Spannend ist ein Ergebnis, das auch die geringe Präsenz dieser Domäne digitaler Medien im Klassenzimmer erklärt:

> Probst analysiert die Verwendbarkeit von *Archimedes Geo3D* bzw. *Cabri 3D* zur Lösung von Aufgaben zur 3D-Geometrie, welche aktuell in Schulbüchern aufzufinden sind. Sie stellt fest, dass sich die meisten Aufgaben nicht zur Bearbeitung mit einem 3D-DGS eignen. (Hattermann 2011, S. 42)

Das Darstellen von Punkten, Geraden und Ebenen ist gut geeignet, um sich Situationen expliziter vorstellen zu können – aber kaum geeignet, um schultypische Operationen mit den geometrischen Objekten Punkt, Gerade und Ebene durchzuführen. Dem sollte man sich bewusst sein.

Natürlich ist auch Wissen über das Verhalten von Nutzern wichtig, um Unterricht reflektiert planen zu können. Hattermann kommt in seiner Arbeit zu einer Typisierung von Nutzern, die hier kurz vorgestellt werden soll.

> Hierbei sind drei Nutzertypen zu identifizieren, wobei Typ A eher experimentell vorgeht und verschiedene Entwicklungsstufen hinsichtlich von Werkzeugkompetenzen und Anpassung an die 3D-Umgebung durchläuft. Typ B präferiert statistische Betrachtungen bei Aufgaben-

lösungen und verwendet ein DGS nur dann im dynamischen Sinn, wenn er keine andere Möglichkeit der Aufgabenlösung erkennt. Typ C ist dadurch charakterisiert, dass er aufgrund der intervenierenden Bedingung eines unzureichenden mathematischen Verständnisses ein DGS kaum in ökonomischer Weise verwenden kann. Es fehlen Grundkompetenzen im mathematischen Bereich, welche ein Erlernen von schlichten Werkzeugkompetenzen zwar zulassen, deren Anwendung im Problemkontext jedoch meist nicht gelingen. Ein mangelndes Begriffsverständnis ist bei Nutzertyp C als zweite intervenierende Bedingung charakteristisch. (Hattermann 2011, S. 338)

Dabei betont er mehrfach den qualitativen Charakter der Studie sowie die kleinen Fallzahlen – unabhängig davon erscheinen mir die Typenbeschreibungen nützlich.

4.14.5 Anmerkungen und Fazit zum Darstellen von Punkten, Geraden und Ebenen

Im Unterricht habe ich mich – notgedrungen, da die nötige Software nicht auf Schulrechnern installiert war – auf Demonstrationen durch den Lehrer oder die Schüler beschränkt. Das Gleiche gilt für Unterrichtsbesuche, die ich in den Jahren von 2008 bis 2013 durchgeführt habe. In der Summe konnte ich zwei Stunden beiwohnen, in denen eine 3D-Software eingesetzt wurde. Das ist nicht viel, aber genug, um beurteilen zu können, dass sich aus Sicht der Lehrkraft ein echter Mehrwert durch die Möglichkeiten der Visualisierung ergab.

Bei meiner Arbeit in der Hochschule mit Studierenden konnte ich umfassendere Erfahrungen zum Einsatz der Software in Lernsituationen über viele Semester gewinnen. Die Studierenden wurden damit in die Lage versetzt, auch komplexere Situationen zu modellieren. Dabei entstand zum Beispiel eine Ausarbeitung zum Schattenwurf bei der Cheopspyramide. Rückblickend wurde der Softwareeinsatz (in unserem Fall war es Archimedes Geo3D) faktisch durchweg positiv beurteilt, was wohl vor allem daran lag, dass die Einarbeitung, um elementare Situationen wie Geraden und Ebenen im Raum darzustellen, gegenüber dem augenscheinlichen Nutzen kaum ins Gewicht fiel.

4.14.6 Aufgaben

1. Öffnen Sie die 3D-Umgebung unter http://web.geogebra.org und stellen Sie eine Ebene durch die Punkte $P(3, 3, 0)$, $Q(-2, 2, 3)$ und $R(3, -3, 4)$ sowie eine Gerade durch die Punkte Q und $S(-3, -3, 0)$ graphisch dar. Die 3D-Situation wird hier, im Gegensatz zu anderen 3D-Software-Paketen, in einem Würfel dargestellt. Diskutieren Sie Vor- und Nachteile dieser Darstellung.
2. Ein Würfel wird von einer Ebene geschnitten. Dabei können die Figuren Punkt, Strecke, Dreieck, Viereck, Fünfeck und Sechseck entstehen. Erstellen Sie mit GeoGebra einen Würfel und realisieren Sie nacheinander die Schnitte mit Ebenen, welche die zuvor genannten Figuren ergeben.

3. Sichten Sie das oben vorgestellte Angebot des Cornelsen-Verlages und beurteilen Sie die Einheiten mit Blick auf Praktikabilität und didaktischen Nutzen im Vergleich zu einer Software wie GeoGebra.

4. Für Projekte können auch Softwarepakete wie SketchUp (www.sketchup.com) eingesetzt werden, welche umfassendere Modellierungen der Realität erlauben[64]. Nennen Sie mögliche schulische Szenarien, in welchen der Einsatz solcher Software gerechtfertigt und mit Blick auf das Erlernen von Mathematik gewinnbringend erscheint. Beziehen Sie in Ihre Überlegungen auch ungewöhnliche Unterrichtsformen wie Projektarbeit (wie „Wir bringen unser Schulgebäude zu Google Earth") oder Forschungsarbeiten (wie „Entwicklung einer ergonomischen Arbeitsumgebung") ein.

4.15 Computeralgebrasysteme nutzen

Am Computeralgebrasystem (kurz CAS) scheiden sich die Geister. Einen guten Einblick in die aktuelle Diskussion kann man sich verschaffen, indem man in Suchmaschinen nach *CAS*, *Verbot* und *Mathematikunterricht* sucht. Ich habe dazu bereits Stellung bezogen und konzentriere mich in dieser Einheit auf eine knappe Darstellung der zentralen Funktionalität von Computeralgebrasystemen: der Manipulation symbolischer Ausdrücke.

4.15.1 MK1: Infos zu Computeralgebrasystemen

Barzel (2012) greift bei der Suche nach einer Definition auf einen Artikel von mir aus dem Jahr 2007 zurück, weswegen ich davon ausgehe, dass sich in der Zwischenzeit zur Begriffsklärung wenig getan hat:

> Ein CAS ist eine Technologie, mit der man mindestens Terme symbolisch ableiten und Gleichungen algebraisch lösen kann. (Pallack 2007b, S. 90)

Und Barzel ergänzt:

> Die wichtigsten Befehle im Bereich der algebraischen Manipulation sind im schullischen Bereich [. . .]: das Erweitern (EXPAND), Faktorisieren (FACTORIZE) oder das unmittelbare Lösen von Gleichungen (SOLVE). (Barzel 2012, S. 10)

Barzel verfolgt im Weiteren einen produktbezogenen Ansatz und beschreibt, dass verschiedene Funktionalitäten wie das Erstellen von 2D-Graphen in CAS (gemeint ist hier

---

[64] Vertiefende Informationen sowie auch Ideen finden Sie bei Ruppert und Wörler (2013, S. 137–156).

eine Technik) meist enthalten sind. Hischer (2002)[65] unterscheidet zwei Modi: den NG-Modus (numerisch-graphischer Modus) und den ST-Modus (symbolischer Term-Modus). Dazu führt er aus:

> Das numerische Lösen von Gleichungen, das Darstellen von Funktionsgraphen mit einem integrierten Funktionenplotter und die Anwendung von Operationen und Optionen wie **approx** sind Indizien dafür, dass ein CAS im NG-Modus arbeitet, *und hierfür benötigt man eigentlich gar kein Computeralgebrasystem!* (Hischer 2012, S. 263)

Ich plädiere deswegen für eine begriffliche Trennung – aber in der pädagogischen Praxis für die Nutzung von Verbünden digitaler Medien[66]. Sprich: Man sollte sich einig sein, worüber man spricht, wenn ein CAS gemeint ist. Computeralgebrasysteme bilden eine eigene Domäne, da sich das Manipulieren von Termen gut von deren graphischer Darstellung abgrenzen lässt und die Übertragbarkeit der Bedienfertigkeiten bei verschiedenen Produkten in der Regel gegeben ist[67].

Die Wirkungshoffnungen formuliert Barzel auf der Basis einer umfangreichen Literaturrecherche:

> Was mit diesen Akzentverschiebungen auf der Grundlage der einbezogenen Quellen konkret gemeint ist, lässt sich in acht zentralen Aussagen zusammenfassen:

> - Konzeptuelles Wissen kann durch CAS gefördert werden. [...]
> - Rechnerfreie Fertigkeiten sind auch beim CAS-gestützten Unterricht zu erwerben. [...]
> - Die Nutzung mathematischer Sprache in der schriftlichen Kommunikation wird durch CAS angeregt. [...]
> - Technische Fertigkeiten können fachliche Ziele sinnvoll ergänzen. [...]
> - CAS begünstigt einen genetischen Aufbau der Unterrichtsinhalte. [...]
> - Die Integration offener Aufgaben in den Unterricht wird durch CAS unterstützt. [...]
> - CAS erhöht die Anzahl individueller Lösungswege und unterstreicht deren Zusammenhang. [...]
> - Lehrer- und schülerzentrierte Unterrichtsmethoden erscheinen mit CAS in einem neuen Licht. [...]

---

[65] Die Lektüre von Hischer (2012) bietet sich an, um mehr über Computeralgebrasysteme zu erfahren. Hier ausgespart wurde der theoretische Hintergrund, wie Terme erkannt und manipuliert werden. Zwar stimme ich zu, dass bei Computeralgebrasystemen der *Computer als Blender* (Hischer 2012, S. 271) auftreten kann, also nicht aufgeklärte Anwender mit seinen Ausgaben täuscht, jedoch sind die meisten Phänomene lokal, d. h. bezogen auf bestimmte Algorithmen oder Techniken. In den Bereichen schulischer Inhalte arbeiten CAS in der Regel verlässlich.

[66] Pallack (2014) führt am Beispiel von Optimierungsaufgaben aus, wie der Einsatz von Computeralgebrasystemen Lösungswege eröffnet, die gehaltvolle Mathematik enthalten. Dabei kommen viele der von Barzel vorgestellten Mehrwerte zum Tragen – klar wird aber auch, dass ein geeigneter Verbund digitaler Medien verfügbar sein muss.

[67] In Abschn. 3.6.1 finden Sie weitere Ausführungen zur Definition der Domäne CAS nutzen.

[...] Die Frage, ob sich die Kompetenzen der Schülerinnen und Schüler, die mit CAS lernen, automatisch und grundsätzlich verbessern, kann auf Grundlage der aktuellen Forschungsergebnisse nicht pauschal beantwortet werden. (Barzel 2012, S. 31)

Weigand und Weth (2002, S. 67) nennen noch die Möglichkeit, durch den Einsatz von CAS die Strukturerkennung bei Termen zu schulen.

4.15.2 MK2: Computeralgebrasysteme kennenlernen

Die Geschichte dieser Systeme beginnt Anfang der 60er Jahre und gipfelte Ende der 90er in zahlreichen Modellversuchen. Bekannte Systeme sind Derive, Maple, Mathematica, WIRIS oder Maxima. Verbreitet wurden die Systeme jedoch durch Taschencomputer wie den legendären TI-92 – wegen seines Aussehens auch „Brotdose" genannt. Mittlerweile bieten die meisten Anbieter von Taschenrechnern auch ein Gerät mit implementierten CAS an.

Voll funktionstüchtige Computeralgebrasysteme gibt es mittlerweile auch online. Ich empfehle, falls noch keine Erfahrungen im Umgang mit CAS vorliegen, die Nutzung der Websiten http://www.wiris.net/demo/wiris/en/ oder http://www.wolframalpha.com. Die Oberfläche von WIRIS ist ansprechender – erfordert jedoch Java und wird deswegen auf einigen Tablet-Computern nicht funktionieren. Hier können auch die von Barzel (2012) genannten Befehle ausgeführt werden:

Die Eingabe *factor(x^2-x)* erzeugt den Ausdruck $x\,(x-1)$. Mit dem Befehl *expand(x*(x-1))* lässt sich diese Operation wieder umkehren und man erhält die Ausgabe $x^2 - 2x$. *solve(x^3-3x^2+4=0,x)* ergibt $x = -1$ sowie $x = 2$. Das ‚x bedeutet, dass die Gleichung nach x aufgelöst werden soll[68].

Für den Unterricht in der Oberstufe sind Befehle zum Bestimmen von Ableitungen oder Stammfunktionen interessant (vgl. Abb. 4.36).

Mit diesen einfachen Funktionalitäten erschließt sich bereits ein großes Spektrum unterrichtlicher Möglichkeiten.

Abb. 4.36 Mit Hilfe von Computeralgebrasystemen können algebraische Berechnungen automatisiert durchgeführt werden

$$\int\left(x\cdot e^{x^2}\right)dx \qquad\qquad \frac{e^{x^2}}{2}$$

$$\frac{d}{dx}\left(\sqrt{\sin(x)}\,\right) \qquad\qquad \frac{\cos(x)}{2\cdot\sqrt{\sin(x)}}$$

---

[68] Für die Eingabe von Termen gelten die Regeln, wie sie auch in der Einheit *2D-Graphen erstellen* vorgestellt wurden.

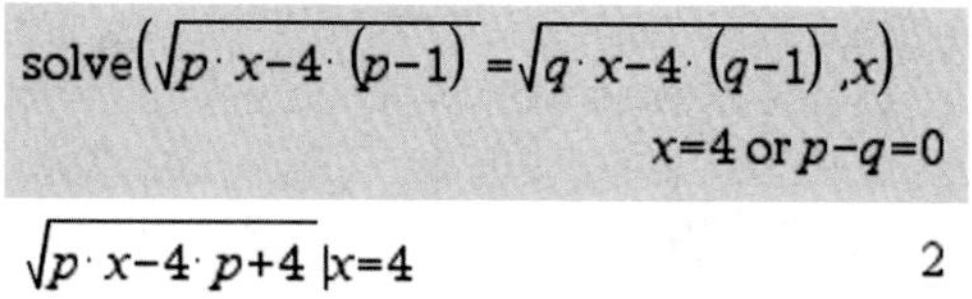

Abb. 4.37 Ein Compu-
teralgebrasystem erlaubt die
Konzentration auf Strategien

$$\text{solve}\left(\sqrt{p \cdot x - 4 \cdot (p-1)} = \sqrt{q \cdot x - 4 \cdot (q-1)}, x\right)$$
$$x = 4 \text{ or } p - q = 0$$

$$\sqrt{p \cdot x - 4 \cdot p + 4} \,|x = 4 \qquad\qquad 2$$

4.15.3 MK3: Computeralgebrasysteme nutzen

Die meisten Beispiele zum Einsatz von CAS bauen auf Verbünden digitaler Medien auf. Hier habe ich zwei kleine Beispiele ausgesucht, die sich auf das Manipulieren von Termen beschränken. Dabei kann auch das Computeralgebrasystem selbst zum Lerngegenstand werden.

Die Eingabe des Terms $\sqrt{9 - 4 \cdot \sqrt{5}}$ ergibt $\sqrt{5} - 2$. Dieses überraschende Ergebnis zu hinterfragen, erfordert einige Kenntnisse im Bereich der Strukturen von Termen und dem Umgang mit ihnen. An diesem Beispiel lassen sich die Möglichkeiten von CAS verbinden mit dem Training händischer Fertigkeiten sowie der Reflexion des Einsatzes digitaler Medien.

Das folgende Beispiel stammt aus Pallack (2008a). Die Aufgabe lautet: *Gibt es einen Punkt, den alle Graphen der Funktionsschar* $f_p(x) = \sqrt{p \cdot x - 4 \cdot p + 4}$ *gemeinsam haben? Beschreibe, wie man zu einer begründeten Vermutung kommen kann (zum Beispiel mit einem Funktionenplotter oder einem CAS). Gib an, welche Bedingung für den Term gelten müsste, wenn es einen solchen Punkt gibt.*

Intendiert ist, dass diese Aufgabe in Prüfungssituationen ohne digitale Medien genutzt wird. Gefordert wird nicht die konkrete Rechnung, sondern eine Strategie (vgl. Abb. 4.37). So müsste die Gleichung $f_p(x) = f_q(x)$ zumindest eine Lösung haben, die nicht von p und q abhängt. Existiert ein solcher Punkt $(x_0|y_0)$, dann muss natürlich auch $f_p(x_0) = y_0$ sowie $f_q(x_0) = y_0$ gelten. Beim rein händischen Lösen der Aufgabe gibt es einige Fallstricke – die größte Hürde ist wohl, dass die Gleichung $p \cdot x - 4 \cdot p + 4 = q \cdot x - 4 \cdot q + 4$ auf eine Form $(p - q) \cdot (x - 4) = 0$ gebracht werden muss. Das ist zwar sehr wünschenswert, ergibt sich jedoch nicht unmittelbar.

4.15.4 MK4: Den Einsatz von Computeralgebra reflektieren

Wie bereits eingangs gesagt: Bei Computeralgebrasystemen scheiden sich die Geister. Die oft bemängelten Fertigkeiten von Studienanfängern in mathematikaffinen Fächern, gepaart mit einem großen Respekt vieler Lehrkräfte gegenüber diesem digitalen Medium, ergeben eine unproduktive Lage: Einerseits hat der Einsatz von Computeralgebrasystemen beim Lernen von Mathematik potenziell einen Mehrwert, andererseits ist die Gefahr gegeben, dass die ständige Verfügbarkeit zum unreflektierten Einsatz des digitalen Mediums führt. Einerseits eröffnen Computeralgebrasysteme ein breites Spektrum unterrichtlicher

Möglichkeiten, andererseits führen sie gut erprobte, klassische Ansätze ad absurdum. Und so gibt es auch viele Schülerinnen und Schüler, die dem Einsatz von CAS kritisch gegenüberstehen: Der Einsatz des digitalen Mediums bereitet gerade nicht *direkt* auf mathematikaffine Studiengänge vor (hier werden diese Geräte nach wie vor in den meisten Fällen nicht eingesetzt). Es kommt also scheinbar *etwas dazu*, was in der Regel Geld kostet und in der öffentlichen Diskussion kritisch beäugt wird.

Dabei wird m. E. vergessen, dass der Mehrwert digitaler Medien – und das gilt insbesondere bei CAS – beim Lernen von Mathematik liegt. Bruder und Weißkirch (2009) stellen mit CALiMERO ein Projekt vor, bei dem händische Fertigkeiten und der angemessene Einsatz digitaler Medien in ein angemessenes Verhältnis gebracht werden. Weigand und Weth schreiben dazu:

> Die Frage, welche traditionellen Termumformungsfertigkeiten noch notwendig sind, um für das Arbeiten mit einem CAS ausreichende Fähigkeiten zur Strukturerkennung aufzubauen, ist eine wichtige, aber schwer zu beantwortende Frage. [...] Wir vertreten die Meinung, dass das Problem der Reduzierung der Papier-und-Bleistift Umformungen und die Frage, bis zu welchem Komplexitätsgrad Termumformungen per Hand durchgeführt werden sollten, im Zusammenhang mit der Entwicklung von syntaktischen und semantischen Überlegungen beim Umfang mit einfachen Termen gesehen werden müssen. So sind etwa die grundlegenden Gesetze und Eigenschaften der Verknüpfungen von Zahlen und von Zahlen mit Variablen stärker zu betonen, um eine sichere Argumentationsgrundlage für Termumformungen zu besitzen. [...] Dass heute viele Schüler selbst bei relativ einfachen Umformungen versagen, sollte ein Indiz dafür sein, dass das bisher praktizierte komplexe Umformungsüben in der Sekundarstufe I sein Ziel verfehlt hat. Wiederum können neue Technologien ein Katalysator dafür sein, schon lange eingeforderte Ziele des Unterrichts erneut anzugehen. (Weigand und Weth 2002, S. 70 f.)

Händische Fertigkeiten müssen wachgehalten werden, damit Lernende langfristig darauf zurückgreifen können. Elementare Termumformungen müssen – so meine Ansicht – beim Schüler automatisiert abrufbar und inhaltlich rekonstruierbar vorhanden sein.

Falsch ist die Aussage, dass händische Fertigkeiten durch den Einsatz von CAS verlernt werden. Das ist nur bei einem sehr unreflektierten Einsatz überhaupt vorstellbar.

Ebenfalls gerne vergessen wird, dass die wenigsten Schülerinnen und Schüler direkt mathematikaffine Studiengänge anstreben. Ein breit angelegtes Training für das erste Semester des Mathematikstudiums ist deswegen kontraproduktiv. Meine Empfehlung ist es, CAS spätestens zu Beginn der Oberstufe einzuführen, um dann in späteren Phasen des Unterrichts immer wieder – gezielt und auch gesteuert – darauf zurückgreifen zu können.

4.15.5   Anmerkungen und Fazit zur Nutzung von Computeralgebrasystemen

Obwohl ich erst seit etwas mehr als 15 Jahren im Schuldienst bin, überfällt auch mich gelegentlich der Eindruck, dass die Schülerinnen und Schüler *damals* besser waren. Dabei erliege ich aber wohl einer Täuschung: Ich habe mich weiterentwickelt und unterrichtliche Erfahrung gesammelt. Dann gab es auch noch deutliche curriculare Verschiebungen. CAS war für mich immer ein Mehrwert, da es die Durchführung von Unterrichtsprojekten erlaubte, die Schülern nachhaltig im Gedächtnis blieben. Mein dringender Rat ist es deswegen, verschiedene Effekte nicht kausal in Beziehung zu setzen, da die pauschale Ablehnung von CAS Mathematikunterricht um ein potenziell wertvolles digitales Medium beraubt.

Eine abschließende Bemerkung in Form anekdotischer Evidenz: Aus meinem vorletzten CAS-Leistungskurs mit insgesamt 17 Teilnehmern gingen drei Mathematikstudierende sowie sieben Studierende mathematikaffiner Fächer hervor. In einem Fall erhielt ich eine Einschätzung, dass der Studieneinstieg vielleicht ohne CAS noch reibungsloser gelaufen wäre; die weiteren Rückmeldungen zum Studieneinstieg waren durchweg positiv, auch wenn die ersten Präsenzübungen und Klausuren (natürlich) gehörig Respekt einflößten.

4.15.6 Aufgaben

1. Bestimmen Sie die Ableitung sowie eine Stammfunktion von $f(x) = x^3 \cdot e^{-x^2}$. Tipp: Nutzen Sie die Seite von WIRIS und die dort angebotenen Vorlagen[69].
2. *CAS erledigen Kurvendiskussionen auf Knopfdruck.* Diskutieren Sie mit Hilfe eines CAS die Funktion $f(x) = (x - 3)(x + 2)^2$.
3. Barzel schreibt: *Die Integration offener Aufgaben in den Unterricht wird durch CAS unterstützt.* Beschreiben Sie ein mögliches Unterrichtsszenario im Rahmen der schulischen Analysis, für das diese Aussage zutrifft.
4. Kritiker behaupten, dass Schüler durch die Nutzung von CAS händische Fertigkeiten verlernen. Beschreiben Sie zentrale händische Fertigkeiten, die Schüler auch ohne CAS beherrschen sollten und durch CAS möglicherweise verlernen. Begründen Sie Ihre Entscheidung inhaltlich.
5. Unter CAS werden häufig Verbünde digitaler Medien verstanden. Nehmen Sie ein konkretes CAS-Produkt (z. B. WIRIS) und beschreiben Sie die in diesem Medienverbund implementierten Domänen digitaler Medien.

---

[69] Wenn Sie noch nie mit einem Computeralgebrasystem gearbeitet haben, wird es ungewohnt sein, dass Ableitungen in der Leibniz-Notation angeboten werden: $\frac{d}{dx}$. Diese scheinbare Hürde über partielle Ableitungen ist ein Vorteil, da in der für die Schule üblichen Notation unklar bleibt, nach welcher Variable abgeleitet wird.

Bisher erschienene Bände der Reihe Mathematik Primarstufe und Sekundarstufe I + II

Herausgegeben von
Prof. Dr. Friedhelm Padberg, Universität Bielefeld
Prof. Dr. Andreas Büchter, Universität Duisburg-Essen

Bisher erschienene Bände (Auswahl):

Didaktik der Mathematik

P. Bardy: Mathematisch begabte Grundschulkinder – Diagnostik und Förderung (P)

C. Benz/A. Peter-Koop/M. Grüßing: Frühe mathematische Bildung (P)

M. Franke/S. Reinhold: Didaktik der Geometrie (P)

M. Franke/S. Ruwisch: Didaktik des Sachrechnens in der Grundschule (P)

K. Hasemann/H. Gasteiger: Anfangsunterricht Mathematik (P)

K. Heckmann/F. Padberg: Unterrichtsentwürfe Mathematik Primarstufe, Band 1 (P)

K. Heckmann/F. Padberg: Unterrichtsentwürfe Mathematik Primarstufe, Band 2 (P)

F. Käpnick: Mathematiklernen in der Grundschule (P)

G. Krauthausen: Digitale Medien im Mathematikunterricht der Grundschule (P)

G. Krauthausen/P. Scherer: Einführung in die Mathematikdidaktik (P)

G. Krummheuer/M. Fetzer: Der Alltag im Mathematikunterricht (P)

F. Padberg/C. Benz: Didaktik der Arithmetik (P)

P. Scherer/E. Moser Opitz: Fördern im Mathematikunterricht der Primarstufe (P)

A.-S. Steinweg: Algebra in der Grundschule (P)

G. Hinrichs: Modellierung im Mathematikunterricht (P/S)

A. Pallack: Digitale Medien im Mathematikunterricht der Sekundarstufe I + II (P/S)

R. Danckwerts/D. Vogel: Analysis verständlich unterrichten (S)

© Springer-Verlag GmbH Deutschland, ein Teil von Springer Nature 2018
A. Pallack, *Digitale Medien im Mathematikunterricht der Sekundarstufen I + II*,
Mathematik Primarstufe und Sekundarstufe I + II, DOI 10.1007/978-3-662-47301-6

C. Geldermann/F. Padberg/U. Sprekelmeyer: Unterrichtsentwürfe Mathematik Sekundarstufe II (S)

G. Greefrath: Didaktik des Sachrechnens in der Sekundarstufe (S)

G. Greefrath: Anwendungen und Modellieren im Mathematikunterricht (S)

G. Greefrath/R. Oldenburg/H.-S. Siller/V. Ulm/H.-G. Weigand: Didaktik der Analysis für die Sekundarstufe II (S)

K. Heckmann/F. Padberg: Unterrichtsentwürfe Mathematik Sekundarstufe I (S)

K. Krüger/H.-D. Sill/C. Sikora: Didaktik der Stochastik in der Sekundarstufe (S)

F. Padberg/S. Wartha: Didaktik der Bruchrechnung (S)

H.-J. Vollrath/H.-G. Weigand: Algebra in der Sekundarstufe (S)

H.-J. Vollrath/J. Roth: Grundlagen des Mathematikunterrichts in der Sekundarstufe (S)

H.-G. Weigand/T. Weth: Computer im Mathematikunterricht (S)

H.-G. Weigand et al.: Didaktik der Geometrie für die Sekundarstufe I (S)

Mathematik

M. Helmerich/K. Lengnink: Einführung Mathematik Primarstufe – Geometrie (P)

F. Padberg/A. Büchter: Einführung Mathematik Primarstufe – Arithmetik (P)

F. Padberg/A. Büchter: Vertiefung Mathematik Primarstufe – Arithmetik/ Zahlentheorie (P)

K. Appell/J. Appell: Mengen – Zahlen – Zahlbereiche (P/S)

A. Filler: Elementare Lineare Algebra (P/S)

S. Krauter/C. Bescherer: Erlebnis Elementargeometrie (P/S)

H. Kütting/M. Sauer: Elementare Stochastik (P/S)

T. Leuders: Erlebnis Algebra (P/S)

T. Leuders: Erlebnis Arithmetik (P/S)

F. Padberg: Elementare Zahlentheorie (P/S)

F. Padberg/R. Danckwerts/M. Stein: Zahlbereiche (P/S)

A. Büchter/H.-W. Henn: Elementare Analysis (S)

B. Schuppar: Geometrie auf der Kugel – Alltägliche Phänomene rund um Erde und Himmel (S)

B. Schuppar/H. Humenberger: Elementare Numerik für die Sekundarstufe (S)

G. Wittmann: Elementare Funktionen und ihre Anwendungen (S)

P: Schwerpunkt Primarstufe
S: Schwerpunkt Sekundarstufe

Literatur

Aebi, A., Frischherz, B., Mohr, S.: Netzdossiers – Kooperatives Schreiben mit Wiki an der Fachhochschule. http://www.zeitschrift-schreiben.eu **Juli**, 1–8 (2009)

Ariely, D.: Wer denken will, muss fühlen – Die heimliche Macht der Unvernunft. Knaur, München (2012)

Arnold, E., Bichler, E., Fritsche, F., Seidel, K., Sinzinger, M.: Mathematik mit CAS – Arbeitsheft für Schülerinnen und Schüler. Cornelsen, Berlin (2010)

Baake, D.: Medienkompetenz – Herkunft, Reichweite und strategische Bedeutung eines Begriffs. In: Kubicek, H., Braczyk, H.-J., Klumpp, D., Müller, G., Neu, W., Raubold, E., Roßnagel, A. (Hrsg.) Lernort Multimedia – Jahrbuch Telekommunikation und Gesellschaft 1998, S. 22–27. R. v. Decker's Verlag, Heidelberg (1998)

Barzel, B.: Computeralgebra im Mathematikunterricht. Ein Mehrwert – aber wann? Waxmann, Münster [u. a.] (2012)

Barzel, B., Büchter, A., Leuders, T.: Mathematik Methodik – Handbuch für die Sekundarstufe I und II. Cornelsen Scriptor, Berlin (2007)

Barzel, B., Fröhlich, I., Stachniss-Carp, S., Dopfer, G., Reimer, R. (Hrsg.): Das ABC der ganzrationalen Funktionen – Lernwerkstatt mit GTR- oder CAS-Einsatz. Ernst Klett Verlag, Stuttgart (2003)

Barzel, B., Holzäpfel, L., Leuders, T., Streit, C.: Mathematik unterrichten: Planen, durchführen, reflektieren. Cornelsen Scriptor, Berlin (2011)

Barzel, B., Weigand, H.-G.: Medien vernetzen. mathematik lehren **146**, 4–10 (2008)

Barzel, B., Zeller, M.: Die Rolle von Computeralgebra beim Lernen elementarer Algebra. In: *Beiträge zum Mathematikunterricht* (2010). http://www.mathematik.tu-dortmund.de/ieem/cms/media/BzMU/BzMU2010/BzMU10_ZELLER_Matthias_Cas.pdf, Zugegriffen: 23. Dez. 2012

Bichler, E.: Lokale lineare Approximation. In: Pallack, A. (Hrsg.) T3-Akzente: Differenzialrechnung mit neuen Medien verstehensorientiert unterrichten, S. 57–64. Westfälische Wilhelms-Universität Münster, Zentrum für Lehrerbildung, Münster (2009)

Bichler, E.: Explorative Studie zum langfristigen Taschencomputereinsatz im Mathematikunterricht: der Modellversuch Medienintegration im Mathematikunterricht (M3) am Gymnasium. Kovac, Hamburg (2010)

Bichler, E.: Minute Made Math oder: In der Kürze liegt die Würze. In: Pallack, A. (Hrsg.) T3-Akzente: … aller Anfang ist leicht, 2. Aufl., S. 18–19. Westfälische Wilhelms-Universität Münster, Zentrum für Lehrerbildung, Münster (2010)

Blum, W.: Anwendungsbezüge im Mathematikunterricht: Trends und Perspektiven. In: Kadunz, G., Kautschitsch, H., Ossimitz, G., Schneider, E. (Hrsg.) Trends und Perspektiven: Beiträge zum 7. Internationalen Symposium zur Didaktik der Mathematik, S. 15–38. Hölder-Pichler-Tempsky, Wien (1996)

Blum, W., Drüke-Noe, C., Hartung, R., Köller, O. (Hrsg.): Bildungsstandards Mathematik: konkret – Sekundarstufe I, Unterrichtsanregungen, Fortbildungsideen. Cornelsen Scriptor, Berlin (2006)

Böer, H., Hüster, E.: NET-MATHEBUCH.DE – ein digitales Schulbuch auf neuen Wegen. In: Kracht, A.-K., Pallack, A. (Hrsg.) Unterrichten mit Tablet-Computern, S. 47–48. Verlag Klaus Seeberge, Neuss (2013)

Breiter, A., Welling, S., Stolpmann, B.E.: Medienkompetenz in der Schule – Integration von Medien in den weiterführenden Schulen in Nordrhein-Westfalen. VISTAS Verlag, Berlin (2010)

Bresges, A., Schmoock, J., Quast, A., Schunke-Galley, J., Weber, J., Firmenich, D., Pooth, B., Beckmann, R., Kreiten, M.: Einfluss des iPads als Lernwerkzeug beim Lernen an Stationen: Erste Zwischenergebnisse mit dem „Reichshofer Experimentierdesign". In: Pallack, A., Kracht, A.-K. (Hrsg.) Unterrichten mit Tablet-Computern, S. 52–61. Verlag Klaus Seeberger, Neuss (2013)

Bruder, R., Collet, C.: Problemlösen lernen im Mathematikunterricht. Cornelsen Scriptor, Berlin (2011)

Bruder, R., Weißkirch, W. (Hrsg.): CALiMERO, Computer-Algebra im Mathematikunterricht: Entdecken, Rechnen, Organisieren – Arbeitsmaterialien für Schülerinnen und Schüler Bd. 5. Westfälische Wilhelms-Universität Münster, Zentrum für Lehrerbildung, Münster (2009)

Bucher, H.-J., Niemann, P.: Visualizing science: the reception of PowerPoint presentations. visual communication **11**, 284–306 (2012)

Büchter, A., Henn, H.-W.: Elementare Stochastik: eine Einführung in die Mathematik der Daten und des Zufalls; mit 45 Tabellen, 2., überarb. und erw. Aufl. Springer, Berlin [u. a.] (2007)

Büchter, A., Leuders, T.: Mathematikaufgaben selbst entwickeln. Cornelsen Scriptor, Berlin (2005)

Burns, B.A., Hamm, E.M.: A Comparison of Concrete and Virtual Manipulative Use in Third- and Fourth-Grade Mathematics. School Science and Mathematics **111**(6), 256–261 (2011)

Close, S., Oldham, E., Shiel, G., Dooley, T., O'Leary, M.: Effects of Calculators on Mathematics Achievement and Attitudes of Ninth-Grade Students. J Educ Res **105**(6), 377–390 (2012). https://doi.org/10.1080/00220671.2011.629857

Cukrowicz, J., Theilenberg, J., Zimmermann, B. (Hrsg.): MatheNetz/8, [Schülerband]. Westermann (2008)

Danckwerts, R., Vogel, D.: Dynamisches Visualisieren und Mathematikunterricht. mathematik lehren **117**, 19–22 (2003)

Danckwerts, R., Vogel, D.: Analysis verständlich unterrichten. Spektrum Akademischer Verlag, Berlin [u. a.] (2006)

Dörr, G., Strittmatter, P.: Multimedia aus pädagogischer Sicht. In: Issing, L.J., Klimsa, P. (Hrsg.) Informationen und Lernen mit Multimedia und Internet, S. 29–44. Beltz, Weinheim (2002)

Drijvers, P., Barzel, B.: Gleichungen lösen mit Technologie. mathematik lehren **169**, 54–57 (2011)

Drijvers, P., Doorman, M., Boon, P., Reed, H., Gravemeijer, K.: The teacher and the tool: Instrumental orchestrations in the technology-rich mathematics classroom. Educational Studies in Mathematics **75**(2), 213–234 (2010). https://doi.org/10.1007/s10649-010-9254-5

Ebersbach, A., Glaser, M., Heigl, R., Warta, A.: WIKI. Kooperation im Web. Springer-Verlag, Berlin, Heidelberg (2008)

Eichler, A.: Simulation als Bindeglied zwischen der empirischen Welt der Daten und der theoretischen Welt des Zufalls. In: Wassong, T., Frischemeier, D., Fischer, P.R., Hochmuth, R., Bender, P. (Hrsg.) Mit Werkzeugen Mathematik und Stochastik lernen, S. 251–265. Springer Spektrum, Heidelberg (2014)

Eichler, A., Vogel, M.: Leitidee Daten und Zufall: Von konkreten Beispielen zur Didaktik der Stochastik, 2., akt. Aufl. Springer Fachmedien Wiesbaden, Wiesbaden (2013). – XIV, 262 S. 20 Abb. https://doi.org/10.1007/978-3-658-00118-6 Interna: Resolving-System

Eickelmann, B.: Digitale Medien in Schule und Unterricht erfolgreich implementieren. Waxmann, Münster (2010)

Eirich, M., Schellmann, A.: Auf gemeinsamen Lernpfaden – Unterricht entwickeln mit einem Wiki. mathematik lehren **152**, 18–21 (2009)

Elschenbroich, H.-J.: Unterrichtsgestaltung mit Computerunterstützung. In: Leuders, T. (Hrsg.) Mathematik Didaktik – Praxishandbuch für die Sekundarstufe I und II, S. 212–245. Cornelsen Scriptor, Berlin (2003)

Elschenbroich, H.-J.: Anmerkungen zum Werkzeugeinsatz. Der mathematische und naturwissenschaftliche Unterricht **7**, 387 (2012)

Elschenbroich, H.-J.: Geometrie, Funktionen und dynamische Visualisierung. In: Pallack, A. (Hrsg.) Impulse für eine zeitgemäße Mathematiklehrer-Ausbildung, S. 37–43. Verlag Klaus Seeberger, Neuss (2013)

Elschenbroich, H.-J., Noll, G.: Geometrie beweglich mit Cabri Géometre II. Dümmler, Köln: (2000)

Elschenbroich, H.-J., Seebach, G., Schmidt, R.: Die digitale Funktionenlupe. mathematik lehren **187**, 34–37 (2014)

Engeln, H.: Warum Aberglaube sinnvoll ist. Bild der Wissenschaft **4**, 72–76 (2004)

Felsager, B.: Random Rectangles (2007). http://compasstech.com.au/nsw/files/rectangles.pdf

Flade, L., Pruzina, M.: Zum Einsatz von Kleincomputern in der Schule. Wiss. Z. Univ. Halle **XXXVIII**(3), 113–122 (1989)

Flade, L., Walsch, W.: Taschenrechner im Mathematikunterricht. Wiss. Z. Univ. Halle **5**, 105–116 (1984)

Gapski, H.: Medienkompetenz messen? Eine Annäherung über verwandte Kompetenzfelder. In: Gapski, H. (Hrsg.) Medienkompetenz messen? Verfahren und Reflexionen zur Erfassung von Schlüsselkompetenzen, S. 13–28. kopaed, Marl (2006)

Gapski, H. (Hrsg.): Medienkompetenz messen? Verfahren und Reflexionen zur Erfassung von Schlüsselkompetenzen. kopaed, Marl (2006)

Glaser, B.G., Strauss, A.L.: Grounded Theory – Strategien qualitativer Forschung. Verlag Hans Huber, Bern (2010)

Grabinger, B., Pallack, A.: Wie würfelt ein Computer? In: Pallack, A., Schmidt, U. (Hrsg.) Daten und Zufall im Mathematikunterricht – Mit neuen Medien verständlich erklärt, S. 154–158. Cornelsen, Berlin (2012)

Greefrath, G.: Mit dem Computer qualitativ arbeiten? PM **52**(31), 20–24 (2010)

Greefrath, G., Leuders, T., Pallack, A.: Gute Abituraufgaben – (ob) mit oder Neue Medien. Der mathematische und naturwissenschaftliche Unterricht **61**(2), 79–83 (2008)

Greefrath, G., Schelldorfer, R., Schmidt, R.: Das verbindet – GEOmetrie, tabellen und alGEBRA. Praxis der Mathematik in der Schule **55**(50), 2–7 (2013)

Grühling, B.: Technik mit Gefühl. DIE ZEIT **31**, 60 (2013)

Hattermann, M.: Der Zugmodus in 3D-dynamischen Geometriesystemen (DGS). Vieweg+Teubner, Wiesbaden (2011)

Hattie, J.: Visible Learning – a synthesis of over 800 Meta-Analysis relating to achievement. Routledge, New York (2009)

Haug, R.: Problemlösen lernen mit digitalen Medien. Förderung grundlegender Problemlösetechniken durch den Einsatz dynamischer Werkzeuge. Vieweg+Teubner, Wiesbaden (2012). – XVI, 213 S.: Ill., graph. Darst.

Heimann, P.O.G., Schulz, W., Blumenthal, A., Ostermann, W. (Hrsg.): Unterricht – Analyse und Planung, 6. Aufl. Hermann Schroedel Verlag KG (1972)

Heinrichwark, C.: Erstellung digitaler Präsentationen. Computer und Unterricht **65**, 40–41 (2007)

Heintz, G., Elschenbroich, H.-J., Laakmann, H., Langlotz, H., Schacht, F., Schmidt, R.: Digitale Werkzeugkompetenzen im Mathematikunterricht. Der mathematische und naturwissenschaftliche Unterricht **67**(5), 300–306 (2014)

Helmke, A.: Unterrichtsqualität und Lehrerprofessionalität – Diagnose, Evaluation und Verbesserung des Unterrichts. Kallmeyer, Seelze-Velber (2009)

Henn, W.: Strukturiertes Üben mit dem Computer. mathematik lehren **115**, 50–53 (2002)

Hennecke, M., Pallack, A.: Lernsoftware für die Bruchrechnung. Math Lehren **123**, 52–56 (2004)

Herden, G., Pallack, A.: Vergleich von rechnergestützten Programmen zur Bruchrechnung – Nachhilfelehrer Computer. Journal für Mathematik-Didaktik **1**, 5–28 (2000)

Herden, G., Pallack, A., Rottmann, P.: Vorschläge zur Integration von Hypermedia im Mathematikunterricht. Journal für Mathematik-Didaktik **1**, 3–32 (2004)

Herget, W., Malitte, E., Richter, K.: Die Skalierung bringt's! – Grafische Darstellungen besser verstehen. mathematik lehren **146**, 11–14 (2008)

Herzig, B., Meister, D.M., Moser, H., Niesyto, H. (Hrsg.): Jahrbuch Medienpädagogik 8: Medienkompetenz und Web 2.0. GWV Fachverlage GmbH, Wiesbaden (2010)

Hilbert, T.S., Renkl, A., Schworm, S., Kessler, S., Reiss, K.: Learning to teach with worked-out examples: a computer-based learning environment for teachers. Journal of Computer Assisted Learning **24**, 316–332 (2008)

Hill, A., Arford, T., Lubitow, A., Smollin, L.M.: "I'm Ambivalent about It": The Dilemmas of PowerPoint. Teach Sociol **40**, 242–256 (2012)

Hischer, H.: Mathematikunterricht und Neue Medien. Hintergründe und Begründungen in fachdidaktischer und fachübergreifender Sicht. Franzbecker, Hildesheim [u. a.] (2002). – X, 410 S.: Ill., graph. Darst.

Hischer, H.: Medienbildung versus Computereinsatz? Mitteilungen der Gesellschaft für Didaktik der Mathematik **93**, 23–28 (2012)

Hischer, H.: Zum Einfluss der Informatik auf die Mathematikdidaktik – Weiterhin nur Computereinsatz und noch immer keine Medienbildung? Mitteilungen der Gesellschaft für Didaktik der Mathematik **95**, 15–24 (2013)

Hofe, vom, R.: Förderkonzepte. mathematik lehren **166**, 2–7 (2011)

Hofmann, T., Maxara, C., Meyfarth, T., Prömmel, A.: Using the software Fathom for learning and teaching statistics in Germany – a review on the research activities of Rolf Biehler's working group over the past ten years. In: Using tools for learning mathematics and statistics, S. 283–304. Springer Spektrum, Heidelberg (2014)

Hole, V.: Erfolgreicher Mathematikunterricht mit dem Computer. Auer Verlag, Donauwörth (1998)

Holland, G.: Geometrie in der Sekundarstufe, 2. Aufl. Spektrum Akademischer Verlag, Heidelberg, Berlin, Oxford (1996)

Hölzl, R., Schelldorfer, R.: Im Geometrieunterricht der Sekundarstufe I mit dynamischen Applets explorieren. Praxis der Mathematik in der Schule **55**(50), 9–16 (2013)

Huwendiek, V.: Didaktische Modelle. In: Bovet, G., Huwendiek, V. (Hrsg.) Leitfaden Schulpraxis – Pädagogik und Psychologie für den Lehrerberuf, 4. Aufl., S. 31–67. Cornelsen Scriptor, Berlin (2006)

Kabakçi, Isil: A proposal of framework for professional development of Turkish teachers with respect to information and communication technologies. Turkish Online Journal of Distance Education **10**(3), 204–216 (2009)

Kaenders, R., Kvasz, L.: Mathematisches Bewusstsein. In: Helmerich, M., Lengnink, K., Nickel, G., Rathgeb, M. (Hrsg.) Mathematik verstehen, Bd. 1, S. 72–85. Vieweg+Teubner Verlag/Springer Fachmedien, Wiesbaden (2011)

Kaenders, R., Schmidt, R.: Mit GeoGebra mehr Mathematik verstehen. Beispiele für die Förderung eines tieferen Mathematikverständnisses aus dem GeoGebra Institut Köln/Bonn. Vieweg+Teubner Verlag/Springer Fachmedien Wiesbaden GmbH, Wiesbaden (2011)

Kerres, M.: Multimediale und telemediale Lernumgebungen, 2. Aufl. Oldenbourg-Verlag, München, Wien (2001)

Keunecke, K.-H.: Lernen durch Ansehen und Nachmachen. In: Pallack, A., Barzel, B. (Hrsg.) T3-Akzente: … aller Anfang ist leicht, S. 20–23. Westfälische Wilhelms-Universität Münster, Zentrum für Lehrerbildung (2010)

Knoche, N., Wippermann, H., Knoche, N., Scheid, H. (Hrsg.): Vorlesungen zur Methodik und Didaktik der Analysis. BI Wissenschaftsverlag, Mannheim/Wien/Zürich (1986)

Sekretariat der Ständigen Konferenz der Kultusminister der Länder in der Bundesrepublik Deutschland (Hrsg.): Bildungsstandards im Fach Mathematik für den Hauptschulabschluss. Luchterhand, München, Neuwied (2004)

Sekretariat der Ständigen Konferenz der Kultusminister der Länder in der Bundesrepublik Deutschland (Hrsg.): Bildungsstandards im Fach Mathematik für den Mittleren Schulabschluss. Luchterhand, München (2004)

Sekretariat der Ständigen Konferenz der Kultusminister der Länder in der Bundesrepublik Deutschland (Hrsg.): Bildungsstandards im Fach Mathematik für die Allgemeine Hochschulreife (2012)

Kracht, A.-K.: Mit Tablets Medienkollagen erstellen. In: Kracht, A.-K., Pallack, A. (Hrsg.) Unterrichten mit Tablet-Computern, 2. Aufl., S. 36–39. Verlag Klaus Seeberger,, Neuss (2013)

Krauthausen, G.: Digitale Medien im Mathematikunterricht der Grundschule. Spektrum Akademischer Verlag, Heidelberg (2012)

Krebs, M.L.M., Krebs, M.L.M.: Math learning with wikis. ICTMT **9-2009**, https://doi.org/10.1016/j.sbspro.2010.03.220 (2009)

Kreijns, K., Acker, F.V., Vermeulen, M., van Buuren, H.: What stimulates teachers to integrate ICT in their pedagogical practices? The use of digital learning materials in education. Computers in Human Behavior **29**(1), 217–225 (2013). http://www.sciencedirect.com/science/article/pii/S0747563212002531

Krüger, K.: Sizes considerd more closely – a proposal for teacher education in stochastics. (Konfektionsgrößen näher betrachtet – ein Vorschlag zur Lehrerausbildung in Stochastik.). In: Wassong, T., Frischemeier, D., Fischer, P.R., Hochmuth, R., Bender, P. (Hrsg.) Using tools for learning mathematics and statistics, S. 305–319. Springer Spektrum, Heidelberg (2014). Version: 2014. https://doi.org/10.1007/978-3-658-03104-6_22

Laakmann, H.: Der Break Dancer. mathematik lehren **145**, 50–53 (2007)

Lehnen, K.: Kooperative Textproduktionen – Zur gemeinsamen Herstellung wissenschaftlicher Texte im Vergleich von ungeübten, fortgeschrittenen und sehr geübten SchreiberInnen. Universität Bielefeld, Bielefeld (2000). Diss.

Linneweber-Lammerskitten, H.: Der Einsatz von Kurzfilmen als Einstieg in Experimentier- und Explorationsphasen. Beiträge zum Mathematikunterricht (2009), 978-3-94219-792-2

Mähler, L.: GoodReader. In: Kracht, A.-K., Pallack, A. (Hrsg.) Unterrichten mit Tablet-Computern, 2. Aufl., S. 23. Verlag Klaus Seeberger (2013)

McCulloch, A.W.: Affect and graphing calculator use. The Journal of Mathematical Behavior **30**, 166–179 (2011)

Meißner, H.: Taschenrechner im Mathematikunterricht der Grundschule. Mathematica Didactica **29**(1), 5–25 (2006)

Menzel, M.: Gymnasiasten sind die größten Plagiatoren (2013). http://www.welt.de/115309566

Meyer, H.: Leitfaden Unterrichtsvorbereitung. Cornelsen Scriptor, Berlin (2007)

Möller, G.: Auswirkungen fachfremden Unterrichtens. Schulverwaltung **6**(24), 184–186 (2013)

Moser, H.: Abenteuer Internet – Lernen mit Webquests. Auer Verlag, Donauwörth (2000)

Moyer-Packenhamm, P.S., Suh, J.M.: Learning mathematics with technology: The influence of virtual manipulatives on different achievement groups. Journal of Computers in Mathematics and Science Teaching **31**(1), 39–59 (2011)

MSW: Impulse für den Mathematikunterricht in der Oberstufe, 1. Aufl. Klett, Stuttgart (2007)

NCTM: *Random Rectangles Student Handout*. 2003

Neubrand, M.: Mathematische Kompetenzen von Schülerinnen und Schülern in Deutschland. Vertiefende Analysen im Rahmen von PISA 2000. VS, Verl. für Sozialwiss., Wiesbaden (2004). – 277 S.: Ill., graph. Darst.

Neuwirth, E.: Computereinsatz im Mathematikunterricht. BI Wissenschaftsverlag, Mannheim, S. 207–221 (1995). (Kapitel Tabellenkalkulation als alternative Darstellungsform für formale Strukturen)

Nobre, S., Amado, Nelia, Carreira, Susana: Solving a contextual problem with the spreadsheet as an environment for algebraic thinking development. Teaching Mathematics and its Applications **31**(1), 11–19 (2012). https://doi.org/10.1093/teamat/hrr026

Pallack, A.: Nachhilfelehrer Computer. Untersuchungen zum unterrichtsbegleitenden Rechnereinsatz im Bruchrechenunterricht. Franzbecker Verlag, Hildesheim (2002). – 218 S.

Pallack, A.: Integration des Internets im Mathematikunterricht unter Berücksichtigung von Aspekten der Handlungsorientierung am Beispiel der Behandlung von Korrelation und Regression in der Jahrgangsstufe 11. In: Bender, P., Herget, W., Weigand, H.-G., Weth, T. (Hrsg.) WWW und Mathematik – Lehren und Lernen im Internet, S. 159–169. Franzbecker Verlag, Hildesheim (2005)

Pallack, A.: Präsentieren mit dem Internet. In: Barzel, B., Hußmann, S., Leuders, T. (Hrsg.) Computer, Internet & CO im Mathematikunterricht, S. 117–127. Cornelsen, Berlin (2005)

Pallack, A.: Experimentelle Mathematik. In: Pallack, A. (Hrsg.) Materialien für einen projektorientierten Mathematik- und Informatikunterricht, S. 93–100. Franzbecker Verlag, Hildesheim (2007). (4)

Pallack, A.: Die gute CAS-Aufgabe für die Prüfung. Beiträge zum Mathematikunterricht. franzbecker (2007) 978-3-88120-474-3

Pallack, A.: Mit CAS zum Abitur, 2. Aufl. Schroedel, Braunschweig (2007)

Pallack, A.: Abitur: solving by clicking? Verständnis- und prozessorientierte Aufgaben in Klausuren. mathematik lehren **146**, 54–58 (2008)

Pallack, A.: Auf den Spuren von Dürer. Praxis der Mathematik in der Schule **50**(21), 10–17 (2008)

Pallack, A.: Experimentieren mit eingesperrten Rechtecken und anderen Figuren. Praxis der Mathematik in der Schule **50**(23), 20–24 (2008)

Pallack, A.: Kompetenzen diagnostizieren und überprüfen: die Rolle der Neuen Medien. Der Mathematikunterricht **6**, 56–63 (2008)

Pallack, A.: Mit CAS zum Abitur. Beiträge zum Mathematikunterricht. franzbecker, S. 43–46 (2008) 978-3-88120-474-3

Pallack, A.: 3D-Bilder selbst erstellen. In: Greefrath, G., Pallack, A. (Hrsg.) Materialien für einen projektorientierten Mathematik- und Informatikunterricht, Bd. 6, S. 82–91. Franzbecker Verlag, Hildesheim (2009)

Pallack, A.: Unterricht gemeinsam entwickeln. mathematik lehren **152**, 4–10 (2009)

Pallack, A.: Das gehört verboten? Digitale Werkzeuge in der Prüfung. Praxis der Mathematik in der Schule **41**, 28–30 (2011)

Pallack, A.: Mathematisches Daumenkino. TI-Nachrichten **1**, 1–4 (2011)

Pallack, A.: Daten und Zufall mit digitalen Werkzeugen untersuchen. In: Pallack, A., Schmidt, U. (Hrsg.) Daten und Zufall im Mathematikunterricht – Mit neuen Medien verständlich erklärt, S. 10–15. Cornelsen, Berlin (2012)

Pallack, A.: Der Mathematikunterricht: Kleine Schritte zu großen Zielen. Mitteilungen der DMV **20**(1), 54–56 (2012)

Pallack, A.: Mit digitalen Medien neue Lösungswege öffnen. TI-Nachrichten **2**, 1–3 (2012)

Pallack, A.: Wo liegen die meisten Werte? In: Pallack, A., Schmidt, U. (Hrsg.) Daten und Zufall im Mathematikunterricht – Mit neuen Medien verständlich erklärt, S. 62–65. Cornelsen, Berlin (2012)

Pallack, A.: Digitale Medien eröffnen Lösungswege. Mathematikunterricht, 40–47 (2014) ZMATH 2014d.00978

Pallack, A., Langlotz, H.: Differenzialrechnung mit neuen Medien verstehensorientiert unterrichten. Westfälische Wilhelms-Universität Münster, Zentrum für Lehrerbildung, S. 5–22 (2009). (Kapitel Differenzialrechnung mit neuen Medien verstehensorientiert unterrichten.)

Pallack, A., Schmidt, U.: Zur Entwicklung von Aufgaben in SINUS-Transfer. In: MSW (Hrsg.) Impulse für den Mathematikunterricht in der Oberstufe, S. 35–44. Klett, Stuttgart (2007)

Pallack, A., Schmidt, U. (Hrsg.): Daten und Zufall im Mathematikunterricht – Mit neuen Medien verständlich erklärt. Cornelsen, Berlin (2012)

Papert, Seymor: Revolution des Lernens – Kinder, Computer, Schule in einer digitalen Welt. Heise-Verlag, Hannover (1994)

Precht, R.D.: Anna, die Schule und der liebe Gott – Der Verrat des Bildungssystems an unseren Kindern. Wilhelm-Goldmann Verlag, München (2013)

Prediger, S., Link, M., Hinz, R., Hussmann, S., Ralle, B., Thiele, J.: Lehr-Lernprozesse initiieren und erforschen. MNU **65**(08), 452–457 (2012)

Pruzina, M.: Wie viel CAS braucht ein Abiturient? ODER: Was lehren uns 30 Jahre Taschenrechner im Mathematikunterricht? In: Kron, T., Malitte, E., Richter, G., Richter, K., Schöneburg, S., Sommer, R. (Hrsg.) Mathematik für alle – Wege zum Öffnen von Mathematik, S. 275–291. Franzbecker, Hildesheim (2011)

Raithel, J., Dollinger, B., Hörmann, G.: Einführung Pädagogik. Begriffe – Strömungen - Klassiker – Fachrichtungen. VS Verlag für Sozialwissenschaften, Wiesbaden (2007). – 356 S.: graph. Darst.

Rappl, M.: Mathe erklären mit dem Whiteboard. mathematik lehren (2013) Vergriffen ohne Neuauflage

Reichel, H.-C. (Hrsg.): Computereinsatz im Mathematikunterricht. BI Wissenschaftsverlag, Zürich (1995)

Reiss, K., Heinze, A., Renkl, A., Gross, C.: Reasoning and Proof in Geometry: Effects of a Learning Environment based on Heuristic Worked-Out Examples. ZDM **40**, 455–467 (2008)

Renkl, A., Schworm, S., Hofe, vom, R.: Lernen mit Lösungsbeispielen. mathematik lehren **109**, 14–18 (2001)

Rezat, S.: Das Mathematikbuch als Instrument des Schülers. Vieweg+Teubner, Wiesbaden (2009)

Richardson, W.: Wikis, Blogs und Podcasts – Neue und nützliche Werkzeuge für den Unterricht. TibiaPress, Überlingen (2011)

Riemer, W.: Erziehen im Unterricht. In: Kaenders, R., Schmidt, R. (Hrsg.) Mit GeoGebra mehr Mathematik verstehen. Beispiele für die Förderung eines tieferen Mathematikverständnisses aus dem GeoGebra Institut Köln/Bonn, S. 13–20. Vieweg+Teubner, Wiesbaden (2011)

Risser, H.S.: What are we afraid of? arguments against teaching mathematics with technology in the professional publications of organisations for US mathematicians. The International Journal for Technology in Mathematics Education **18**(2), 97–101 (2011)

Rosebrock, C., Zitzelberger, O.: Der Begriff Medienkompetenz als Zielperspektive im Diskurs der Pädagogik und Didaktik. In: Groeben, N., Hurrelmann, B. (Hrsg.) Medienkompetenz – Voraussetzungen, Dimensionen, Funktionen, S. 148–159. Juventa, Weinheim und München (2002)

Roth, J.: Wie parkt man richtig ein? mathematik lehren **149**, 46–51 (2008)

Ruppert, M., Wörler, J. (Hrsg.): Technologies in mathematics education. A collection of trends and ideas. (Technologien im Mathematikunterricht. Eine Sammlung von Trends und Ideen.). Springer Spektrum, Wiesbaden: (2013) https://doi.org/10.1007/978-3-658-03008-7. – xii, 269 S.

Schanda, F.: Computerlernprogramme – Wie damit gelernt wird. Wie sie entwickelt werden. Was sie im Unternehmen leisten. Beltz, Weinheim (1995)

Schmidt, U.: Den Rechner clever nutzen – Einstieg in die Arbeit mit neuen Medien. Math Lehren **146** (2008). S. Schülerheft

Schmidt, U.: Euro-Münzen und die Kreiszahl π. In: Pallack, A., Barzel, B. (Hrsg.) T3-Akzente: ... aller Anfang ist leicht, 2. Aufl., S. 43–49. Westfälische Wilhelms-Universität Münster, Zentrum für Lehrerbildung, Münster (2008)

Schneider, E.: CAS und grafische Darstellungen. mathematik lehren **117**, 40–44 (2003)

Scholz, O.R.: Mathematik verstehen, 1. Aufl. Vieweg+Teubner Verlag/Springer Fachmedien, Wiesbaden, S. 3–14 (2011). (Kapitel Verstehen verstehen.)

Schröder, R.: Weg vom Kalkül, hin zum Prozess! Mitteilungen der DMV **20**(4), 197–198 (2012)

Schulmeister, R.: Grundlagen hypermedialer Lernsysteme, 3. Aufl. Oldenbourg Verlag, München, Wien (2002)

Schulz, D., Pallack, A.: TI-Nspire Technologie näher kennen lernen: Eine Aufgabe, viele Wege. In: Pallack, A., Barzel, B. (Hrsg.) T3-Akzente: ... aller Anfang ist leicht, S. 29–45. Westfälische Wilhelms-Universität Münster, Zentrum für Lehrerbildung, Münster (2010)

Schwank, I.: Zur Konzeption prädikativer versus funktionaler kognitiver Strukturen. ZDM **28**(6), 168–183 (1996)

Schwank, I.: Introduction to predicative and functional thinking. (Einführung in prädikatives und funktionales Denken.). ZDM. Zentralblatt für Didaktik der Mathematik [electronic only] **35**(3), 70–78 (2003)

Siller, H.-S., Reichenberger, S., Gassner, C.: Endlich am Ziel! – Die Blockabfertigung mithilfe von Technologie mathematisch modellieren. Praxis der Mathematik in der Schule **55**(50), 35–40 (2013)

Spitzer, M.: Digitale Demenz. Wie wir uns und unsere Kinder um den Verstand bringen. Droemer, München (2012). – 367 S.: Ill., graph. Darst.

Hess, S.K.C., Hess, S.K.C.: Viele Autoren, gute Autoren? Eine Untersuchung ausgezeichneter Artikel in der deutschen Wikipedia. In: Alpar, P., Blaschke, S. (Hrsg.) Web 2.0 – eine empirische Bestandsaufnahme, S. 107–129. Vieweg+Teubner/GWV Fachverlage GmbH, Wiesbaden (2008)

Stenten-Langenbach, H.-D., Pallack, A., Willms, C.: Die Teiumfaner. In: Pallack, A., Barzel, B. (Hrsg.) T3-Akzente: Aufgaben mit TI-Nspire/TI-Nspire CAS, 2. Aufl., S. 1–8. Westfälische Wilhelms-Universität Münster, Zentrum für Lehrerbildung, Münster (2007)

Strick, H.K.: Koordinaten zum Zeichnen geometrischer Körper nutzen. mathematik lehren **133**, 22–25 (2005)

Sutter, Tilmann, Charlton, M.: Medienkompetenz – einige Anmerkungen zum Kompetenzbegriff. In: Groeben, N., Hurrelmann, B. (Hrsg.) Medienkompetenz – Voraussetzungen, Dimensionen, Funktionen, S. 129–147. Juventa, Weinheim (2002)

Tabach, M., Friedlander, A.: Understanding Equivalence of Symbolic Expressions in a Spreadsheet-Based Environment. International Journal of Computers for Mathematical Learning **13**, 27–46 (2008)

Tergan, S.-O.: Hypertext und Hypermedia: Konzeption, Lernmöglichkeiten, Lernprobleme und Perspektiven. In: Issing, L.J., Klimsa, P. (Hrsg.) Informationen und Lernen mit Multimedia und Internet, S. 99–112. Beltz, Weinheim (2002)

Terhart, E.: Didaktik – Eine Einführung. Reclam, Stuttgart (2009)

Thielsch, M.T., Perabo, I.: Use and Evaluation of Presentation Software. Technical Communication **59**(2), 112–123 (2012)

Tietze, U.-P., Klika, M., Wolpers, H., Tietze, U.-P., Klika, M., Wolpers, H.: Mathematikunterricht in der Sekundarstufe II, 2. Aufl. Bd. 1. Vieweg+Teubner, Braunschweig/Wiesbaden (2000)

Topcu, A.: Effects of using spreadsheets on secondary school students' self-efficacy for algebra. International Journal of Mathematical Education in Science and Technology **42**(5), 605–613 (2011). https://doi.org/10.1080/0020739X.2011.562311

Tulodziecki, G., Herzig, B.: Computer & Internet im Unterricht. Medienpädagogische Grundlagen und Beispiele. Cornelsen Scriptor, Berlin (2002). – 207 S.: Ill.

Van de Sande, Carla: A description and characterization of student activity in an open, online, mathematics help forum. Educational Studies in Mathematics **77**(1), 53–78 (2011). https://doi.org/10.1007/s10649-011-9300-y

Vaupel, W., Missal, D.: Präsentieren als Lerntätigkeit. Computer und Unterricht **65**, 6–14 (2007)

Verillon, P., Rabardel, P.: Cognition and artifacts: A contribution to the study of though in relation to instrumented activity. European Journal of Psychology of Education **10**(1), 77–101 (1995)

Vogel, M.: Visualizing – exploring – structuring: multimedia support for the modeling of data and functions. (Visualisieren – Explorieren – Strukturieren: multimediale Unterstützung beim Modellieren von Daten durch Funktionen.). In: Wassong, T., Frischemeier, D., Fischer, P.R., Hochmuth, R., Bender, P. (Hrsg.) Using tools for learning mathematics and statistics, S. 97–111. Springer Spektrum, Heidelberg (2014). Version: 2014

Vollrath, H.-J.: Paradoxien des Verstehens von Mathematik. Journal für Mathematik-Didaktik **14**, 35–58 (1993)

Vollrath, H.-J., Roth, J.: Grundlagen des Mathematikunterrichts in der Sekundarstufe, 2. Aufl. Spektrum Akademischer Verlag, Heidelberg (2012)

Vollrath, H.-J., Weigand, H.-G.: Algebra in der Sekundarstufe. Spektrum Akademischer Verlag (2006). http://books.google.de/books?id=i-xCGQAACAAJ

Wassong, T., Frischemeier, D., Fischer, P.R., Hochmuth, R., Bender, P. (Hrsg.): Mit Werkzeugen Mathematik und Stochastik lernen – Using Tools for Learning Mathematics and Statistics. Springer Fachmedien Wiesbaden, Wiesbaden: (2014). – XI, 497 S. 149 Abb. https://doi.org/10.1007/978-3-658-03104-6 Interna: Resolving-System

Weigand, H.-G.: Eine explorative Studie zum computerunterstützten Arbeiten mit Funktionen. Journal für Mathematik-Didaktik **20**(1), 28–54 (1999)

Weigand, H.-G.: Using scientific calculators in Year 10. (Der Einsatz eines Taschencomputers in der 10. Jahrgangsstufe. Evaluation eines einjährigen Schulversuchs.). Journal für Mathematik-Didaktik **27**(2), 89–112 (2006)

Weigand, H.-G., Weth, T.: Computer im Mathematikunterricht. Spektrum Akademischer Verlag, Heidelberg, Berlin (2002)

Weinert, F.E. (Hrsg.): Leistungsmessungen in Schulen. Beltz, Weinheim (2001). – 398 S.: graph. Darst.

Weiss, R.: Zu: Empfehlungen für zentrale Prüfungen in Mathematik. MNU **63**(5), 310–311 (2010)

Weißkirch, W.: Parameterdarstellung von Kurven. In: Elschenbroich, H.-J., Greefrath, G. (Hrsg.) Mathematikunterricht mit digitalen Medien und Werkzeugen, S. 31–37. Verlagshaus Monsenstein und Vannerdar OHG Münster, Münster (2010)

Weller, H.: Wie entsteht das Bild des Turms auf dem Bildschirm? Praxis der Mathematik in der Schule **55**(49), 42–46 (2013)

Widmer, M.: Weblog und Wiki als Theorie und Regelheftersatz (2008)

Winter, H.: Mathematikunterricht und Allgemeinbildung. Mitteilungen der Gesellschaft für Didaktik der Mathematik **61**, 37–46 (1996)

Winter, M.: Ebenen des Verstehens: Überlegungen zu einem Verfahren zum Wurzelziehen. In: Helmerich, M., Lengnink, K., Nickel, G., Rathgeb, M. (Hrsg.) Mathematik verstehen, S. 189–198. Vieweg+Teubner Verlag/Springer Fachmedien, Wiesbaden (2011)

ZEIT, DIE: Macht uns der Computer dumm? Der Psychiater Manfred Spitzer warnt vor „digitaler Demenz"; der Medienpsychologe Peter Vorderer hält das für Quatsch. Ein Streitgespräch. DIE ZEIT **6. September 2012**, 35–37 (2012)

Zeller, M., Barzel, B.: Influences of CAS and GC in early algebra. ZDM **42**(7), 775–788 (2010). https://doi.org/10.1007/s11858-010-0287-0

Zeller, M., Barzel, B.: Erst Computeralgebra nutzen, dann technologiefrei Umformen lernen? In: *Beiträge zum Mathematikunterricht* (2012). http://www.mathematik.uni-dortmund.de/ieem/bzmu2012/files/BzMU12_0272_Zeller.pdf

Ziener, G.: Bildungsstandards in der Praxis – Kompetenzorientiert unterrichten, 2. Aufl. Kallmeyer, Seelze-Velber (2008)

Zöttl, L., Ufer, S., Reiss, K.: Modelling with heuristic worked examples in the KOMMA learning environment. J Für Math **31**(1), 143–165 (2010). https://doi.org/10.1007/s13138-010-0008-9

 **Springer**

springer.com

Willkommen zu den Springer Alerts

Jetzt anmelden!

- Unser Neuerscheinungs-Service für Sie:
  aktuell *** kostenlos *** passgenau *** flexibel

Springer veröffentlicht mehr als 5.500 wissenschaftliche Bücher jährlich in gedruckter Form. Mehr als 2.200 englischsprachige Zeitschriften und mehr als 120.000 eBooks und Referenzwerke sind auf unserer Online Plattform SpringerLink verfügbar. Seit seiner Gründung 1842 arbeitet Springer weltweit mit den hervorragendsten und anerkanntesten Wissenschaftlern zusammen, eine Partnerschaft, die auf Offenheit und gegenseitigem Vertrauen beruht.

Die SpringerAlerts sind der beste Weg, um über Neuentwicklungen im eigenen Fachgebiet auf dem Laufenden zu sein. Sie sind der/die Erste, der/die über neu erschienene Bücher informiert ist oder das Inhalts-verzeichnis des neuesten Zeitschriftenheftes erhält. Unser Service ist kostenlos, schnell und vor allem flexibel. Passen Sie die SpringerAlerts genau an Ihre Interessen und Ihren Bedarf an, um nur diejenigen Informa-tion zu erhalten, die Sie wirklich benötigen.

Mehr Infos unter: springer.com/alert

Printed in the United States
By Bookmasters